漢字文献情報処理研究

第8号

漢字文献情報処理研究会　編
日本中国語 CAI 研究会　編集協力

好文出版

漢字文獻情報處理研究　第8号

目　次

論文	4	なぜ文系と理系の議論はすれ違うのか（その二） ──デジタル時代の『読書の学』──	當山日出夫
	9	『在ベルリン吐魯番出土漢文世俗文書総合目録』のその後 ──FileMaker による Database の Web 公開の一例として──	田口　昌弘・小口　雅史
	21	『老子』の聖人と玄徳 ──4gram 遷移ネットワークにみる概念の媒介構造──	齊藤　正高

漢情研 2007 年公開講座報告　"版面権"とは何か　31

	32	夏期公開講座レポート	佐藤　信弥
	35	東洋学情報化と法律問題──第5回 音楽／楽譜の校訂と著作権法（中編）　校訂権とその周辺（その三）	石岡　克俊

特集1：漢情研的　VISTA & Office2007　43

	44	はじめに　VISTA と Office2007 はお薦めか？	山田　崇仁
	46	Vista の多漢字・多言語設定	二階堂善弘
	52	Office 2007 の多言語機能を使う	千田　大介
	60	日本語フォント環境 (続) と Vista/Office2007 の IME	清水　哲郎

特集2　漢文とマークアップ　69

	70	漢文のマークアップ　現状と課題	師　茂樹
	73	訓点付き漢文の返り点から統語情報を導出し XML で構造化する試み	山崎　直樹
	83	日本の漢文史料とマークアップ──新たなデータベースの可能性に向けて──	後藤　真

中国語 CAI 実践レポート　　93　　　　　　　　　　　　　　　　　　日本中国語 CAI 研究会

94　中国語メディア教材の制作　学習・教育、二つの視点に基づく教材構築　　　氷野　善寛

98　授業報告：中国語とメディアリテラシーの向上のために　　　　　　　　　中西　千香

ソフトウエア　レビュー　　103

104　Google 提供のソフトウェア　　　　　　　　　　　　何故 Google をとりあげたか /
Google コミュニケーションツール群 /
アーカイブ検索ツールとしての Google（図書・テキスト・論文検索）/
Google ドキュメント　オープンなコラボツールは使えるか /
学術情報インターフェースとしての Google Earth / Google マップ
山田崇仁 / 秋山陽一郎 / 小島浩之 / 小川利康 / 師茂樹

135　アプリケーションソフト　　　　　　　　　　　　　WWW ブラウザ / JUST Suite2007 /
今昔文字鏡・超漢字検索 / Chinese Writer9 /
j・北京 V6 / 楽々中国語 V4 / Adobe Creative Suite3
上地宏一 / 山田崇仁 / 野村英登 / 金子眞也 / 田邉鉄

学術リソース　レビュー　　155

156　学術サイト　　　　　　　　　　　　　　　中国のネットの動向 / 中国古典文学 /
大規模漢字集合の異体字構造—情報処理学会 試行標準 IPSJ-TS 0008 の紹介— /
図書館と OPAC / オンライン書店 / 古貨幣・古札　画像データベース /
国立国語研究所の言語コーパス整備計画「KOTONOHA」の紹介
千田大介 / 上地宏一 / 小島浩之 / 山崎誠

書評　　190　「特集：インターネットと言語研究」月刊『言語』2007 年 7 月号 /
『リズムで学ぶ三文字中国語』

お知らせ　154　漢字文献情報処理研究会　入会のご案内

188　漢字文献情報処理研究会彙報 / 著者紹介

◇ 本誌記事中のソフトウエア名、プログラム名、会社名などは一般に各社の商標または登録商標です。本文中では、™・® 等のマークは明記しておりません。

◇ Google ロゴやスクリーンショットの使用については、㈱ Google 社より許諾を受けています。"Google Logo(c)2007. Reprinted with Permission."

◇ 本誌記事の記述に基づいて行われた作業の結果生じたあらゆる損害について、編著者・翻訳者および出版社は一切の責任を負いません。

◇ 本誌記事の内容に関するご意見・ご質問は、漢字文献情報処理研究会 Web サイト（**http://www.jaet.gr.jp/**）のフォームにて受け付けます。書面・電話・FAX によるお問い合わせには応じかねます。

なぜ文系と理系の議論は
すれ違うのか（その二）

──デジタル時代の『読書の学』──

當山　日出夫（とうやま　ひでお）

◙ 1. 学知の継承

　筆者は、本誌の前号（第7号）に、「なぜ文系と理系の議論はすれちがうのか」と題して、ささやかな意見を述べた。本稿は、いささかの私見を補足的に述べるものである。ただ、思うところを記すにとどまる、漫然としたものとして、お読みいただきたい。（なお、本稿においては、氏名への敬称は略させていただく。）

　筆者は、この種の問いかけ、「なぜ文系と理系の議論はすれ違うのか」というような、素朴な、あるいは、稚拙とでもいうべき問いかけが、無意味であるとは決して思ってはいない。どのような研究分野においても、自らの研究のよってたつ、その歴史的社会的基盤はいかなるものであるのかについて、きわめて自覚的でなければならない時代に、我々はいるのだ……と、確信する次第でもある。

　本誌前号で筆者は、次のように書いた。

　　人文学、特に、古典や歴史といった分野では、学問の教授法そのもののなかに、その学問の本質が内在している。（中略）他の分野の人文学系研究者であっても、なん

らかのかたちで、その学問分野独自の、あるいは、師事した先生個人独特の教授法の世界のなかで、研究者としての自己形成をなしてきているはずである。

　今、この文章を書いている筆者の机の上には、パソコンとならんで、『読書の学』（吉川幸次郎、ちくま学芸文庫）、『倉石武四郎講義／本邦における支那学の発達』（汲古書院）が、おいてある。

　ここで筆者が『読書の学』を手元においているのは、同時代性の故でもある。なお、付言すれば、筆者が勉強したのは、慶應義塾大学においてであって、京都大学ではない。しかし、1955（昭和30）年生まれの筆者にとって、吉川幸次郎は、この学の世界における鑑（すくなくともその一人）であったことは確かである。『読書の学』は、筆者にとっては過去の書物ではない。かつて学生のときにひもといた本が文庫本として復刊になったので、思わず手にとった、というわけである。

　倉石武四郎については、ひとつ、強烈に記憶に残っている言葉がある。その門下である、入矢義高の講演会（たしか、東京の天理ギャラリーであったと覚えている）で、このように聞いた……倉石武四郎は、説文を学生に講ずるにあたって、詁林の使用を一切禁じた、と。では、今ではどうであ

ろうか。本誌の読者ならば、既に諒解と思う……もはや説文のデジタル化なしには、漢字学はなりたたないであろうことを。

神田喜一郎『日本書紀古訓攷證』を、文学部の学部学生のときに読むことがなかったならば、文学部国文科にいながら、東洋古典学という、より広い世界に視野を向けることもなかったであろう。そして、幸いなことに、「神田本白氏文集」の研究を契機にして、最晩年の神田喜一郎の謦咳に接する機会を得た。

詳しく語り出せばきりがない。以上のようなことは、個人的な思い出にすぎない。だが、東洋古典学のみならず人文学の世界における、「学知の継承」という視点から考えてみると、徐々に世代が移り変わりながら、グラディエーションをなしていることが理解できる。また、その学問的世代の移り変わり、重なりの変化のグラディエーションも、それぞれの研究者によって微妙にちがっている。

だが、学知は、かならず時代の流れととともに変化していくものである。様々な様相のもとに、過去から、その次の世代へ継承されていく。このことは、さきにあげた『本邦における支那学の発達』に詳しい。

その学知の継承は、変化があったとはいえ、かつては、きわめて緩やかなものであった。近年の大きな事件といえば、明治期の近代化にともなう、「大学」の成立と、学部・講座・学科・専攻、などの制度的な枠組みであり、また、それに対応する形での、各種の学会の構成であろう。しかし一方、その枠組みが、21 世紀をむかえて大学教育・研究の再編という形で、崩壊あるいは再構築されつつあることも、また、周知のことである。

筆者のかかわる日本語学についていえば、次のような構造になる。

(1)大学→文学部→日本文学科（国文科）→上代／中古／中世／近世／近現代／国語学
(2)これに対応する形で、時代別に、上代文学会・中古文学会などがあり、国語学会がある（あった）。

(3)国語学会は、日本語学会に、少なくとも名称の点においては、変更となった。

なお、ここで付言すれば、国語学会が日本語学会に名称の変更を余儀なくされた（2004 年）には、種々の事情がある。だが、そもそも、国語学会が、大学の国文学科で国語学を教える教員の組織であると見るならば、その大枠の前提が崩壊したとき、国語学会もまた変質せざるをえないのは、理の当然といえよう。しかしながら、だからといって、その先の展望が見えているわけではない。ここに、現在の国語学（日本語学）研究者の苦悩がある。

ここで改めて確認しておきたい。学知とは、その教授法によって継承される（あるいは、変化する）ものである。

回 2. 人文科学とコンピュータ研究会でのこと

前稿で、筆者は、「文系・理系の対立について」次のように書いた。

顕著にあらわれるのは、次の二つの場面においてである。

(1)上記の研究会などでの研究発表のテーマや、質疑応答の場面。
(2)大学教育、特に、文学部での情報処理教育において、いったい何をどのように教えればよいのかを、考えるとき。

このうち、(2)の方は、先に述べた、学知の継承という視点から、さらに考えねばならない、規模の大きなテーマとして考えてゆくことにしたい。本稿では、以下、(1)の具体的事例に則して、私見を述べる。

情報処理学会の「人文科学とコンピュータ研究会（CH）」は、その設立の当初から、筆者も加わっており、人文学研究におけるコンピュータ利用を考えるうえでは、中核的な研究会・組織である。

論 文

また、人文学・情報学にまたがる研究者のネットワークでもある。

この第74回研究会（2007年5月25日、於龍谷大学瀬田キャンパス）で、興味深い研究発表と質疑応答があった。

発表は、「歴史記述に対する概念分析の試み」白須裕之（京都大学人文科学研究所）についてである。この発表で、白須裕之が、プレゼンテーションにおいて示した画面は、

　　　モデル → システム

と表示されていた。これに対して、質疑応答のときに、内木哲也（埼玉大学）が、次のように質問した……「モデルからシステムではなくて、システムからモデルではないですか？」と。つまり、白須裕之とは逆に、

　　　システム → モデル

であるべきと主張したのである。このときの質疑応答は、その他の発表での質疑応答とは異なり、かなり緊張した雰囲気であった。「モデルからシステムだ」「いや、そうではなく、システムが先だ」、と双方のやりとりがあり、ついには、研究会主査の鈴木卓治が、「工学では、モデルからシステムなのです」ということで、とりあえず時間切れで、次の発表に移行した。

以上のことは、もちろん、筆者の記憶によっているので、細部まで再現しようとするものではない。しかし、「モデル→システム」「システム→モデル」を軸とした、意見の対立があったことは確かなことである。ここで、筆者は、どちらの主張が正しいのか、判断できる見識があるわけではない。また、どちらかに与しようとも思わない。まずは、このような、意見・主張のすれ違いがあったことをふまえて、思うところを述べてみたい。

どちらに与するわけでもないとは言ったものの、やはり、人文学研究者としては、「システム→モデル」として示された方が、直感的には納得がいく。ことの正否とは別に、このこと自体は、筆者

として確認しておきたい。そして、おそらく、多くの人文学研究者も同様の感想を抱くであろうと推測する。

では、なぜ、筆者は、「システム→モデル」に共感し、「モデル→システム」に違和感を感じるのか。ここから先は、筆者個人での内省のレベルになる。（したがって、白須裕之・内木哲也の両氏の議論からは、離れることを、確認しておく。あくまでも、筆者の個人的見解である。両氏には、それぞれに御意見はあるとは思うが。）

◎ 3. 人文学は帰納的に考える

結論を先に述べれば、歴史や文化的事象をあつかう研究は、事実から帰納的に考える習性が身にしみこんでいるから、としか言いようがない。きわめて単純素朴な話しとして、タイムマシンを持たない歴史学者は、歴史を作ることは出来ない。歴史とは、過去に起こった厳然たる事実以外のなにものでもない。研究者は、様々な史料を駆使して、その事実を確定し、記述しようと試みる。（もちろん、そもそも歴史的事実とは何であるか、歴史として記述するとはどういうことか、という歴史研究の本質論からの問いかけが必要であることを承知のうえで、ではあるが。）

一般的にいうならば、人間が社会のなかで活動していること、その文化的・社会的事象そのものを、システムととらえ、そこから、まとまりのある解釈を導きだし、あるいは、一定の法則・規則を見いだそうとする。モデルの構築である（システム→モデル）。このように、システムとモデルの関係を考える。だが、そのモデル構築もそうたやすいものではない。

言語研究の事例でいえば、構造主義言語学と生成文法をめぐる議論にかかわることでもあろう。また、史的唯物論を信奉するならば、演繹的に、歴史を記述することも可能であった（かつて、そのような時代があった）。しかし、今、史料からの帰納以外に、どのような歴史学研究の方法があるというのであろうか。

演繹的な思考法の世界、筆者に思い浮かぶ範囲

でいえば、ニュートン物理学の世界でありあるいは、ユークリッド幾何学の公理系の世界……このあたりにとどまるのが、筆者の無知と認識の脆弱さでもあろうが、そのことを承知のうえであえて言う……文化や歴史の研究は、公理から定理の証明を演繹的につみかさねて、ひとつの整合性のある、シンプルかつエレガントな普遍的な公理系を構築するようなものではない、と。

◙ 4. 物語かモデルか

ここまで「システム→モデル」「モデル→システム」を軸に考えてきた。だが、多くの人文学研究者は、システムもモデルも、そのようなもの、両方とも要らないのかもしれない。研究者が、その研究をどう提示するか、それを、さらにメタのモデルで考えてみる。そうすると、

(1)文系の研究者はその研究成果を「物語り」として語る
(2)理系の研究者はその研究成果を「モデル」として提示する

このように、強引にわけられなくもない。

たとえば、『祖先の物語』で、リチャード・ドーキンスは、物語（Tale）と言いながらも、実際には、遺伝子の自己複製と自然淘汰のモデルを提示しているのだ、と筆者には読める。

人文学研究者が、学会などの研究発表で、プレゼンテーションソフト（その代表が、パワーポイント）をつかいたがらない、という話しはよく耳にする。筆者のかかわる範囲であっても、日本語学・訓点語学会などでは、いまだに、使わないのがあたりまえ、である。しかし、情報処理学会関係の研究会では、使ってあたりまえ、いや、さらに、どう使うかの腕前を競う。

これは、単に、コンピュータ操作の技能の問題ではなかろう。「パワーポイントを使うと紙芝居になってしまうから」、これもよく耳にする言葉である。そして、これは、意外と本質をついている発言かもしれない。物語を語ろうとするのであ

るならば、パワーポイントが紙芝居になってしまうのは当然である。だが、一方で、モデルを視覚的に提示しようと思うならば、これほど便利な道具（ソフト）はない。

「物語」か「モデル」か、これもまた、文系・理系を考えるカギになりうる。いや、場合によっては、文系・理系ではなく、知のあり方の本質にかかわることかもしれない。だが、残念ながら、今の筆者には、ここから先を考える知見と能力はない。

◙ 5. デジタル・ヒューマニティは学知を架橋するか

帰納的思考になれた、あるいは、物語を語りたい、このような人文学研究者にとって、「モデル→システム」と示されると、普段の考えとは逆に、演繹的な思考法を提示されたことになる。おそらく、ここに違和感の原因がある。

これは、おそらく誤解かもしれない。だが、誤解があるならば、それには、それなりの理由がある。それについて考えることは、また、さほど無意味でもないであろう。

本稿で、先に、国語学会から日本語学会への名称変更について少しだけ触れた。外部的な事情としては、近代的な国民国家の言語として構築された日本語を国語と称し、その研究を国語学と称することへの批判である。だが、一方で、内部的な事情としては、旧来の国語学の学知の継承が不可能になってきた、という要因がないでもないと、筆者は、考えている。学知とは、その教授法とともにあり、また、変質していくものであると認識するならば、国語学から日本語学への変化は、必然である。一つは、既に述べた、大学の文学部における国文科の消滅傾向という現象であり、さらには、コンピュータによる言語処理や認知科学からの言語研究へのアプローチである。これらを、国語学ではうけとめることができない。日本語学にならざるをえない。国語学という学知は、滅びるべくして滅ぶ。

論 文

ところで、本稿の読者はどう考えるであろうか。「漢字文献情報処理」という学知は、東洋学の一部なのであろうか、情報学の一部なのであろうか？

東洋学でもあり、情報学でもある、「漢字文献情報処理」という鵺（ぬえ）的なあるいはキメラ的な学知は、コンピュータによって生まれたものであることは、いうまでもない。ここでは、鵺・キメラというやや否定的なニュアンスの語で表現してしまったが、これを積極的にとらえれば、新たなる総合的な学知の誕生ということになる。

このとき、本誌『漢字文献情報処理研究』の読者たらんとするものは、次のような覚悟をひきうける必要がある。

第一に、この新たなる学知は、どのようにして、次の世代に継承可能か。そもそも、学知として継承するには、どのような教授法をともなうべきなのか。

第二に、帰納的思考と演繹的思考、これをどのように融合させ整合性を構築するか。場面による使い分けなどという姑息な手段に逃げない、とするならば。

またこれは、人文情報学（デジタル・ヒューマニティ）という学知の入り口に立たんとする筆者の思うところでもある。

付記

本稿ではあえて白須裕之の論文にたちいることを避けたが、実際には、このように書いてあることは確認しておきたい……「問題領域である「システム」に対して、興味のある側面をある「言語」で記述したものが「モデル」である。従って、一つのシステムに対して、注目する側面によって様々なモデルが提出できる可能性がある。」

「モデル→システム」としつつも、システムに対する解釈の多様性という点は保留してある。筆者の理解する範囲において、白須裕之は、資料・史料をどう実証的にあつかうか、どう解釈するか、（それをモデルとして提示するのであれ、物語として語るのであれ）人文学の本質を見誤ってはいないと、理解する次第である。

謝辞

本稿については、白須裕之氏からは懇切なコメントをいただいた。仲介の労をとってくださった、山田崇仁氏ともども感謝もうしあげる。また、内木哲也氏について御教示くださった明星聖子氏にも謝意を表する次第である。

参考文献

- 『倉石武四郎講義　本邦における支那学の発達』、汲古書院、2007 年
- 『読書の学』、吉川幸次郎、筑摩書房、2007 年（ちくま学芸文庫）
- 『ビッグバン宇宙論』（上・下）、サイモン・シン（青木薫訳）、新潮社、2006 年
- 『祖先の物語』（上・下）、リチャード・ドーキンス（垂水雄二訳）、小学館、2006 年
- 『科学哲学の冒険』、戸田山和久、日本放送出版協会、2005 年
- 『情報処理学会研究報告　CH-74-2007』、情報処理学会、2007 年

『在ベルリン吐魯番出土 漢文世俗文書総合目録』の その後
――FileMaker による Database の Web 公開の一例として――

田口　昌弘（たぐち　まさひろ）・小口　雅史（おぐち　まさし）

◙ はじめに

　小口は本誌6号（2005年10月）に「在ベルリン吐魯番漢文文書とその電子化―その現状と課題・展望―」と題する報告を寄せ、その大半が小さな断片の集合体である故に、在欧敦煌吐魯番文献コレクション中ではもっとも整理の遅れている、ル・コックらが蒐集したベルリンのコレクションの電子化の必要性を説いたことがある。小口は2002年秋から2003年秋にかけてのベルリン滞在中に、ベルリンのコレクションの管理者である Dr. Hartmut-Ortwin Feistel 氏（ベルリン国立図書館 [1] オリエント部長）や、その目録作成担当者である Dr. Simone-Christiane Raschmann 氏（在ベルリン・ブランデンブルク科学アカデミー [2]。ただしそのポストはゲッティンゲン科学アカデミーのもの）らの協力を得て、その電子目録作成（古文書画像付）にとりかかった [3]。

　その際、利用するソフトの選択としてはいろいろ考えられたが、こちらのメインが Windows パソコンであったのに対し（ただし相互検証用

に Mac 環境も用意）、ドイツ側のパソコンがすべて Mac であったこと、またそのままの形で容易に Web 公開が可能であることなどが決め手となって、両 OS でファイルを完全に共有できる FileMaker（以下 FM と略記）を利用することとした（当時利用した Ver. は5.5）。こうしてベルリンに長期研究滞在している間に、古文書に埋もれるという至福の時を過ごしながら [4]、昼間は調書作成と釈読、夜間はデータベース入力を続けていった [5]。

　こうして1年にわたる滞在中に、基本的なデータベースは構築され、暫定版として CDR に焼き付けて関係者に配付するところまではいったのである（本誌6号にレーベル面が掲載されている）。しかしながらこれはあくまで基本的な書誌データを載せたもので、古文書の写真も完備しておらず、さらに断片の本格的活用に必須な全文テキストも揃っていなかった。そこまで進めるためには、多くの研究者の協力が必要である。そこで科学研究費の交付 [6] をうけて、その電子目録の完成を目指すこととした。

　その一方で、小口はベルリンから帰国後の

論 文

2004年12月から、法政大学国際日本学研究所の設置するデジタルライブラリや公開データベース[7]の責任者となり、この在ベルリン吐魯番文書の電子目録もこのWeb上での公開の対象とすることが研究所の運営委員会で了承された。当時、小口は研究所内の別のプロジェクト「日本の中の異文化」の研究担当でもあり、その過程で蓄積された日本古代北方史の文献目録の公開について先行して作業に入っていた。これは画像データを伴わない単純な文献目録であるので、限られた予算で設置するため、そのシステムとして迷わずNAMAZUを採用した[8]。その際にシステム担当として研究所より依頼をうけたのが田口であった。田口はこうしてNAMAZUとともにFMによるデータベース公開のシステム面の実務担当者として処理に当たることとなったわけである。

前置きが長くなったが、本稿はこの小口作成のFMデータベース『在ベルリン吐魯番出土漢文世俗文書総合目録』を、どのような手順で田口がWeb公開したのかという、その具体的な手順をまとめたものである。とりたてて高度な技術的要素は含んでいないが、MS-Accessに比べて少ないであろうFMによるWeb公開の事例報告として、今後の様々なデータベース構築に際して参考にしていただければと思い執筆することとした。先述したように、同DBは法政大学国際日本学研究所のサイトで公開中（**http://aterui.i.hosei.ac.jp/oguchi/berlin/**）である。本稿「レイアウトと検索」以降の章は、実際にそこにログイン（Guestアカウント＝Password不要）し、動作を試してみながら読まないと分かりにくい箇所があるかもしれない。本稿とあわせて利用していただければ幸いである。

回 1. FileMaker とは

FileMaker社[9]は以前はClaris社といい、ClarisWorksなどの製品でMacintoshの世界では名の知られた存在であった。そのため同社のRDBソフトのFMには、古くからの熱心な愛好家も多い。現在ではWindows・Mac OS Xの両方に対応しており、2007年8月現在、FMのラインナップには5つの製品が存在している。そのうち今回の作業で使用したのは、FileMaker Pro 8.5（FMP）・FileMaker Server 8（FMS）・FileMaker Server 8 Advanced（FMSA）の3つである。おおざっぱに言えば、データを作成するのに必要なのがFMP、データをローカルなネットワーク上で共有するのに必要なのがFMS、FMSに加えて使用するとデータのWeb公開が可能になるのがFMSAである[10]。法政大学国際日本学研究所の数台のサーバのうち今回の公開に利用できたのは、MS-Windows 2000 Serverで運用されているもの1台のみ（以下、本稿ではサーバ機と呼称する）であったため、FMS・FMSAはすべてWindows版のプログラムを使用した[11]。

田口のRDB経験は、仕事の関係でMS-Accessに嫌々触れざるを得なかったことを除いてほぼ皆無であった[12]。Accessは所有はしているものの、どうも素人には敷居が高く感じられたし、またどうしてもRDBにしなければならないデータもなく、MS-Excelでカード型DB風の処理をしておけば、それで十分であったからだ。そこで今回の作業にあたり『FileMaker Pro大全』[13]でRDBの概念自体とFMPの仕組みについて学習した。なお本DBの作成に際しては、このコレクションに対する全ての権利を有しているStabi及びその電子化を担当しているBBAWとのやりとりに配慮して、テーブル名やフィールド名は基本的にドイツ語で定義されている。田口による再編の過程では日本語の名称も使用しているが、最終的にはすべてドイツ語に統一する予定である。

回 2. サーバ機への FMS・FMSA のインストール

FMS・FMSAインストール用のマニュアルは不親切きわまりない（と筆者らには思える）ものであった[14]。また作業開始当初、サーバ機のCドライブの空きはほぼゼロであった。さらに田口はPC-9801の頃からのPCユーザーであった

が、サーバの類に触れるのは今回が始めてであった。そのため作業はあれこれとかなり難航したのだが、マニュアルを読み込んだ結果、なんとかインストールを行えるようになった。しかしFMS・FMSAはどうしても正常に動作しなかった。

原因はWindowsのインターネットインフォメーションサービス（IIS）の「既定のWebサイト」（C:¥Inetpub）が停止されて別のサイトが設定されていたことであった。

FMSAの製品CD-ROM「日本語エキストラ」フォルダ内「FMS Webお読みください.pdf」の「2.インストールについて」には2つの注意が書かれている。要約すると「IISのデフォルトWebサイトを使用していないとインストールしても動作しない」「デフォルトWebサイトにはjakartaという仮想ディレクトリが既に存在していてはいけない」ということになるのだが、セキュリティの都合その他で、IISのデフォルトWebサイトを使用していないケースは少なくないのではないだろうか。しかしマニュアル本体にはこの項についての記述が無く、インストーラの側では一切対応をしてくれなかったのである[15]。

そこでまず一時的にIISの既定のWebサイトを復活させてFMS・FMSAのインストールを行った。次にインストーラによってC:¥Inetpubの下に設定された仮想ディレクトリ（jakarta）を手動で必要な場所に複製し、念のためにC:¥Inetpub¥jakartaを削除した。しかるのちにIISを元の状態に戻した結果、FMS・FMSAが正常に動作するようになった。

3. データベース構造の再編

『在ベルリン吐魯番出土漢文世俗文書総合目録』は2つのデータベース「在ベルリン吐魯番出土漢文世俗文書デジタルカタログ／Digitalkatalog chinesischer welt-licher Textfragmente der Berliner Turfan-Sammlung」と「参考文献／Literaturverzeichnis」から成る。田口が小口から受け取った当初のデータは、在ベルリン時に作成された「Katalog chinesischer weltlicher Textefragments der Berliner Turfan-Sammulung」[16]に収められていたものに手を加えたもの（以下、暫定版[17]と呼称）で、本体（Berlin_Turfan：1テーブル122フィールド）と参考文献目録（Refwerk：1テーブル13フィールド）が関連付けられていた（図1の暫定版のER図[18]参照）。RDBとしての機能はほとんど使用されておらず、本体には、断片の表裏両面の情報が、カード形式で視覚的に見やすくするために1レコードに盛り込まれていたことから、表ないし裏の各1面ごとにはデータを扱いにくい構造であった。そこで小口の確認をうけながら、田口がDB構造の再編を行った。

本体に定義されていたフィールドは数多いが、整理すると断片テーブルと面テーブルとにわけられる[19]。面テーブルについては、面IDフィールド[20]を新設し、あわせてその面が断片の表裏どちらなのかという表裏フィールド[21]と、同一断片の逆側の面の面IDを入れるための逆面IDフィールドを増設した。さらに両テーブルを結ぶキーとして断片IDフィールドを、各断片についてユニークな値である、表側の面の面IDから付けた。加えて各面に文書IDフィールドを新設し、新規作成した文書テーブルと関連付けた。もともと暫定版にも表裏面の文書の連続を意味するフィールド[22]はあったが、それだけでは別断片

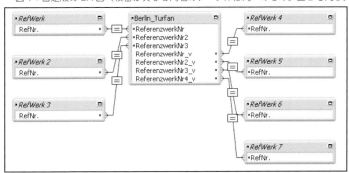

図1：暫定版のER図（枝番が異なる同名のテーブルは同一のもの。図2も同じ）

論 文

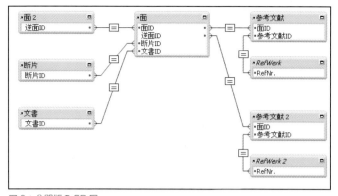

図2：公開版のER図

に同一文書が連続しているケースに対応できなかったからである[23]。

次に、暫定版では本体に複数のRefWerk用のフィールドがあったのを整理した。この本体レコードのRefWerk用フィールドと外部の参考文献目録レコードとの多対多対応を整理するために、本体内に面IDと参考文献IDを記入するための参考文献テーブルを新設した。これらをキーにすることにより、本体内の面テーブルと外部RefWerkとを本体内の参考文献テーブルを通して1対多対応にすることが可能になった。

最後に、暫定版と同様に表裏の情報を一つながりにして表示させられるよう、面テーブル内の面IDと逆面IDを自己連結で関連付けるようにした。

以上の整理を行ったものを公開版と呼ぶ[24]（図2参照）。公開版の本体は、断片テーブル（15フィールド）・文書テーブル（1フィールド）・面テーブル（74フィールド[25]）・参考文献テーブル（3フィールド）から構成されることになった。

図3：公開版のレイアウト（文書情報タブ）

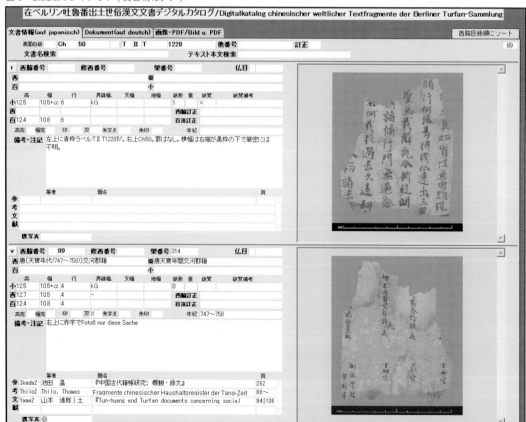

◎ 4. レイアウトと検索

FMPにはブラウズモード・検索モード・レイアウトモード・プレビューモードの4つのモードがあるが、すべてレイアウトモードでデザインした配置でフィールドが表示される（それぞれのモードの役割は名称の通り。プレビューモードでは印刷のプレビューを行う）。フィールドやリレーションシップの定義に関わるのは前章で触れたテーブルであるが、テーブルのデータをいかに見せるか（あるいは見せないか）はレイアウトモードで決定される。

Web公開用のレイアウトについての小口の要望は、1断片の表裏のデータと画像のサムネイルを1画面に表示させて欲しいということと、プロジェクトの報告書を作成するためにプリントア

ウト用のレイアウトが欲しいということであった。そこで田口が暫定版のレイアウトを参考にしつつ公開版のレイアウト（図3・4参照）を設定していった。

まず全体の大きさを考えた。昨今のPCモニタ事情と公開版に最低限必要とされるであろう広さとを勘案し、最初は1280×1024ピクセルというスペースを想定したが、Web公開においてはWebブラウザの窓左部にFMのステータスエリア[26]が約210ピクセル分を占めることになるし、上部や下部にはブラウザのアドレスバー等（環境により大きさは異なる）が表示されることになる。そこで実際に使用するのは1050×800ピクセル以内とした。そして具合の良いことに、そのサイズであれば、1断片を紙媒体のカードとして出力するためにプリントアウトすると、オリジナルでちょうどA3用紙1枚に収まるのであった。

図4：公開版のレイアウト（画像・PDFタブ）

論 文

次にタブの作成を行った。FMP では同一レイアウト内に複数のタブを設定でき、それぞれのタブの内容は自由にデザインできる。そこで「文書情報（auf japanisch）タブ」「Dokument（auf deutch）タブ」「画像・PDF ／ Bild u. PDF タブ」の３つを設定した。前２者はそれぞれ日本語とドイツ語による文書情報を表示するタブで、フィールドのラベルと一部フィールドは各言語用のものに変えたが、基本的に同一のレイアウトである。最後のものは文字通り画像と各文書の PDF を表示するためのタブで、ラベル等は両語併記とした。

文書情報タブでは、断片テーブル・面テーブル・逆側の面テーブルのデータの間に直線を配置し、スペースが許す限りそれぞれのフィールドのまとまりを強調してみた [27]。具体的なレイアウト作業には、「グループ化」「ロック」「前面へ / 背面へ」「〜辺で整列」「〜方向で等間隔」などの、レイアウトのために豊富に用意されている機能を使用し、ピクセル単位での位置調整は「オブジェクト情報」を表示させてカーソルキーで行った。画像・PDF タブにはそれらを開くためのボタン（後述）を配置した。

さらに文書情報タブの上部に検索用のフィールドを設置した。これは FMP での検索は検索モード [28] で行うのだが、この DB においては 1 面について文書名のためのフィールドが 4 種類 [29] × 2 言語分存在し、標準の機能ではこれらを同時に OR 検索できないからである。そこでこの 8 フィールドを計算式によって連結するフィールドを作成してブラウズモードでの入力を禁止して配置した（ただし連結した中身が常時表示されているのは美しくないので、先頭にはダミーの大量の空白を付加することにした [30]）。また各文書の電子テキスト検索のためのフィールドも同様に設置した。これは他に置くスペースもなく、また別タブで PDF を表示するのだから電子テキスト自体は表示する必要もないであろうという判断による [31]。いくらかタブ右上にスペースの余裕があるが、文書名関連のフィールドを将来配置することもあろうかと思い空けておいた。

検索時には文字コードが気になるところであるが、小口が FMP を使い始めた Ver.4.1 〜 5.5 のころは正直言って、その Unicode 対応にはかなり怪しい面があって、データのエクスポート時には結構悩んだものである。問題は漢字ではなくドイツ語のウムラウトであった。FMP 内では表示されるウムラウトを含む語を FMP から外に出すととたんにおかしなことになる。しかし現在の Ver.8.5 に到る段階で、この問題は完全に解決している。Unicode も今昔文字鏡などのフォントがらみもまったく問題ない。ちなみに FMP ヘルプ「索引設定またはソートの言語の選択」には、ソートの基準とする言語を設定する際に Unicode 順を設定することができるということが明記されており、これはその通りに機能する。

外部 RefWerk の表示にはポータル機能を使用した。前章で述べたように本体内の面テーブルと外部 RefWerk とは 1 対多対応している。ポータル機能とは、関連テーブルにある複数の関連レコードを表示する機能であり、関連レコードがあらかじめ指定しておいた件数を超えた場合には（CSS の overflow:scroll; のように）スクロールバー付きで表示されることになる。

タブの右上には西脇目録順にソートするためのボタンを設置した。これは在ベルリン吐魯番漢文世俗文書についての公的な目録としてドイツで刊行されている西脇目録の配列を再現して、それと本デジタル目録との照合の便をはかるためのものである。このソートは面テーブルの NishiUni フィールド [32] をキーとして行われる。同一断片の表面と裏面とが同一の西脇番号を持つ場合は表面についてのみそれを NishiUni フィールドに記入し、裏面については「xxxx」と入力した。表裏で異なる西脇番号を持つ場合はそれぞれを記入した [33]。じつは近時の研究の進展によって発見・確認された、西脇目録に採録されていない世俗文書断片も、本デジタル目録に採り入れられている。それらの面については、西脇目録の分類に準じて、本来西脇目録のどこに収まるかが分かる形で番号を記入することにしているが、2007 年 8 月時点では未処理である。

画像・PDF タブについては次章で述べる。

　もう１つ、データ入力用のレイアウトも作成した。入力用レイアウトは一般には公開するものではないので特に見栄えにはこだわらず、作業のしやすさを心がけて全フィールドを配置し、色分けやデータ入力時のフィールド移動順の設定を行った。さらに面テーブルのデータを入力しつつ他テーブルのデータをも編集できるよう、DB のリレーションシップの定義において設定した。

回 5. 画像と PDF

　本 DB ではテキスト以外の情報として各文書のJPEG 画像と PDF とを扱っている。FMP では非テキストを入れるためのフィールドをオブジェクトフィールドと呼ぶが、今回はオブジェクトフィールドではなく、FMP8.5 の新機能「Web ビューア」を使用することになった。Web ビューアとは指定した URL の内容を指定した大きさのスペース内に表示させることができるという機能である。

　まず画像であるが、暫定版では Stabi 所蔵のものについては小口が在ベルリン時代に部分的に撮影を依頼し購入したものと、BBAW の Web 上で公開されていたものとがテーブル内部に埋め込まれていた。小口らの科研費グループでは、在ベルリン吐魯番文書の補修費用を応分に負担するかわりに、研究用として漢文世俗文書すべての高解像度デジタル写真を先に入手していたが、その後、Stabi 架蔵の漢文古文書等の写真は IDP[34] のサーバ上で公開されることとなり、小口が Web で公開するデータベースについても、そこで利用する古文書画像は、手持ちの写真ではなく、この IDP での公開画像にリンクする形で表示するよう BBAW から要望を受けていた。またそれに先行して BBAW のサーバ上で公開されている画像[35] についてはやはりそこへリンクを張るようにとのことであった。まさに Web ビューアがうってつけの場面なのであるが、問題が２つあった。それは IDP と FMP の仕様に起因するものである。

　IDP の仕様は、JPEG 画像の URL を表に極力出さないようにしていることにその特徴がある[36]。

IDP のサイトによれば 4D 社[37] の製品を使用しているということだが、断片の整理番号とその所有機関について個別での検索は可能であるものの、なぜか AND 検索はさせてくれない。さらにヒット数の上限が 300 に設定されている。そのため「Ch23??」という整理番号の断片の URL を知りたければ、「Ch」と「23」で絞り込み、検索結果を頭から順にめくっていかなければならないのだ。さらに検索して辿りついた各断片のページは、URL にセッション ID が埋め込まれていて固定リンクの作成が不可能であり、そのソースについては JavaScript により表示が禁止されていたりする。結局、田口の技能では１件ずつ手作業で各文書の JPEG 画像の URL を抽出していくしかなかった。

　しかし１件ずつデータを目視していった結果、必ずしもすべての断片について表裏各１枚づつの画像が存在するというわけではないということが分かった。本 DB で扱う断片はほとんどが文字通り小さな断片なのであるが、なかには何十行も続いている文書がいくつかある。それらについてはひとつの面について何枚もの分割画像が存在し、さらにそのうちには全体の連結画像も存在するものがあった。よって単純に Web ビューアに対して JPEG 画像の URL を指定してやればよい訳ではないということが分かり、面テーブルに新たに画像種類フィールド[38] を作成することになった。

　一方 FMP の仕様の問題とは、オブジェクトフィールドと Web ビューアでは画像の表示のされ方が異なるということである。オブジェクトフィールドに画像ファイルを入れれば、自動的に枠にあわせた大きさでセンタリングして表示されるのだが、Web ビューアでは単に指定された URL のファイルを表示するだけなので、ほとんどの場合、IDP 画像の一部が表示スペースの窓から見えて、さらに縦横にスクロールバーが付加されるということになるのであった。そこで画像をちょうどよい大きさに縮小して表示させるための HTML や、複数画像を連続して表示させるための HTML を、あらかじめ法政の国際日本学研究所サーバ機上に用意しておくことにし、FMP か

論 文

らエクスポートした CSV ファイルから HTML を生成するスクリプトを Ruby[39] で作成した[40]。

PDF については、オブジェクトフィールドに埋め込んだ時の挙動が Windows 版と Mac OS 版とで異なる[41]が、Mac OS 版の FMP で作成したファイルをサーバ機の FMS で公開してみたところ、Windows 上のブラウザでは PDF が表示されなかった。よってこれも Web ビューアで表示させることとし、サーバ機に PDF を置くようにした。こちらは Acrobat Reader に表示倍率を設定する機能がある（初期倍率は環境設定による）ので、特に表示用の HTML を用意しておく必要はない[42]。

 6. ボタンとスクリプト

FMP ではボタンを押すことによって、コマンドもしくは複数のコマンドを組み合わせたスクリプトを実行させることができる。ボタンを独立して配置することも、任意のフィールドをボタンとして定義することも可能である。今回、前章で述べた西脇目録順ソートボタンの他に、画像・PDF タブに画像拡大ボタン・PDF 拡大ボタン・トレース図表示ボタンの 3 種類を設置した。前 2 者は大きなサイズの画像や PDF の URL をブラウザで開くコマンドを実行するボタンである。トレース図表示ボタンは、トレース図（古文書の実物にトレース紙をあてて実測したもの）が存在する場合（ごく一部の断片についてしか存在しない）、それをブラウザで開くスクリプトを実行するボタンであるが、あるフィールドをボタンとして設定した。スクリプトの作成は Excel の数式パレットのような画面で行うのだが、制御構造や関数名など以外のかなりの部分が日本語化されているので可読性が高い[43]。今回の作業では Web 公開するのが目的なので、Web ブラウザ上で動作しない FMP

図 5：Web アクセスした状態

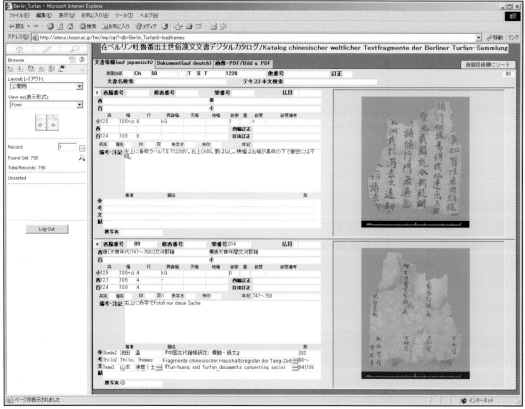

コマンドを除外するために「Web 互換を区別して表示」のチェックボックスをオンにして作成を行った。

7. Web 公開する

以上の工程を経て公開版が完成したが、Web 公開 [44] に使用するためには、アクセスを許可するアカウントとパスワードを設定しなければならない。

本 DB では特に制限すべき理由がないのでパスワード無しの Guest アカウントに Web アクセスを許可したが、アクセスできる範囲と使用できるメニューコマンドはデータ閲覧に関するものに限定した。また Administrator 権限のアカウントでは Web アクセスを許可しないようにした [45]。閲覧者にどのようなアクセスをどこまで許可するかについては、かなり細やかな設定が可能である。

最後に実際にサーバ機上に配置して動作チェックを行った。FMP 上での DB の挙動と Web ブラウザ上でのそれは基本的に同一であるのだが、細かいところでは微妙に異なることがある (たとえば注 30 など)。スクリプトの挙動はきちんとチェックしておかないと Web 公開では期待通りにならない場合があるようだ [46]。

なおファイルを Web 公開するためには、それを「[FMS のインストールされているフォルダ] ¥Data¥Databases」に置いてマニュアルに従って公開手続きを行う。Web 公開された DB へログインするための入り口の URL は「[ドメイン名] / fmi/iwp/cgi?-DB= [ファイル名] &-startsession」となる。ログアウトもしくはログインをキャンセルした場合には、「[ドメイン名] /fmi/iwp/」に飛ばされる。そこにはそのサーバで Web 公開されているすべての FM の DB の入り口へのリンクが表示されるので、一覧を見えないようにしたい場合は「[FMS のインストールされているフォルダ] ¥Web Publishing¥IWP¥」に好みの内容の「iwp_home.html」を設置すると良い。またログイン画面ほか、FMSA によって表示されるシステムメッセージを日本語以外のも

のにしたい場合は、「[FMS のインストールされているフォルダ] ¥Web Publishing¥publishing-engine¥wpc¥Resources¥iwpres¥」の中に各言語用 [47] の設定ファイル（strings.js）があるので、それをカスタマイズする。

なお参考までに Web 公開された状態を図示する（図 5 参照）。図 3 と比較すれば、FMP で作成された DB がほぼそのままの形で Web 公開されることが見てとれるであろう。

おわりに

以上、現在、法政大学国際日本学研究所のサーバ機上で運用の準備が進められている『在ベルリン吐魯番出土漢文世俗文書総合目録』について、FMP で作成されたファイルをそのまま Web で公開する際の技術的な問題点などを中心に述べてみた。本稿の事例のように、Windows ユーザーと Mac ユーザーとが混在する場合や、パソコン環境で作成したデータベースをそのまま Web で公開してデータを共有したい場合などに、FileMaker はそれなりに便利なソフトであると思われる。冒頭にも述べたように本稿がなんらかの参考になれば幸いである。

なお法政大学国際日本学研究所では、多数の同時アクセスにも堪えられるように、サーバ機に FMS・FMSA を導入したが、FMP は単独で小規模な公開機能ももっているので、FMS・FMSA なしでもデータベースの Web 共有ができることを最後に附言しておく。

注

[1] Staatsbibliothek zu Berlin。通称は Stabi。
http://staatsbibliothek-berlin.de/

[2] Berlin-Brandenburgische Akademie der Wissenschaften。通称は BBAW。http://www.bbaw. de/

[3] 小口雅史「古代アジア世界の東と西：在ベルリン吐魯番文書と正倉院文書の語るもの―その研究の歴史と一断面―」（『国際日本学』2、法政大学国際日本学研究所、

論 文

2005 年）参照。

[4] 当時は現在よりもはるかに自由に、この吐魯番文書の閲覧ができ、時間さえあれば足繁く図書館に通ったものである。その後、図書館側の人員削減により、出納上の問題から現在では 1 グループあたり 1 日につき 10 点程度に閲覧が制限されている。また古文書撮影も当時は図書館が独自のスタッフを抱えていて、その場で自由に撮影の発注ができた。

[5] なお在ベルリン吐魯番出土漢文書の紙媒体の目録としては、当時すでに、百済康義編『ベルリン所蔵東トルキスタン出土漢文文献総目録 (試行本)』(西域研究会、2000 年)、Nishiwaki Tsuneki, *Chinesische und Manjurische Handschriften und Seltene DruckeIII Chinesische Texte Vermischten Inhalts aus der Berliner Turfansammlung*, Stuttgart: Franz Steiner Verlag 2001（以下、本稿ではそれぞれ百済目録、西脇目録と略称する）が公刊されていた。西脇目録のドイツ語タイトル *Chinesische Texte Vermischten Inhalts* の意味するところは die nicht-buddhistischen Textfragmente in chinesischer Schrift（序文による）、すなわち漢文世俗文書である。また中国では榮新江氏による目録化がなされている。同「德国〝吐魯番收集品〟中的漢文典籍與文書」(『華学』3、1998 年)。以下、本稿では榮目録と略称する。

[6] 「在ベルリン・トルファン文書の比較史的分析による古代アジア律令制の研究」(基盤研究 (B)、研究代表者：小口雅史、研究分担者：關尾史郎・坂上康俊・大津透・丸山裕美子各氏、研究協力者：張娜麗氏および在独研究者諸氏)。

[7] http://aterui.i.hosei.ac.jp/service/ に入口がまとめられている。

[8] このデータベースは上記の国際日本学研究所の Web 上で公開されているが、そこの凡例でも触れているように、そのモデルとなったものは INBUDS インド学仏教学論文データベース (http://www.inbuds.net/) である。

[9] http://www.filemaker.co.jp/

[10] 残りの 2 つはモバイル用 OS 向けの FileMaker Mobile 8 と FMP の上位互換製品である FileMaker Pro 8.5 Advanced (FMPA)。作業においては FMPA を使用したこともあるが、FMPA にしか無い機能は一切使用して

いないので、本稿ではすべて FMP と記述してある。

[11] 公開用のデータを作成する FMP は、FMS・FMSA と OS をあわせる必要はなく、Windows 版・Mac OS 版のどちらでもで良い。田口自身は Windows 版を使用し、それを検証する小口は Windows 版と Mac OS 版をともに利用した。

[12] そのため本稿でも、FM の長所短所についてのきちんとした説明ができていないことをお詫びする。

[13] 『FileMaker Pro 大全』(Geoff Coffey & Susan Prosser 著、小山香織訳、ラトルズ、2006 年)。良書であるが、もともと FMP8 について書かれた本なので、8.5 の新機能についての記述が日本語版追補のみとなっているのが唯一残念なところ。

[14] 実際、当初、これらの設置を依頼された工学系大学院生数名のグループは、何日にも及ぶ試行錯誤の後、とうとうその設置を断念した経緯がある。

[15] 当時の FMSA の最新版は 8.0v1。この記述を見つける前に「既定の Web サイト」絡みが怪しいと考え、サポートセンターに問い合わせを行ったのだが、有用な回答は得られなかった。

[16] 本誌 6 号の小口論文注 2

[17] この暫定版の凡例とレイアウトは http://aterui.i.hosei.ac.jp/oguchi/berlin/old/zantei/DBGuide_index.html 参照。

[18] Entitiy-Relationship Diagram。図 1・2 は FMP のデータベース定義画面で表示されるもの。

[19] 断片に関するフィールドは注 17 の 1 〜 10・31・32・46・47。

[20] 学問的に固定した値である注 17 の 2 〜 4 のフィールドからユニークな値を生成し、表面（第 1 次利用面）には r（recto）、裏面（第 2 次利用面）には v（verso）を付加した（表面・裏面については次注参照）。ソートの都合上、白紙の面の ID は __（アンダーバー 2 連続）から始まるようにした。2 連続にしたのは通常の面の ID で枝番を扱う際に _（アンダーバー）を使用していることによる。

[21] ここでいう「表面」（第 1 次利用面）・「裏面」（第 2 次利用面）とは、古文書学的に定められるもので、最初に利用された面を「表面」、それが廃棄されて後に利用された紙背面を「裏面」とする。意図的に残された日本の正倉院文書（吐魯番出土文書と同時代）では、

第2次利用面を伝えるために保存されたケースが大半であるが、吐魯番出土文書の場合は発掘品であるので、同等に扱うわけにはいかない。本 DB では基本的に西脇目録の rv 表記に準拠したが、文書内容の検討から rv を入れ替えたものもある。今後の研究の進展によってはさらに rv を入れ替えるものが生じるかもしれないが、その場合には表裏フィールドを書き換えるものの、面 ID や断片 ID 自体は変化しない。

[22] 注 17 の 47。

[23] 現時点ではフィールドの中身は空白であり、具体的にどのように文書としての連続を示すかは未検討。

[24] 公開版の凡例は http://aterui.i.hosei.ac.jp/oguchi/berlin/about.htm からリンクが張られる予定だが、現時点では準備中。

[25] 暫定版では注 17 の 11 ～ 30・33 ～ 41・44・45・48 の 32 フィールドがこれに相当するが、公開版では日本語フィールドとドイツ語フィールドを分けたものがあることや、次章以降の説明にあるようなフィールドを新設したこともあって、1 面についてのフィールドだけであるが暫定版の半分よりも数は大幅に増加した。

[26] FMP のメニューバーなどに相当する働きをする領域。

[27] ただし注 17 の 31・32 のみはレイアウトとしてのまとまりを考え、両面のデータ中に重複して配置した。

[28] FMP の検索モードではブラウズモードと同じような画面（ただしフィールド内はすべて空白）が表示され、検索語をフィールドに入力して検索を行う。

[29] 西脇目録・榮目録・百済目録におけるそれぞれの文書名と小口による文書名。

[30] 検索用に設置した 2 フィールドについては、Web 公開すると見えないはずの次行の文字列のフォント上部が数ピクセル分、表示されてしまうことがあった。また IE6 では問題がなくても IE7 では表示されてしまうこともあった。FMP とブラウザの間で行のベースラインの解釈が異なっていたりするのであろうか。当面いかんともしがたいので、ここだけフィールドの高さを 2 ピクセル削って事態の回避を試みた。

[31] 電子テキストフィールドには、PDF での異体字・今昔文字鏡フォント・判読疑問文字や改行などを小口が検索用に最適化したものが入力されている。FMP のテキストフィールドは Unicode や 1 文字ごとのフォント

切り替えに対応しているので PDF と同内容のものを入力することは可能ではある。

[32] 注 17 の 48 がこれに相当する。

[33] 暫定版では表裏を 1 レコードにしてあって、このようなケースに対応するため裏面分の（NishiUni フィールドのみが異なる）同一内容のダミーカードを挿入してあった（注 17 の 1）。

[34] International Dunhuang Project（http://idp.bl.uk/）

[35] http://www.bbaw.de/forschung/turfanforschung/dta/

[36] IDP 担当者からは、直接技術的な情報を得ていないため、以下の記述には筆者らの誤解も含まれているかもしれないが、検索に不便なことだけは事実である。

[37] http://www.4d.com/

[38] 後述のスクリプトに与えるパラメータとして使用することや将来の更新の便を考え、以下のように分類した。

　空白…特記事項無し

　U…URL は指定されているが画像は準備中

　X…ダミー画像用 URL が指定されていて画像は準備中、もしくはその面のデータ自体存在していない場合（URL 欄は空白にしておく）

　R…右側に複数の画像を継ぎ足す必要あり、連結画像は存在せず

　RU…右側に複数の画像を継ぎ足す必要あり、連結画像は URL は指定されているが画像は準備中

　RS…右側に複数の画像を継ぎ足す必要あり、連結画像あり

　B…BBAW 画像を使用

　BX…BBAW 画像無し

　BD…BBAW 画像、下側に複数の画像を継ぎ足す必要あり

　O…BBAW 以外の機関所有断片、小口に手持ち画像あり

　OX…BBAW 以外の機関所有断片、小口に手持ち画像なし

[39] http://www.ruby-lang.org/ja/

[40] Ruby を使用したのは、NAMAZU 関連の作業で作成した Ruby スクリプトの一部を転用したためで、特に必然性はない。縮小率を求める際には Web ビューアの設定領域から縦横 40 ピクセルほど差し引いてから計算すると奇麗に表示される。FMP には文字列を URL

論 文

エンコーディングするための関数も用意されているので、サーバ機上の CGI に対して画像に関するフィールドの内容をパラメータとして送ることも可能ではあるのだが、毎回 CGI を働かすのもどうかと思って取りやめた。

[41] Windows 版では PDF のアイコンしか表示されないが、Mac OS 版では QuickTime 形式のムービーとして表示させることも可能である（タイムバーでページをめくる）。

[42] 異なるバージョンの Acrobat と Acrobat Reader が両方インストールされている環境においては、Web 上の PDF を開くとブラウザがフリーズすることがあるが、FM の Web 公開においても同様の事態が発生する。

[43] たとえばトレース図表示スクリプトは、

```
If [ 面 ::Sein o. nicht = " ⊠ "]
URL を開く [ ダイアログなし ; 面 ::URL von Pause]
End If
```

という 3 行であるが、これは「もし面テーブルの Sein o. nicht フィールドが⊠ならば、面テーブルの URL von Pause フィールドの URL を（開くかどうか尋ねる）

ダイアログなしで開く。そうでなければ何もしない」という内容である。つまり Sein o. nicht フィールドに⊠が表示されている場合のみ、同フィールドはボタンとして機能する。

[44] 本稿で述べている FMP の Web 公開機能は正式にはインスタント Web 公開という名称であり、FMP で作成したデータのレイアウトや FMP のインターフェースを FMSA が Web ブラウザ上に HTML・CSS や JavaScript などで再現してくれるという機能である。FMSA には他に XML や XSLT を使用して自分でそれらすべてを定義するカスタム Web 公開 という機能もあるのだが、田口は自分には荷が重い作業だと考え利用を検討しなかった。

[45] Web アクセスによるデータの入力も可能なのだが、データ更新はオフラインで行うことにした。

[46] （公開版の完成品には残っていないが）検索モードに切り替えたりするスクリプトは要注意であると試作段階で気付いた。

[47] FMSA のパッケージは多言語対応しており、日本語の他に英語・フランス語・ドイツ語・イタリア語・スウェーデン語他のシステムメッセージ用ファイルが存在している。

『老子』の聖人と玄徳

——4gram 遷移ネットワークにみる概念の媒介構造——

齊藤正高（さいとう　まさたか）

◎　はじめに

　『老子』には、「道」や「徳」をはじめとして多くの概念 [1] がでてくる。これらの概念は一体どのように接続し、その接続はどのように形成されてきたのであろうか。

　本稿は、この問題について、N-gram 分析 [2] およびネットワーク構造の視覚化を通して、その一部の解明を試みるものである。

　問題の構造を視覚化 [3] して分析する「ネットワーク分析」[4] には、すでに Graphviz [5] や UCINET [6] 等の分析ソフトが開発されており、夫婦関係や国際貿易関係などの「社会ネットワーク」を中心に研究が進められている。

　また、文献のなかにでてくる「概念ネットワーク」を扱ったものとしては、地球環境をとりまく複雑な問題群を可視化して、仮説形成を支援する研究 [7] や、2005 年総選挙の新聞社説の比較研究 [8] などがある。

◎　『老子』の分析上の問題点

　まず、『老子』のテキストからネットワーク構造を取り出す場合に、考慮しなればならない問題点を整理しておきたい。

　主な問題点は、①版本の問題、②断章の問題、③章配列の問題に整理することができる。

　①版本の問題については、まず、『老子』の基礎的版本である王弼本と河上公本の差異が問題になる。王弼本は、後漢の蔡邕の蔵書 [9] に由来するとされ、河上公本より成立が古いが、宋以後の伝本 [10] しか残っていない。河上公本は、六朝初期の成立であり、王弼本より後れる。しかし、六朝時代に遡る南北双方の伝本が残っている。北朝系のテキストには「也」などの助字を省略する傾向 [11] があるが、その影響をうけていない南朝系のテキストが日本に残っており、すでに武内義雄によって、南北のテキストが校訂されている [12]。

　また、秋山陽一郎氏によって、唐の傅奕による『老子』校訂の一端が示され、助字の頻度・避諱の状態・同訓異字の使用状況から、項羽妾本などの古本を使用した可能性 [13] が実証のもとに指摘されている。さらに、「現存老子中最も助字が多く句ののびた本」[14] との指摘もあり、本稿の目的においても外すことのできないテキストと考えられる。

　これらの版本は総字数・句作り・使用文字の点で異なっている部分が少なくない。このため、どれか一つの版本に依存できない。

　したがって、本稿では『老子』の基礎的テキストとして王弼本・河上公本・傅奕本の三種すべてを用い、それぞれにテキストデータを作成した。

論 文

王弼本は、宇佐美灊水（1710-1776）の考訂 [15] した明和六年（1767 年）初印本 [16] を用い、河上公本は武内義雄岩波文庫本 [17] を用い、傅奕本は道蔵本 [18] を用いた。

　②断章の問題については、河上公本に始まるとされ、今本王弼本も従う所の全 81 章の断章が問題になる。『老子』の断章は古くから一定ではなく、全 72 章・全 37 章・全 64 章・全 68 章 [19] などの分け方がある。

　この点を踏まえ、ネットワーク構造の抽出過程では、断章に依存しない方法をとることにした。したがって、三種のテキストの全章をそれぞれ一つの文書として扱う。ただし、原文の位置を示すときには、便宜的に河上公本の章句で示す。

　③章配列の問題については、郭店楚簡（以下、楚簡）や、馬王堆帛書（以下、帛書）にみえる「老子」[20] が、今本の章配列をとっていないことが問題となる。

　たとえば、楚簡「老子」甲本では、冒頭から今本の第 19 章・第 66 章・第 46 章（上段を欠く）という配列 [21] になっている。帛書「老子」では、甲本・乙本とも、今本の第 38 章からはじまる『徳経』の後に、第 1 章からはじまる『道経』がつづき [22]、第 80 章・第 81 章が、第 66 章と第 67 章の間 [23] に置かれている。

　このように近年の出土文献から、今本の章配列が古くからの形式ではないことが示されている。

　本稿では、章配列については一応、河上公本の第 1 章から第 81 章までの配列にしたがい、抽出したネットワーク構造のなかで章と章との接続部分があれば、別に考察することにした。

◉ 4gram 遷移ネットワーク

　最初に紹介した「概念ネットワーク」の研究では、形態素解析の手法が確立している現代英語や現代日本語を対象としており、単語や熟語を概念として扱っている。だが、形態素解析が確立していない先秦の所謂古典漢文 [24] では、同じ手法をとることが困難である。

　このため、漢文テキストでは N-gram 分析を用

いた研究が進められている。しかし、テキストの N-gram インデキシングには、ナンセンスな検索ノイズが多いことが指摘されており、さまざまな「重みづけ」によって有意味な要素を抽出する工夫が必要となる。

　ところで、概念とは人間の読解にとって意味のある内容語の一部であるが、品詞をあらわす形態的特徴が希薄な古典漢文では、多量の N-gram インデキシングの結果から、概念だけを取り出すことは難しい。キーワード抽出法で用いられているストップワードリストや TFIDF を使えば、ある程度、検索ノイズを減らすこと [25] はできる。

　しかし、古典漢文の場合、ストップワードリストの精度に問題がある。また、TFIDF を算出するには文書集合を想定した「大局的重みづけ」[26] が必要であるが、『老子』全章を一つの文書としてあつかいつつ、『老子』そのものを分析する場合、この「大局的重みづけ」を用いることができない。

　以上のような状況をふまえ、本稿では「頻度 2 以上 [27] の 4gram 遷移ネットワーク」をとりだし、そのなかに概念のネットワークを観察するという手法をとった。

　くりかえし用いられる 4gram（4 文字）に注目したのは、四字句が漢文において一定の句切りである場合が多いからであり、また、『老子』における頻度 2 以上の 4gram は種類が少ないため（表 1）、検索ノイズをある程度抑えられるからである。

　この 4gram を本稿では便宜的に「基準点」と呼ぶ。この「基準点」は全文比が、三種のテキストの平均で 30.8% である。つまり、全文の約三割を占める部分からネットワークの構造を探ることになる。

　「遷移ネットワーク」とは、品詞の遷移確率から文の構造を決定する構文解析 [28] で用いられる手法である。だが、本稿では構文解析と関係なく、単に「ある N-gram の後に別の N-gram がつづく」ことを意味する。

　「4gram 遷移ネットワーク」とは、「基準点」の 4gram が存在する原文の文字列から、前後 4gram を切り出し、それらが遷移する様子を示したものである。

もちろん、基準点から前後 5gram・6gram を取り出すこともできる。しかし、前後の gram 数を増やすと、ネットワークの枝を形成する部分の一致確率がさがり、枝の張り方がまばらになる。また、逆に前後の gram 数を減らすと、枝の張り方が密になりすぎ、分析が困難になる。したがって、本稿では基準点の 4gram から前後 4gram を取り出すことにした。

基準点の 4gram から前後 4gram を取り出す処理は、何も特殊な処理ではなく、テキスト検索の表示方法によくみられる、KWIC（KeyWord In Context）そのものである。たとえば、『老子』を「難得之貨」というキーワードで検索し、KWIC で表示すれば、以下の例を見つけることができる。

人心發狂 難得之貨 令人行妨

このような KWIC の結果を多量にあつめて加工すれば、AT&T が開発した Graphviz を用いてネットワーク図を書くことができる。Graphviz はノード[29]とノードの関係を記述する dot 言語をもっている。上の例を dot 言語で書くと以下になる。

```
1:digraph nandezhihuo1 {
2:node [shape=circle,fontname=
3:"arialuni.ttf",fontsize=10];
4: 人心發狂 -> 難得之貨 ;
5: 難得之貨 -> 令人行妨 ;
6:}
```

1 行目の digraph はノードとノードの間を矢印でつなぐ有向グラフを定義する。2・3 行目はノードの形や Unicode フォントを定義し、4・5 行目はノードの接続状態を定義する。6 行目はグラフ記述の終了を表す。「->」は左辺から右辺への遷移を定義している。グラフを描けば、左辺から右辺に矢印がひかれることになる（図1）。また、出力する画像ファイルに漢字を用いる場合は、dot 言語を書いたテキストファイルを UTF-8 で保存する必要がある。

以上、本稿で用いる「4gram 遷移ネットワーク」

gram 数	王弼本 種類	王弼本 全文比	河上公本 種類	河上公本 全文比	傅奕本 種類	傅奕本 全文比
1	469	93.6%	473	93.9%	486	94.2%
2	700	90.9%	721	92.6%	761	95.6%
3	377	53.2%	389	54.1%	416	57.0%
4	171	29.2%	184	30.8%	200	32.5%
5	98	19.0%	104	20.0%	107	20.0%
6	56	13.1%	62	14.2%	62	13.7%
7	31	8.5%	37	9.9%	37	9.6%

表1：『老子』各本における頻度2以上の N-gram 種と全文比（表の見方：王弼本では、2 回以上ででてくる 1gram は 469 種、これらの総頻度の全文に対する比率は 93.6% である。）

について説明した。『老子』のテキストからネットワーク図を書き出す具体的方法は以下の通り。

① 三種『老子』のテキストデータから、それぞれ頻度2以上の 4gram を抽出する。
② ①の結果からすべてのテキストに共通の 4gram の種類を、表計算ソフトのピボットテーブル機能などを使いまとめる。
③ ②で抽出された「基準点」をキーワードとして、各テキストデータから前後 4gram を取り出す。
④ ③の結果を dot 言語に変換[30]する。
⑤ 各テキストデータの④の結果を③と同様にピボットテーブルでまとめる。
⑥ 版本間に共通するネットワークだけを取り出すため、全てのテキストデータに共通する遷移だけを抽出する。
⑦ ⑥の結果を全て含んだ dot 言語ファイルを記述し、テキストデータとして保存する。
⑧ ⑦の dot 言語ファイルを Graphviz に読ませ、レイアウトを実行し、ネットワーク図

図1　4gram 遷移ネットワークの例

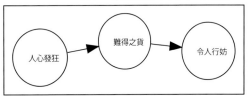

論文

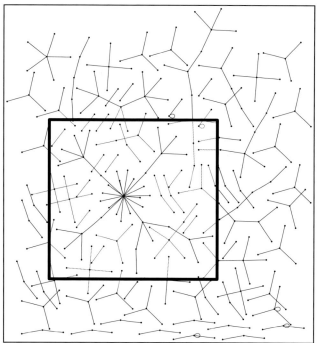

図2　三種の『老子』テキストに共通する頻度2以上の4gram遷移ネットワーク概要図（矢印とラベルは煩瑣になるので省略した。）

が分岐点に集まっている構造であるから、文脈が交差している場合である。

　複数のエッジ[31]が集まっているノードは、多用される四字句である可能性が高い。図2の大構造においては、19種のノードと関係している中心点があり、これは「是以聖人」（是を以て聖人…）である。「是以聖人」は王弼本に21回、河上公本と傅奕本に20回[32]現れている。これら三種のテキストのなかで、「是以聖人」と関係する共通のノードは19種[33]である。「是以聖人」に関係する19本のエッジのうち、4本には連続遷移があり枝を形成している。この部分を拡大したのが、図3である。

回　「得難きの貨」と「其の大を成す」

　図3は「是以聖人」を中心に、上下に分けて説明することができる。まず上部の三本の枝についてみてみる。

　12時方向の枝aは「難得之貨」（得難きの貨）

を出力する。

　これらの段階をへて出力したのが、図2・図3である。

回　ネットワーク図の説明

　まず、図2をみてみると、中央部に広がる大構造が確認できる。大構造とは、とにかく長く伸びている構造である。

　一方向に長く伸びている部分には、必ず4gramの連続遷移が存在する。例えば、基準点に抽出された4gramがKWICにより抽出された前後4gramを介してつながっている場合など、いくつかの場合が考えられる。ここから、長く伸びた構造は一連の文脈を表すといえるであろう。

　また、大構造は枝分かれしていることもある。これは複数の4gram遷移から「是以聖人」につながる文脈であり、第12章の文（矢印の番号）がこの枝を形成している。

　3時方向の枝bも「難得之貨」に関係する。ただし、枝bは「是以聖人」から出ている枝であり、第64章の文がこれを形成している。

　枝aと枝bから、「是以聖人」の前後に「難得之貨」があることを視覚的に確認できる。

　二つの枝から、「聖人」と「難得之貨」の関係をまとめると、「得難きの貨は人の行を妨げしむ」（第12章：枝a）がゆえに、「聖人」は「欲せざるを欲して、得難きの貨を貴ばず」（第64章：枝b）ということになる。

　枝aと枝bの先端には、第3章の内容も接続している。これは「得難きの貨を貴ばざれば、民をして盗を為さざらしむ」[34]という文が表れたものである。ここから、「難得之貨」が「民」に影響を与えるという内容が浮かびあがってくる。

　9時方向の枝fを形成しているのは、第63章の「是を以て聖人は終（つい）に大を為さず、故に能く其の大を成す」という文である。ここは「聖

人」が大事を行う過程を逆説的に述べている。

　また、枝fの先端には、「大執大象」と「私上善若」が接続している。「大執大象」は第34章から第35章にまたがる部分が抽出されたノードであり、「私上善若」は第7章と第8章にまたがるノードである。これらは章配列に依存するノードである。第7章・第34章にも「故能成其」という文字があるが、とくに「私上善若」の例から「其」の後にくる文字が「大」だけでないことが分かる。

　これら、三本の枝は「聖人」の行為やその構成要件に関係している。「得難きの貨を貴ばず」や「其の大を成す」ことは、とにかく聖人の行為である（枝b・枝f）。また、「得難きの貨を貴ばず」（枝a）は「民」との関係で聖人の行為を構成する要件でもある。

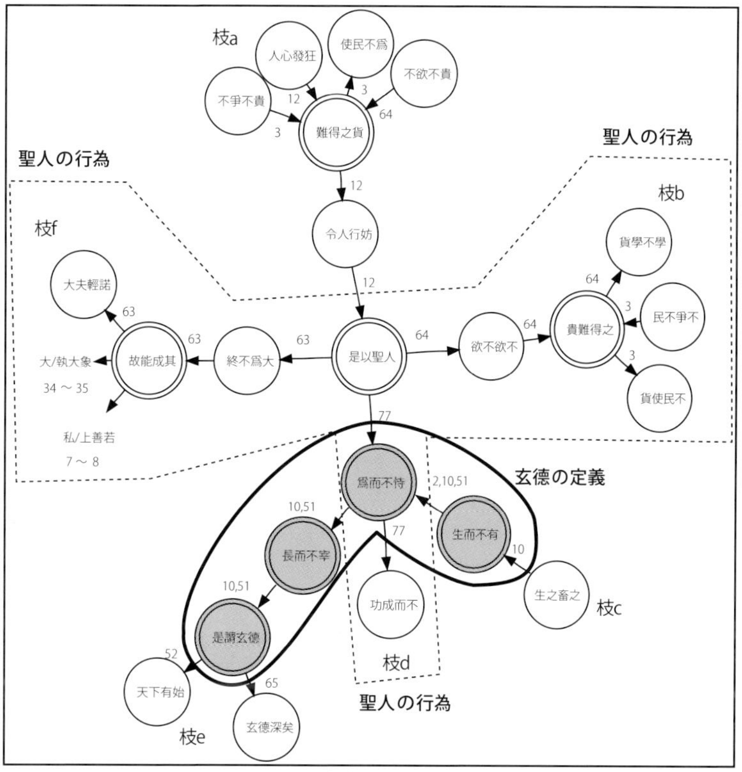

図3　『老子』4gram 遷移ネットワーク[31]の一部（図2枠内の大構造を拡大したもの。「是以聖人」は19種の4gramと接続するが、外部の4gramと関係する4種を残し、ほかは省略した。またノードを省略した関係で枝の配置は変化している。矢印の番号は今本の章を示す。二重円は「基準点」、一重円はKWICの結果抽出された頻度1のノードを指す。枝名・枠・網掛け部分は、行論の必要上、筆者が書き入れた。）

◎　聖人と玄徳

　図3下部は、「是以聖人」を出た矢印が「爲而不恃」（為して恃まず）を経由した後、二方向に分岐している（枝d・枝e）。さらに「爲而不恃」に枝cが合流し、合計3本の枝が「爲而不恃」に関係している。

　このうち、枝dは第77章に存在する以下の文が表れたものである。

　　是以聖人、爲而不恃、功成而不［處］[35]
　　……（是を以て聖人、為して恃まず、功成
　　りて處らず……）

　これは枝b・枝fと同様、（行為しないという行為を含む）「聖人の行為」を示しているといえよう（図3破線枠部分）。

　ところで、もし第77章の「是以聖人」の直後に「爲而不恃」が書かれていなければ、この遷移はなくなり、図3の大構造は二つに分裂する。この点において、第77章の「是以聖人、爲而不恃」という部分はネットワークの構造上、たいへん重要な部分である。

　枝cと枝eは第10章と第51章にある以下の文が表れたものである。

　　生而不有、爲而不恃、長而不宰、是謂玄
　　德。（生じて有さず、為して恃まず、長じ
　　て宰さず、是を玄徳と謂う。）

論文

この 16 字は章の末尾にあたり、「玄徳」を定義[36]している（図 3 太枠部分）。

「生而不有」から「爲而不恃」への遷移は、以下のように、第 2 章にも存在する（図 3 太枠部分）。しかし、ここには別の文脈が隠れている。

> 是以聖人處無爲之事……生而不有、爲而不恃、功成而弗居[37]……（是を以て聖人、無為の事に処り……生じて有さず、為して恃まず、功成りて居らず……）

この後には第 10 章まで「玄徳」は存在しない。したがって、ここは「玄徳」の定義とすることはできない。

しかし、上の引用にあるように、20 文字を隔てた前段に「是以聖人」が存在する。また、「爲而不恃」の直後には、枝 d にあらわれている「功成而不」とほぼ等しい「功成而弗」が存在する。

つまり、第 2 章の「生而不有」から「爲而不恃」への遷移は、第 77 章の文が表れている枝 d へ転折する構造の一部[38]が表れたものであり、「聖人の行為」を形成する文脈に関係している。

以上、図 3 下部の部分を見てきたが、重要なことは、「聖人」という概念が「爲而不恃」を介し、「玄徳」とつながっていることである。

図 3 下部によれば、「是以聖人」と「是謂玄徳」との間には 3 段階の遷移がある。この「3 次の隔たり」[39]を経て、「聖人の行為は玄徳をそなえている」という、テキストには直接書かれていない行間の内容が浮かびあがってくる。

同時に、枝 a の「難得之貨」と「玄徳」は「5 次の隔たり」である。図 3 全体から「得難きの貨を貴ばず」という要素が、「聖人」を介して、「玄徳」の定義へつながっていく様子も浮かびあがってくる。つまり、「聖人」の行為（枝 b）でもありその構成要件（枝 a）でもある「得難きの貨を貴ばず」という要素は、「聖人」の行為（枝 d）がそなえる「玄徳」（枝 c・枝 e）と関係しているのである。

なお、今本『老子』では、「聖人」と「玄徳」は同じ章には存在せず、また、「聖」と「玄」も同じ章に存在しない。したがって、テキストデータに対するキーワード検索をくり返しても、「聖人」と「玄徳」の関係を正確に結びつけることはなかなか難しい。このような点に、ネットワーク図による問題発見の意義があるだろう。

◉ 媒介──「為して恃まず」

前節で、「爲而不恃」が媒介として重要であることを指摘したが、この点を出土文献から確認しておきたい。

該当部分の異同をまとめると表 2 になる。

「欠」とした部分は、出土したテキストに損壊があるか、該当部分が出土文献にふくまれていない場合である。戦国中期に書かれた楚簡「老子」甲本には、今本の第 2 章が含まれるが、他は含まれてない。また、同時に出土した乙本・丙本には、いずれの該当部分も含まれていない。とくに「爲而不恃」と「玄徳」の双方を含む章がないので、「聖人」と「玄徳」の媒介構造も不明である。

「脱」とした部分は、「爲而不恃」が落ちている部分である。帛書乙本第 10 章は、以下のように作る。

> 生之畜之、生而弗有、長而弗宰也、是胃玄徳

つまり、今本の「生之畜之、生而不有、爲而不恃、長而不宰、是謂玄徳」のうち、「爲而不恃」が落ちているのである。

表 2 の全体を通して、「爲而不」の部分は共通するが、その後ろに書かれた文字は異なる。「志」「侍」は「恃」の仮借字であり、「寺」は「恃」の略字[40]である。また、第 2 章・第 51 章の該当部分末尾には「也」があり、前後の句も調べてみると、「也」がついている。したがって、ここは五字句であったことが分かる。

今本第 77 章の「爲而不恃」は、図 3 の上下をつなぐ重要な部分であったが、帛書乙本では第 77 章の該当部分を以下のように作る。

是以聖人、爲而弗又、成功而弗居也

つまり、今本のように「爲而不恃」ではなく、「爲而弗又」と作っているのである。古典漢文では、「二十又三」「二十有三」など、「又」は「有」と通用するが、ここの乙本第77章が上のように書かれた過程を想像すると、いろいろな可能性があるので、まずそれを列挙してみる。

テキスト	是以聖人		是謂玄徳	
	第2章	第77章	第10章	第51章
楚簡甲	爲而不志也	欠	欠	欠
帛書甲	爲而不志也	欠	欠	爲而不寺也
帛書乙	爲而不侍也	爲而不又	脱	欠
王弼本	爲而不恃	爲而不恃	爲而不恃	爲而不恃
河上公本	爲而不恃	爲而不恃	爲而不恃	爲而不恃
傅奕本	爲而不恃	爲而不恃	爲而不恃	爲而不恃

表2：「爲而不恃」の異同

A 「爲而弗又（有）」が「生而弗有」（乙本第10章）の書き違いならば、今本の「是以聖人」から「生而不有」への遷移とほぼ同等とみることができ、図3枝dの接続部分は一つ右の「生而不有」へずれるが、ネットワークの分裂は起こらない。したがって、「聖人」と「玄徳」の媒介構造は帛書の時期（高祖期から文帝期初）[41]にも存在したことになる。

B 「爲而弗又（有）」が今本「爲而不恃」の別表記、つまり「又（有）」と「恃」が同韻であること用いた音通なら、「聖人」と「玄徳」の媒介構造は帛書乙本でも存在したことになる。だが、楚簡や帛書では「爲而不恃」に類する表記には「也」がつき、五字句に作るので、この点は疑問にのこる。

C 「爲而弗又（有）」が今本「生而不有、爲而不恃」（第2章など）の前後二句が顛倒し、「生而」と「不恃」が落ちたものだとすれば、この場合もA・Bの結果と同じになる。

D 「爲而弗又（有）」が今本「生而不有」や「爲而不恃」とは別の成句であったとすれば、帛書においては、「是以聖人」から「爲而不恃」への遷移は断絶し、4gram遷移ネットワークによる「聖人」と「玄徳」の媒介構造はなかったことになる。

Dの可能性をさぐるため、「爲而不有」「爲而弗有」の用例を探してみると、出土文献にもみえず、先秦の文献にもなく、また『新書』『春秋繁露』『淮南子』『史記』などの前漢の文献にもみえない。したがって、Dの可能性は低く、A・B・Cの可能性が高いと思われる。

つまり、『老子』における「聖人」と「玄徳」の間の媒介構造は、馬王堆帛書書写時期においても潜在的に存在した可能性があると思われる。

王弼本・河上公本・傅奕本になると、関係4章の該当部分には表記の統一[42]が見られる。これは帛書書写時期以後、王弼本の成立より早い段階で、『老子』の表記が統一された可能性を示していると思われる。

◎ 聖人と玄徳の媒介構造の形成

最後に、『老子』以外の文献から、「聖人」と「玄徳」に関係する言葉の使用状況をみておく。

まず、「爲而不恃」は以下にみえる。

扁子曰、子獨不聞夫至人之自行邪。忘其肝膽、遺其耳目、……是謂爲而不恃、長而不宰。（『荘子』達生）

『荘子』外篇「達生」からは、「爲而不恃、長而不宰」が荘周後学の頃にはすでに成語であったことが確認できる。ただし、この成語を導くのは「至人」である。「至人」は荘周自身の思想が述べられているとされる『荘子』内篇にでてくる言葉であり、「爲而不恃」をふくむ成語が、学派の始祖の思想と関連づけられている点は興味ぶかい。

つぎに、「聖」と「玄」の用法を調べると以下の例を見つけることができる。

論 文

■道家

以此處下、玄聖素王之道也。(『荘子』天道)
今欲學其道不得其清明玄聖。(『淮南子』
齊俗訓)

『荘子』外篇「天道」では、「玄」と「聖」が
一体となった「玄聖」という言葉を使っており、
この言葉は『淮南子』にみえるように、前漢の道
家も使っている。このように「玄聖」という用語
が使われている背景には、道家の内部で「玄」と
「聖」の概念が、媒介が不要になるまで関連づけ
られ接近していたことを示すのではないだろうか。

■【法家】

聖人觀其玄虛、用其周行、強字之曰道、
然而可論、故曰、道之可道、非常道也。(『韓
非子』解老)

『韓非子』の『老子』解釈では「聖人」が「玄
虛」をみて、それを「道」と名づけたことになっ
ている。解老篇は韓非のノートであるという説と、
韓非後学の付加であるとする説[43]があるが、と
にかく、法家の文献においても、「聖人」と「玄」
がこれほど密接に関わっている点は興味深い。

■雑家

是故聖王之德、融乎若月之始出、極燭六
合而無所窮屈。……精通乎鬼神、深微玄妙、
而莫見其形。(『呂志春秋』勿躬)

『呂氏春秋』八覧「勿躬」では、「聖王の德」
が「玄妙」であるという内容を読みとることがで
きる。これは「聖人」が「玄德」を備えていると
いう『老子』の潜在的構造に似ている。『呂氏春
秋』は秦で成立した書物であり、道家思想の故地
である楚とはかなり離れている。このように遠く
離れた地の学術交流の成果が雑家の書である『呂
氏春秋』の思想である。そして、「聖王」は「聖
人」より政治的色彩が強い用語であると考えられ
る。つまり、戦国末の秦において、「聖」と「玄」

という言葉も『呂氏春秋』にみえる天下統一の思
想に組みこまれていたことを意味するのであろう。

■黄老道

王天下者有玄德。(老子乙本卷前古佚書
『経法』)

道家と法家が融合した思想が「黄老道」である
が、それが盛行した前漢初期の文献であり、帛書
「老子」乙本に付けられている『経法』には、「聖
人」ではなく、「王」が使われている。

ここの「天下に王たる者は玄德あり」という文
には、「玄德」が説明なしに使われている。

したがって、澤田多喜男氏が指摘するように
「自明の言葉」[44]として使われていると思われる。
その淵源の一つは、『呂子春秋』にみた「聖王の德」
が「玄妙」であるという内容であると思われる。

これらをまとめると、以下の要素を見いだすこ
とができる。

①成語を学派の始祖と結びつける権威化
②学派内部における用語の接近
③他学派がつかう用語の解釈
④学派間の用語の摂取

このような様々な思想の営み[45]のなかで、『老
子』も形成されたのであり、「聖人」と「玄德」
をつなぐ媒介構造も形成されたのである。

回 おわりに

以上、4gram 遷移ネットワークによって、『老
子』のごく一部の構造と、その形成の跡をみてきた。

指摘したテキストの構造については、丹念に読
めば分かる程度のものであろう。だが、ネットワー
ク図による視覚化はテキストの構造をある程度客
観的に反映しており、網羅性もある点は利用する
価値があるのではないだろうか。

筆者自身、図2の作成過程で約1メートル四
方の概念がいっぱいつまった大きなネットワーク
図を何枚か描いてみたが、言葉の宇宙をみている

ようでたいへん興味深かった。いうなれば、文献構造のネットワーク図は、読解の「星図」となるものであろう。大きな星座には何らかの解釈上の問題が隠されていることが多く、より一層テキストの読解を刺激するにちがいない。

　本稿の手法は、N-gram 分割の結果から基準点となるキーワードを取得し、それを原文に投げかえし、出てきた KWIC の結果を加工して、ネットワーク分析ソフトによって視覚化するというものである。一見、複雑なようであるが、実は既存の方法の組合せにすぎない。

　この方法は、テキストの選定・キーワードの選定・文脈の抽出範囲、という３つの要素を変えれば、さまざまな角度からネットワーク図を描くことができ、また別の角度から文献のもつ構造に迫ることができる。

　手法の改良点としては、文脈の抽出範囲を可変にしたり、あるいは多段にしたり、ノードとノードの遷移関係を、なんらかの類似度を導入したり、一定の助字を無視することによって、完全一致でない関係を取り出せるようにすることが考えられるだろう。

謝辞

　拙稿の執筆過程で、漢字文献情報処理研究会の各位にきわめて有益な助言をいくつもいただいた。記して感謝申し上げる。

注

[1]　概念とは「問題やその構成要素を説明する言葉の意味内容であり、言葉の示す特徴や性質などのほか、その言葉自体を含めた総体」をいう。(土橋喜『情報視覚化と問題発見支援──問題構造の可視化による仮説生成──』あるむ。2000 年。p.10-11)

[2]　漢字文献情報処理研究会編『漢字文献情報処理研究』好文出版。第 2 号。2002 年。

[3]　師茂樹「NGSM 結果のばねモデルによる視覚化」(『漢字文献情報処理研究』第 5 号。好文出版。2004 年。)

[4]　安田雪『ネットワーク分析』新曜社。1997 年。

[5]　Graphviz は AT&T が開発したネットワーク視覚化ソフトで、http://www.graphviz.org/ より配信。gif や svg など様々な形式でグラフを出力できる。2007 年現在、マニュアルは **http://reddog.s35.xrea.com/wiki/ Graphviz.html** など。

[6]　UCINET はネットワーク分析ソフトで、ネットワークの中心性を計算することができ、附属の Netdraw でネットワーク図を描くことができる。現在は、Analytictech 社のサイトからダウンロードができる。**http://www.analytictech.com/downloaduc6.htm** マニュアルは、安田雪「ネットワーク分析用ソフトウェア UCINET の使い方」(『赤門マネージメントレビュー』4 巻 5 号。2002 年 5 月。)

[7]　前掲、土橋喜 2000 を参照。主に英語文献を扱う。

[8]　鈴木努「2005 年衆議院選挙における三大紙の社説比較──概念ネットワーク分析の適用」(『マス・コミュニケーション研究』69)。2006 年。

[9]　『三国志』巻二十八。裴松之注所引『博物志』。また、木村英一訳注・野村茂雄補『老子』講談社。1984 年。p.182 参照。

[10]　武内義雄『老子原始』東京弘文堂。1926 年。(『武内義雄全集』角川書店。第 5 巻。1978 年所収)

[11]　『顔氏家訓』書証篇。

[12]　武内義雄訳注『老子』岩波文庫。1938 年。

[13]　秋山陽一郎「『老子』傅奕本来源考──テキスト処理による「項羽妾本」介在の検証」(『漢字文献情報処理研究』第 4 号。好文出版。2003 年。)

[14]　同前。

[15]　宇佐美灊水の『老子』考訂については、武内義雄 1938。p.144 に概説がある。また、前掲、秋山陽一郎 2003 を参照。

[16]　長沢規矩也編『和刻本諸子大成』第九輯所収、『老子道徳真経』初印本によりテキストデータを作成した。なお、秋山陽一郎氏のサイト「過立斎」で明和本のテキストデータが公開されている。

[17]　本稿で使用したのは昭和 15 年第 3 刷である。また同書の「无」は「無」に変換した。

[18]　陸国強編『道蔵』上海書店。1988 年。第 11 巻。『道経古本篇上』『徳経古本篇下』による。

[19]　厳遵『老子指帰』は全 72 章、『漢書』芸文志・牟融『理惑論』は全 37 章、易県景龍碑は全 64 章、元の呉澄

論文

は全68章に分けている。

[20] 郭店楚簡や馬王堆帛書には『老子』の書名が見えないので、かりに「老子」と表記しておく。

[21] 尹振環『楚簡老子辨析』中華書局。2001年。および、劉釗『郭店楚簡校釈』福建人民出版社。2003年。

[22] 高明『帛書老子校注』中華書局。1996年。

[23] 池田知久『老子』(馬王堆出土文献訳注叢書) 東方書店。2006年。p.122. を参照。

[24] 現代中国語の形態素解析エンジンでは、中国科学院が開発したICTCLAS(分詞精度は中文版添付書類によれば97%)がある。詳しくは本誌6号を参照。

[25] 拙論「TFIDFの漢文テキストへの応用——『老子』王弼本を例に——」(本誌3号。好文出版。2002年。)

[26] 北研二・津田和彦・獅々掘正幹『情報検索アルゴリズム』共立出版。2002年。

[27] 頻度2以上を選んだのは、くりかえし使われている点で「基準点」としてふさわしいこと、頻度1ではネットワーク図が煩瑣になりすぎること、頻度3以上では(本稿で論じた「大構造」は抽出できるが)図が簡略になりすぎることが挙げられる。

[28] 北研二『確率的言語モデル』東京大学出版会。1999年。

[29] ノード (node) とは結節点のこと。数学のグラフ理論では頂点 (vertex) という。

[30] ③④の過程は自作スクリプトで自動化した。スクリプトについては、**http://www.saitoma.net** で公開予定。

[31] 本稿では、ノードとノードを結ぶ線又は矢印をGraphvizの仕様にしたがい「エッジ」(edge) といい、一方向に伸びるエッジとノードの集合を「枝」という。

[32] 「是以聖人」が出現する章のうち17ヶ所は三種テキストに共通(2,3,7,12,27,29,47,58,63a,63b,64b,66b,70,72,73,77,79)。非共通部分は王弼本4(22,26,64a,78)、河上公本3(22,34,66a)、傅奕本3(34,64a,66a)。

[33] 三種テキスト共通の「是以聖人」のうち、前後4gram不一致の章は3,70,72、前後一致は7,12,27,63a,73,79の6ヶ所12種、後一致は2,29,47,58,63b,64b,77の7種、合計19種である。前一致だけの部分はない。

[34] 「盗」という字は「難得之貨」から4gram以内にないので抽出されていない。

[35] 傅奕本のみ「功成而不居」に作る。

[36] 第51章には「生而不有」の前に、「養之覆之」(王弼本・河上公本)というノードがあるが、傅奕本に「盖之覆之」に作り、共通のノードして抽出できない。

[37] 傅奕本「功成不處」に作る

[38] 第2章の「是以聖人」→「爲而不恃」→「功成而弗」が明確に抽出されないのは、「是以聖人」と「爲而不恃」が離れているからであり、傅奕本に「功成不處」と作り、共通のノードとして抽出できないからである。

[39] 社会ネットワーク論では、地上のあらゆる人間が少ない知人の連鎖を通じてつながっていることを、スローガン的に「6次の隔たり」といい、このようなネットワーク構造のことを「スモールワールドネットワーク」という。(増田直紀『私たちはどうつながっているのか』中公新書。2007年。ダンカン・ワッツ(栗原聡・佐藤進也・福田健介訳)『スモールワールド』東京電機大学出版局。2006年)

[40] 前掲、高明1996。および池田知久2006。を参照。

[41] 前掲、池田知久2006。は老子甲本卷後古佚書の『五行』にある「國家」の例から、帛書甲本に劉邦の諱を避けた例を指摘し、帛書甲本の書写年代を「高祖期を中心に、恵帝期あるいは呂后期に書写された可能性もある」としている。また、帛書乙本は「黄老の學」が盛行した文帝期とする。

[42] 前掲、高明1996。p.269に、「『老子』経文のなかで第二章と第五十一章にだけ為而不恃の句があり、今本のその他の章は後人が増入したものである」とする。

[43] 貝塚茂樹『韓非』講談社。1982年。

[44] 澤田多喜男『「老子」考索』汲古書院。2005年。

[45] 諸子百家が用いた言葉の問題を実証的計量的に研究した成果としては、以下を参照。
山田崇仁「中国戦国期の語彙量について―N-gramとユールのK特性値を利用した分析―」(『漢字文献情報処理研究』第5号。好文出版。2004年。)

漢情研 2007 年公開講座報告

"版面権"とは何か

　本公開講座は、今回で五回目となる。今回は「版面権」という題名で、講師としてお招きしている法学者の石岡克俊氏からお話ししていただいた。

　まず、「版面権」とは「書籍の組版面やレイアウトそのものを一つの著作物である」とし、それに対する諸権利を主張するものである。しかし、現在の日本国の著作権法では、著作物に関する「版面権」なる権利は明文化されていない。

　当日は、そもそも「版面権」が何故主張されるようになったのか、どの様な問題（利害関係）がそこには含まれているのか等について、「版面権」として主張したい諸権利の内容と、現状での判例等を中心にご説明いただき、その後参加者を交えて議論を行った。詳しくは、後掲「夏期公開講座レポート」をお読みいただきたい。

　以下は、公開講座の講師による論攷、および当日参加者による報告である。

　※漢情研 2007 年公開講座の日程・会場等の詳細については、彙報（P.188）を参照していただきたい。

Contents

夏期公開講座レポート …………………………………………………… 佐藤　信弥 … 32

東洋学情報化と法律問題——第 5 回

音楽／楽譜の校訂と著作権法（中編）——校訂権とその周辺（その三）… 石岡　克俊 … 35

| 2007 年公開講座報告 |
| "版面権"とは何か |

夏期公開講座レポート

佐藤　信弥（さとう　しんや）

❖ はじめに

　2007 年 7 月 30 日に花園大学にて慶應義塾大学産業研究所の石岡克俊准教授を講師にお迎えし、漢字文献情報処理研究会夏期講座「『版面権』とは何か」が開催された。

　本稿はこの講座に関する報告である。なお、石岡氏を講師とする講座の開催は今回で 5 回目となる。

　「版面権」とは書籍の組版面やレイアウトを不正な複写複製やその使用から守るための権利であるとされ、出版者側が創設を要望してきたものである。

　著作権を巡る議論の中でこの「版面権」という言葉がしばしば使用されるが、日本では現在この「版面権」は法律上では認められていない [1]。

　また、「版面権」はしばしば著作権を意味する版権 [2] や、出版権（著作権法第 79 条に定められた権利であり、出版者は著作権者と出版契約を設定することにより、一定期間著作物を排他的に出版できる）と混同され、それが議論の混乱の一因となっている。

　石岡氏の講演ではまず「版面権」の創設を巡る議論の経緯を確認し、ついで「版面権」に関係する判例について検討した。

❖ 版面権を巡る議論の経緯

　「版面権」の創設が議論され始めたのは旧著作権法全面改正の前後である。

　1966（昭和 41）年 4 月に出された著作権制度審議会答申では、出版物の組版面の複製利用に関して不正競争防止的な観点から出版者の権利の保護を検討していくという方針が示された。

　すなわち、書籍の複製品や類似品の販売を不正競争防止法で規定される誤認惹起行為（先行する商品と紛らわしい商品を生産・販売して顧客を奪う行為）として取り締まるようにしたらどうかということである [3]。

　しかし 1970（昭和 45）年に制定された現行の著作権法では結局「版面権」は出版者の権利として認められなかった。

　1976（昭和 51）年に提出された著作権審議会第 4 小委員会報告書では、複写機器の進歩に伴って出版物の複写・複製が容易となったことにより、出版者の利益が不当に侵害されることに対して懸念が示された [4]。

　またこの頃から出版者側によって権利保護を求める働きかけが活発化し、著作隣接権（自ら創作するわけではないが、著作物の伝達に投資する人を保護する権利）の対象として出版者も加えていこうという動きがおこってきた [5]。

　1985（昭和 60）年には社団法人日本書籍出版協会等が文化庁に「版面権」創設の要望書を提出し、衆参両院の文教委員会（当時）が著作権法一部改正の際に出版者の保護を検討していくよう附帯決議（行政府に対して法律の運用や改正などについて要望を出すこと）を行った。

　それを受けて著作権審議会第 8 小委員会が設置され、「版面権」の創設が本格的に検討されていくこととなった。

　しかしその議論は「版面権」創設のための課題を提示した 1990（平成 2）年の著作権審議会第

８小委員会答申をもって現在まで停止したままである [6]。

これはこの頃から国際的に規制緩和を求めていく動きが強まり、国際条約で認められたもの以外の権利の創設を政府が消極的になったことと、出版者側が著作物再販制度見直しの動きへの対応に忙殺されるようになったことが影響していると見られる。

◇ 版面権を巡る判例の展開

「版面権」に関係する判例として、以下の事件が取り上げられた。

◉ ど忘れ漢字字典事件、実用字便覧事件

どちらも『用字苑』（よく使われる漢字や熟語などを五十音順で配列した字典）のデッドコピーの出版差止を巡って争われた裁判である。

それぞれ『用字苑』が著作権法第12条で規定される編集著作物（素材の選択・配列に創作性が認められ、権利保護の対象となるもの）として認められた。

レイアウトに関しては、収録語句の選定などと抱き合わせの形で創作性が認められた。

◉ 永禄建設事件

広告会社が作成した会社案内パンフレットのラフ案を会社側が不採用にしておきながら、別の業者にそのラフ案に類似したパンフレットをより安価な契約料金で作成させたことが問題となった。

広告会社側は建設会社に対して損害賠償を請求したが、一審ではパンフレットに使われるイメージ写真などの素材の選択・配列や、レイアウトに関して創作性が認められず、権利保護の対象にならないという判決が下された。

しかし控訴審では一転して素材の選択・配列やレイアウトも編集著作物して権利保護の対象となるという判決が下された。

◉ 知恵蔵事件

朝日新聞社発行の『知恵蔵』のレイアウト・フォーマットを、それを作成したデザイナーとの契約が切れた後も発行元が流用し続けたことが問題となった。

原告のデザイナーは朝日新聞社に対して著作権使用料の支払いを請求したが、一審・控訴審とも段組や文字の割り付けなどを定めるレイアウト・フォーマット自体には創作性が認められず、編集著作物として権利保護の対象にはならないという判決を下した。

これらの裁判では、字典のような、一見創作性が無さそうなものでも編集著作物として認められるか、そして出版物のレイアウトが権利保護の対象となるかが争点であった。

特にレイアウトの扱いについて注目すると、収録語句の選定などと一括する形では問題なく創作性が認められるが、レイアウト単体では判断が微妙となり、特にレイアウト・フォーマットに関しては単体では創作性が認められず、権利保護の対象とならないということになる。

◇ 論点整理

立法論としては「版面権」が現行の法律で認められていない以上、出版者の利益保護については出版権（出版権が侵害された場合、出版者自ら差止請求などを行うことができる）か、不正競争防止法の枠組みの中で議論を進めるしかない。

一方、司法の場での解釈論としては、出版物が編集著作物として認められるかどうかが争点となるが、レイアウト単体での創作性の認定には問題が残る。

◇ 質疑応答

全体的に「版面権」という言葉の定義の曖昧さを問題とする質問や指摘が多かった。

特に興味深かったのは、「版面権」という言葉自体に関する議論である。「版面権」が版木や活字による組版・フィルム版といった「版」の所有権に由来した言葉ではないかという指摘から、出版関係者の意見や体験談も交えて、「版」は出版

者と印刷業者のどちらが所有しているのか、あるいは「版」の所有をめぐる出版者と印刷業者との力関係はどのようになっているのか、そして「版」がテキストデータに置き換わってしまった現在の状況にまで話題が及んだ。

　ウェブ上で書籍の表紙画像をアップロードする際に出版者に許諾を得る必要はあるのかという質問も出たが、書評の中でアップロードする際には引用という形になり、公正な利用ということで特に問題無いのではないかということであった。

　ただ、そのような行為に対して過敏な反応を示す出版社も一部存在するとのこと。（とは言っても講演中で再三確認された通り、「版面権」は法的に認められた権利ではないわけであるが…）

　その他、ソフトウェアについてはそれを構成するプログラムも権利保護の対象となり得るのか、CSS や Word のテンプレートなどの場合はどうかといったことについても議論がなされた。

◇ おわりに

　質疑応答の中で、「版面権」という言葉は、校訂権と同じく古典籍のデータベース作成を巡る議論の中で盛んに使われるようになったという指摘があったが、これからの課題は優良な学術コンテンツを所有する出版社に対して、慣行として定着してしまった規制の緩和・撤廃をどのように求めていくかということになると思われる。

　また「版面権」のように出版に関係する用語には、実際の定義と用語から何となくイメージされる解釈とにズレが見られるものが多いという指摘もあったが、これらの用語の位置づけも整理していく必要があろう。

注

[1]　外国の場合、イギリスや、イギリス法の影響の強いオーストラリア・バングラディシュ・インド・アイルランド・ニュージーランド・パキスタン・シンガポールでは法律上で組版面の保護が認められている。

[2]　福沢諭吉が copyright の訳語として版権の語を用いたのがその初例とされる。

[3]　石岡氏によれば、最近問題となっている『インド式計算ドリル』（中村亨著、晋遊舎、2007 年 3 月発行）の類似品についても、もし裁判で出版差止などを請求するとすれば、おそらく不正競争防止法の違反という形で訴えることになるのではないかとのことである。

[4]　この第 4 小委員会の報告書は社団法人著作権情報センターのホームページ（http://www.cric.or.jp/index.html）で閲覧することができる。この報告書掲載箇所の URL は http://www.cric.or.jp/houkoku/s51_9/s51_9.html である。

[5]　現行の著作権法で著作隣接権が認められているのは実演家・レコード製作者・放送事業者・有線放送事業者である。

[6]　この第 8 小委員会の報告書も注 4 に引いた社団法人著作権情報センターのホームページで閲覧することができる。この報告書の掲載箇所は http://www.cric.or.jp/houkoku/h2_6/h2_6.html である。

| 2007 年公開講座報告 |
| "版面権"とは何か |

東洋学情報化と法律問題——第5回

音楽／楽譜の校訂と著作権法（中編）

校訂権とその周辺（その三）

石岡　克俊（いしおか　かつとし）

◇ 3. ソーキンス博士　対　ハイペリオン・レコード社事件

◉ 3.1 はじめに—事件の概要（抄）

今回は、校訂行為をめぐる著作権法上の取扱いが具体的争点とされた英国・大法官庁裁判所（CHANCERY DIVISION）判決（2004年7月1日）の内容を判旨に即して見ていくことにしたい。

はじめに、読者の便宜のため、一応本件の事実を簡単におさらいしておく。

本件は、ミシェル＝リシャール・ド・ラランド[1]の作品で構成される「太陽王に捧げる調べ（Music for the Sun King）」というタイトルのコンパクト・ディスクが、被告・ハイペリオン・レコード（以下、ハイペリオン社）により製作・発売されたことに関連し、同タイトルの版（楽譜）を用意した原告・ライオネル・ソーキンス博士（以下、ソーキンス氏）[2]が、同社を相手取り著作権侵害の差止めと損害（賠償）額についての調査（inquiry）を求め提訴した事件である。

2001年10月、ハイペリオン社は4つのラランド作品（グラン・モテの《Te Deum laudamus（天主にまします御身をわれらたたえ）》及び《Venite, exultemus（われら来たりて、主に喜びの声を上げん）》、グラン・モテの Sacris solemniis から《the Panis Angelicus（天使の糧）》、そして管弦楽による小品《La grande piece royale（王宮の大なる小品）》）の録音を行なった。これらの作品の演奏には、フランス・バロック音楽の演奏で特に名高い合唱と管弦楽のアンサンブル「エクス・カテドラ（Ex Cathedra）」が当たり、指揮はジェフリー・スキッドモア氏（以下、スキッドモア氏）が執った。

2001年にソーキンス氏とスキッドモア氏との間で、エクス・カテドラがラランド音楽祭や英国においてラランド作品を演奏することや、ソーキンス氏が用意した楽譜を使って録音することについて話し合いがもたれ、録音は同年10月に行なわれ、その後コンパクト・ディスクとしてハイペリオン社のレコードラベルで発売された。

◉ 3.2 主張と争点

もともとソーキンス氏は、ハイペリオン社が作品を録音し再製することまでをエクス・カテドラには認めていなかったが、レコーディング作業それ自体を進めることは認めるつもりでいた。結果、録音は行なわれ、その後そのコンパクト・ディ

スクは「太陽王に捧げる調べ（Music for the Sun King）」というタイトルで販売されることになる。

ソーキンス氏は、このことが、その作品（著作物）の著作者として認められるべき著作権（copyright）及び人格権への侵害を構成すると主張し、侵害の差し止めと損害の審理（inquiry）を請求。これに対するハイペリオン社の反論は、ソーキンス氏が「1988 年の著作権、意匠及び特許法」第 3 条にいう「音楽の著作者」ではないとするものであった[3]。同社の主張は、保護期間が終了した音楽作品に著作権法に基づく利用料（ロイヤルティ）は発生せず、そもそも支払う必要がないというものであった。

つまり、本訴訟の争点は、既に作曲された楽譜の新しい演奏版（楽譜）が作成され、その楽譜に基づいて演奏・録音された音楽作品に権利（校訂権(editor corpyright)）が認められるか否かである。

◇ 4. 大法官庁裁判所（下級審）判決

◉ 4.1 校訂行為の意図と本件における校訂の評価

まず、裁判所はソーキンス氏により提出された証拠と説明をもとに、音楽ないし楽譜校訂の一般的な意図と本件作品においてなされた具体的な校訂の内容についての認定を行っている。

■4.1.1 校訂行為の意図

録音されることとなった新しい演奏版（楽譜）の作成目的は、次のような点にあるものとされた。

- 可能な限り、ラランド作品を忠実に再生すること（reproduce）。これがうまく行けば行くほど、作曲者自身が独自に創作したものに忠実でよりもっともらしいものを作り出すことができる。
- 校訂者（editor）として、その作曲家の本来的意図と密接な版（楽譜）を作り出すことに成功したか否かの判断は、校訂者（editor）自身の知識と経験を基づく推量に大きく依存するということ。実際、その

作曲家の本来意図したすべての点についてそれをなし得たか否かを確信することまではできないが、その作曲家自身の意図の正確な反映を作出するためにさまざまな原資料を用いている。

- 校訂（editing）の過程は、その作品の演奏可能な版（楽譜）の作成をも目的としていること。現存する楽譜は断片的ではあるが、しばしば関連する情報の多くを含んでおり、それらは関連付け解読されなければならない。
- 校訂者（editor）としての役割は、単に資料を並べ替え、それに基づいて現代的な形式に作り替えるものではないということ。たった一つの素材では、音楽を正確かつ演奏可能な版（楽譜）を書き下すことはできず、校訂者（editor）の任務は、演奏可能な楽譜や一連の部分を復元（produce）するためにいくつかの素材を引っ張り出してくることもある。その作業は、明らかに現代的な表記法で自筆譜から音楽を書き写すことも含まれるが、それがすべてではない。《Te Deum laudamus（天主にまします御身をわれらたたえ）》の場合、作曲者の自筆譜が残っており、それが一次資料として利用されたが、それは楽譜全体にわたり簡単に記述されたものにすぎなかった。その意味で、これらは、演奏者の便宜に供するため解釈される必要があるとする。

■4.1.2 本件における校訂行為の評価

その上で、裁判官は録音された作品に関連する校訂（editing）の詳細につき、ソーキンス氏の説明に基本的に即しながら、次のように言及する。

「ソーキンス氏の校訂者（editor）としての作業は、本件作品の再構成（recomposition）ではなく、また、それを目的とするものでもない。ソーキンス氏は、自らの作業を、通常、音楽の編曲（an arrangement of the music）として記述さ

れるものであるとは考えておらず、これら
を翻案（adaptation）と記述することを好
んでいる。個々の覚書は散逸したり不正確
な記録を留める場合があり、そしてしばし
ば装飾を施されたり、他の演奏指示が付加
され、修正される。原資料の多くに見られ
る際立った省略としては、いくつかの装飾
（figuring）の欠如である。しかし、ソー
キンス氏によれば、この手のバロック作品
のベースライン（bass line）[4] の装飾こそ
が、その作品の土台であるという」。

次に、校訂された楽譜のベースラインに付され
たフィギュアード・ベース（figured bass）の作
品の中における位置付けが問題となっている。

「彼の校訂された楽譜においては、装飾の
多くを、全譜と付き合わせて修正されたこ
れと両立する他の資料（source）に拠って
いるという。そもそもフィギュアード・
ベースは、和音演奏者の参考に供される
ことが意図されているが、完全かつ硬直的な
和音としては記述され提示されてはいない。
その装飾は、それが完全な和音として鍵盤
楽器奏者に弾かれるのが常ではなく、その
版（楽譜）を作成したソーキンス氏のやり
方を踏まえれば、アクシデントを避ける
ために最小限可能の範囲で記述され復元
（reproduce）されている」。

また、ソーキンス氏の校訂行為を正当に理解す
るために、ラランド作品において手稿譜が残って
いるものはわずかにすぎず、現に完全な形で残
存しているものは《Te Deum laudamus（天主に
まします御身をわれらたたえ）》のみであること、
このように自筆譜の多くが欠如していることから、
ラランド作品の編集者はこれら自筆譜ばかりでは
なく 17 世紀末から 18 世紀初頭にはじまる印刷
された素材を検証しなければならず、そのために
は際限のない資料の収集に従事しなければならな
いことが指摘されている。

それだけではない。楽譜の校訂が済んだとして
もそれが演奏者にとって可能な限り読みやすくな
るよう、また、不必要にページをめくらずに済む
よう楽譜にレイアウトを施さなければならない。

「この過程は、版の内容に何ら付加するも
のではないが、音楽の engraving（記譜）
に対する詳細な理解が要請され、また、と
ても骨の折れる作業である。それが完成す
れば、次の任務は合唱団のための合唱部の
楽譜とオーケストラの各々の楽器のための
パート譜を総譜から抽出しなければならず、
これらの抽出されたパートは、その総譜に
ついて欠損がないように確認し検証される。
この段階で、ソーキンス氏の場合は、各々
の楽譜の背景となった素材についてチェッ
クを行ない、欠損がないかまた再修正の必
要がないか確認する。総譜は、指揮者、独
唱家、鍵盤演奏家及びレコード製作者に印
刷され、合唱譜は合奏団に、個々のオーケ
ストラへのパート譜は関連する演奏者に渡
される。ソーキンスは各作品の新版の準備
に全部で 300 時間をかけていると見積も
られる」。

音楽ないしは楽譜の校訂行為について、大要、
以上のような認定を行った上で、裁判所はつぎの
ような評価を示す。

「ソーキンス氏によってなされた編集過程
は、ある程度の芸術的な創作力（a certain
amount of artistic inventiveness）を伴っ
たその作曲家の音楽の長く且つ詳細な研究
に由来する学識及び知識の結晶であること
はその過程からも明らかである」。

ソーキンス氏による校訂行為を「ある程度
の芸術的な創作力（a certain amount of artistic
inventiveness）を伴った……学識及び知識の結晶
である」とし、一連の認定事実からその創作性を
認めた上で、もっぱらソーキンス氏による復元プ

ロセスの立証に依拠している事実を正当化するべく判決はこの主張を「広い知見に基づく一つの前提（informed assumption）」とする。

> 「この復元（restoration）のプロセスは、彼（ソーキンス氏）によって示されたものであるが、広い知見に基づく一つの前提（informed assumption）といってよい」。

また、ラランドの独自の創作というべき本件作品において、それを復元することに果たして創作性ないし創作の幅が認められるかという根本的な問題点が存しうるが、本件に関する限り、裁判所はつぎのように述べ、創作性を是認する。

> 「彼は独自性と同時に音楽学的な研究やすでに概要を説明されたこれに類する作業の要請をについて述べた。欠落した部分の構成は、彼の音楽性―これは、全譜が残存している他の作品の詳細な研究に由来する―についての校訂者（editor）の理解に基づき作曲者の本来の意図を再製する（reproduce）ことを狙いを伴って実施される。それにもかかわらず、それらの要素（parameters）の範囲内においては、創作的なプロセスだといえるのである」。

⊙ 4.2 4つの版（楽譜）に対する事実認定

以上、ソーキンス氏が行った校訂の事実を一般的に評価した上で、具体的に同氏が施した4つの版（楽譜）それぞれについて、裁判所は以下のように事実を認めた。

■4.2.1 《La Grande Piece Royale（王宮の大なる小品）》（1695-Paillard edition 1964）

6つの連続した楽章からなるこの管弦楽曲集は4つの素材によっている。ソーキンス氏はヴィオラパートの逸失部分を再製した。これはその作品268小節中153小節にのぼり、その部分は作品の大半を占めている。34カ所の校訂が施された。ソーキンス氏が共通の表記法を原資料から書き写すことによってその音楽が演奏可能にしたり、必要な場合にはそれを修正することを認めている。

ハイペリオン社は、ヴィオラパートが重要な再構成であり、かつそれに音楽著作権を認めるが、パイヤール版（楽譜）からの複製であることから、ソーキンス氏がそれについて著作権を有していないと考えている。

■4.2.2 《Te Deum Laudamus（われら来りて、主に喜びの声を上げん）》（1684）

ソーキンス氏は、演奏可能な音楽にするために必要な表記上の修正及び付加を行なっている。その修正及び再構成は合計で141カ所にのぼる。またベースラインの装飾を加えている。フィギュアード・ベース（figured bass）の構築は、楽譜上1,139カ所のうち672カ所を数える。これらのうち、319カ所が彼自身の校訂であった。

それらは、他の原資料にはよっていない。音符上のトリル形式の装飾も付加されている。

■4.2.3 Sacris Solemniis

ソーキンス氏はSacris Solemniisの全体にわたる版（楽譜）を用意していたのだが、エクス・カテドラにより収録されたのはわずか1楽章（第6楽章《Panis Angelicus（天使の糧）》）のみであった。

Sacris Solemniisは1709年に最初に作曲され、2種類の楽譜が伝わっているが、ソーキンス氏は彼の校訂版を用意するのに際して両方を利用しそしてその両方を反映させた。だが、ソーキンス氏の編集による関与はかなり限定的で、それらも1、2の演奏上の提案を含む、表記の範疇に属するものに過ぎず、その演奏版（楽譜）は本件コンパクト・ディスクにつき実質的な複製はなされていないとされた。

■4.2.4 《Vanite Exultemus（天主にまします御身をわれらたたえ）》（1701）

これは、8つの楽章からなる大規模な合唱・管弦楽曲である。演奏すると26分間の長さになる。

ソーキンス氏は、さまざまな楽譜と1715年のコーヴァン版楽譜及び1729-34年のヒュー版楽譜に基づき校訂を施している。ソーキンス氏による作品の多くは、フィギュアードベース（figured bass）を付加している。変更と付加は、27カ所の誤っている音符の修正とテキストの再構成をも

ふくんでいる。フィギュアードベース（figured bass）の修正は 659 カ所にのぼる。それらの 134 カ所はヒュー版楽譜といった資料などには基づいていない。ソーキンス氏は、全部で 747 カ所の校訂を施した。

⊙ 4.3 複製権（著作権）の所在

■4.3.1 経済的利益の根拠

まず、著作権の存在と現実の経済的利益の授受には直接の関係がない旨、つまり経済的利益の授受が著作権を根拠とする場合もあれば、そうではない場合もある旨が整理されている。

しばしば、事実としての金銭授受が何らかの知的財産権に関わらしめて理解される場合があるが、そのような権利が存在しなくとも私的自治の枠組みの中で何らかの報酬が支払われる場合があり、それは契約法上の債権債務関係に基づくものである。このような混同は、英国法であろうと日本法であろうと注意をしてみていかなければならない。

「楽譜（sheet music）の課金（hire）と音楽作品の演奏または再製の権利に対する著作権料（royaltiies）との間には明確な区別がある。ある証人によれば、その違いは業界においてよく知られており、課金ないし印税（hire charge）の支払は、たとえ著作権の下においても、一般的にその作品の演奏ないしは録音の権利を伴わないものと理解されている。その点は、他の証人の証言によっても確認されている。すなわち、課金・印税（hire fee）の交渉は、著作権利用料とは何の関係もない。

事実、ハイペリオン社は自らの法的判断に基づき、著作権の切れた作曲家の版（楽譜）を提供する校訂者や出版社に著作権料は支払わないという姿勢を示している。確かに、校訂者に対しては校訂版の提供に対し校訂報酬（editing fee）が支払われるかもしれない。しかし、その作品に基づく著作権料が支払われることはない。録音された作品は作曲者のものであって校訂者のも

のではない」。

■4.3.2 「オリジナルな音楽作品」ということ

ソーキンス氏の主張が認められるためには、彼が用意した各々の版（楽譜）が 1988 年法（英国著作権法）第 1 条第 1 項にいう「オリジナル（独自）な音楽作品」であるということを立証しなければならない。

同法第 3 条 1 項には、「音楽作品」を「音楽に合わせて歌唱され、語られ、演奏されることを意図するあらゆる言葉や行為を除く、音楽からなる作品」と定義している。

だが、1988 年法（英国著作権法）によって音楽作品における「音楽」の意義が明らかになるわけではないのだから、裁判所はこの事例において真に何が問われているかを改めて確定しなければならないとしている。

つまり、オリジナリティ（独自性）の問題、そしてソーキンス氏が充分な時間と確立された原則に従って著作権を獲得するのに必要な努力を費やしてきたかどうか、確かに理論的にはこれらの点はとても重要だが、現実的な争点は、「音楽作品」の中にフィギュアード・ベース（figuring of the bass）、あるいは装飾ないし演奏指示のような項目（items）が含まれるのか否か、また、既存の音楽作品のメロディに有意な編曲や有意な付加がなされただけで、音楽作品としてその版に新たな著作権が認められ、著作権法上、楽譜への記載が現実に制限されることとなるのかということであるとした。

そこで、裁判所は、権威ある辞書や著作権法に関する基本書さらには従来の判例を参照して、音楽作品を次のように意義付けることにした。

「音楽作品は、メロディとハーモニーと、……異なったコードの使用の組み合わせであり、それがある楽曲をしてとても異なった響きをもたしうる。また、音符は明らかに本質的なものであるが、それだけが聴取において決定的なものではない」。

したがって、

「わたしは、校訂行為を行った作曲者が、ある点を修正することによりまたは付加することにより、音符の明白な変更をしなかったという単純な理由から、新しい音楽作品の版（楽譜）に関する著作権の請求を拒絶することができるという意見には与することができない。それは、あまりに厳格なテストであり、音楽の現実を適切に反映したものではないように思われる。あらゆる事例において求められる問題は、既存の楽譜に基づいて作られた素材がそれを作り出すために用いられたスキル及び労力の点から見て新しい作品が充分にオリジナルか否かという点にある。これは音楽的なものやその他、著作権が主張されるあらゆる作品に適用されるべきテストである」。

■4.3.3 創作性

その上で、いわゆる著作物の成立要件としての創作性についての見方を示している。

「著作権を確立するために必要な技量（skill）及び労力（labour）はそれほど大きくはないししばしば否定的な用語（実質的でなくはない（not insubstantial））で表現される。それは、独創的な思考を含む必要はないが、独創的な思考の利用がその作品のオリジナリティ（独自性）を確実なものにする傾向は明らかにある。しかしながら、その作品がそうであるためにはユニークである必要は無いし、それゆえ、音楽作品の場合においては、文芸的作品とまさに同様、それに先立つ作品の翻案（rearrangement）は容易に著作権を生じさせるのである。このような理由で、自らの独自性の欠如のために彼の作品が著作権を享受しないということを立証することを求めるよりもむしろ、原告の作品の侵害は存在しなかったということを主張すること

の方がより利益になるのが一般的である。侵害のテスト（検証）は被告が原告の自身の作品の実質的な部分をとったかどうかである。もし本件作品がそれ自体大部分において先立つ作品の複製であるならば、侵害テストを満たすことはより困難であることは明らかであろう。というのも、著作権の目的は、オリジナル作品の生産について費消される著者の技量や労力を横取りすることから守ることであるのだから」。

■4.3.4 本件における裁判官の意見表明

本件について裁判官は、一人の証人によって提起された意見について触れ、これに反論することでソーキンス氏の著作権者としての地位を結論として認めていく。

「ソーキンス氏がララランドに関する彼自身の専門性に基づく相当な技量と労力を検討中の四つの版（楽譜）の校訂の仕事に適用してきたことは疑いない。その作品は、困難と綿密さを伴い、相当な時間がかかっている。被告はこのことに異議を唱えてはいない」。

しかし、ある証人の主張のポイントは、

「ソーキンス氏がララランドが意図したと彼が信ずるものに可能な限り忠実に従い版（楽譜）を作成することを求めるなかで、かれはその正しい技量と労力とを利用しなかったということである。オリジナル作品の製作の代わりに、彼は関連する原資料の内容を大部分作り替え（reproduce）なければならなかった。これは、……転写（transcription）（たとえば複写）であり、それは新しい音楽の創作ではない」と。

しかし、裁判官はこの見解に反論する。

「わたしはこれに受入れない。コンパク

ト・ディスクに収録されている作品は、お
そらくパイヤール版（Paillard edition）の
《La Grande Piece Royale（王宮の大なる小
品）》を除き、それに先立つ既存の楽譜を
利用したエクス・カテドラによる演奏は一
つもなかったことは争いはない。

演奏可能な作品を作るために、ソーキンス
氏は原資料から一般的な表記法に、必要
とあればそれを正して、置き換えた。《La
Grande Piece Royale》のそれに先立つ原
資料はヴィオラパートが欠けていた。ソー
キンス氏はそれらを作り出し（recreate）、
これにパイヤール版（Paillard edition）か
らの複製は含まれていなかった。これら
の再び作り出された（recreated）部分は、
その作品の版としてソーキンス氏を指示し
て別個の著作権を形成することをそれ自体
満たすこととなる。

　いずれにしても、それはパイヤール版
（Paillard edition）とは異なる音楽である
ところのいくつかの小節を含んでいるので
ある。

　《Te Deum Laudamus（われら来りて、
主に喜びの声を上げん）》は、なおさら新
しく作曲されたものではない。

　しかし、その表記法に対しその修正と付
加を施すことはその作品を演奏可能にする
ために必要であったし、リハーサルにおい
て演奏者が修正を加えることがあるという
ことはとくに述べる必要は無い。それは判
断基準とは関係ない。それらは事実ソーキ
ンス氏によって彼の作品の部分として修正
が施され、それらはいくつかの音符の選択
に関する技量と判断にもとづき彼による実
施を示すものであった。同様の点は、ベー
スラインの装飾についてなされ得るもので
ある。フィギュアード・ベース（figured
bass）は書かれていなかったがソーキンス
氏は 600 カ所以上の通奏低音への修正を
施し、そのうち 329 カ所は彼自身による
ものであった。証人の一人はこの仕事がオ

リジナル又は独創性のあるものではないと
分類することを求めていた。……しかし、
この見方は重要な点を見落としている。そ
の作業は独創的である必要は無いが、それ
はオリジナルでなければならない。もし、
このケースのように、ソーキンス氏は適切
なハーモニーが演奏されることを確保する
ことを企図する通奏低音を構築したならば、
演奏家が自らの努力に拠って同様の結果に
たどり着いたとしても問題は無い。

　ソーキンス氏は彼自身の技量と労力とを
利用することによる努力でそれらを補い、
そうすることでバロック音楽とともに維持
されている、ハーモニーを含む版（楽譜）
を作り出したのである。

　なお、Sacris solemniis の 1 楽章だけが
演奏され、かつ《Panis Angelicus（天使の
糧）》は、とても短くほんのわずかばかり
の変更を含むものであった。これは、限界
的な事例としてみられなければならない。
もし、誰もが受入れると思われる速度指示
が音楽の部分でないということを無視する
のであれば、その修正された音符や装飾の
修正をそのままとなる。質的な条件におい
てはこれらは重要である。それらは数の面
でとても少ないかどうかの問題のみである。

　《Panis Angelicus（天使の糧）》を別個
に（それだけを見て）判断するならば、そ
の校訂の程度は、ソーキンス氏に有利な新
しい著作権を形成するには充分ではない。
しかし、わたしは、ソーキンス氏が全体と
して Sacris solemniis の楽譜について著作
権を有するという見方に傾斜しつつある。
もし、ある人がこのような方法でその問題
に接近するのであれば、問題は単にハイペ
リオン社による《Panis Angelicus（天使の
糧）》の利用のみが原告の作品の実質的な
部分の取得を構成するかどうかということ
になる。全体としてその作品に関連する楽
章の大きさを所与として、わたしは原告の
著作権の侵害を考えることはしない。

《Vanite Exultemus（天主にまします御身をわれらたたえ）》の場合においては、その作品の多くが通奏低音に関連するものである。およそ 27 カ所の誤った音符が修正されることになったが、すでに理由が示されたようにこの批判は著作権問題と関連が無い。

もし、ある者がテンポを示すマークに関する変更を無視し、通奏低音に集中するならば、659 カ所の修正があり、それらのうち 134 カ所がヒュー版その他に由来しないものであった（それも独自になされたものであった）。

また、通奏低音奏者が彼自身 49 カ所の装飾を付加していると見積もっているが、これは侵害の問題と関連するにすぎない。すでに説明したように、通奏低音への変更及び修正はその音楽作品への質的な付加である。

そしてわたしはソーキンス氏がそれゆえウェニテの版（楽譜）は著作権を獲得すると考えている」。

◉ 4.4 侵害と結論

裁以上から、判所は以下の 3 作品についてソーキンス氏の請求を認める判断を下した（請求一部認容）。

「《Panis Angelicus（天使の糧）》を除く、《La Grande Piece Royale（王宮の大なる小品）》、《Te Deum Laudamus（われら来りて、主に喜びの声を上げん）》及び《Vanite Exultemus（天主にまします御身をわれらたたえ）》の版（楽譜）に関する請求に対する判決を下す」。

「著作権者によって作成されたオリジナルな素材の大きさが、侵害の問題に関連することとなる。つまり、問題はコンパクト・ディスクへの収録によってハイペリオン社が、オリジナル作品の創作において費消された原告（ソーキンス氏）自身の技量や労

力の実質的な部分を奪ったかどうかである。判決による検討の結果、《Panis Angelicus（天使の糧）》以外について、侵害が立証され、その損害は、その作品の三つのケースにおいて立証された」。

この判決の検討は、次号に掲載する控訴審判決との比較を通じて行っていくことにしたい（続く）。

参考文献

● ソーキンス (Sawkins) 対ハイペリオン・レコード (Hyperion Records Ltd) 事件、2004 年 7 月 1 日大法官庁裁判所 [CHANCERY DIVISION] 判決、[2004]EWCA 1530(Ch), [2004] 4 All ER 418

注

[1] Michel-Richard de Laland（1657 年生 -1726 年没）は、ルイ 14 世が任命した 4 名のヴェルサイユ宮王室礼拝堂作曲家の一人であり、ルイ 14 世・15 世両治世下における指導的な宮廷作曲家である。

[2] ソーキンス氏はラランド研究における世界的権威。

[3] 「音楽の著作物」とは、音楽とともに歌われ、話され、又は演ぜられることを意図されるいずれの言葉又は所作をも除く音楽から成る著作物をいう。

[4] バロック期音楽の特長の一つである通奏低音（basso continuo, basse continue, continuous bass）は、ベースライン（bass line）として楽譜に記述され、チェロ、ヴィオラ・ダ・ガンバ、ダブル・ベースあるいはバスーンのような楽器、またはオルガンやハープシコードのような和音演奏楽器（chord-playing instrument）によっても演奏される。なお、演奏家たちの便宜のため、作曲家たちはフィギュアード・ベース（figured bass）を考案した。これは、ベースラインの音符の上もしくは下に数字を配置するものだが、現代においては下に記すようになっている。音符の下に数字がない場合は、最も一般的な和音（ルート・ポジション・コード）であるこをと示しているという（para.14 に引用されている被告側証人ギュイ・プロスロー（Guy Protheroe）氏の説明を参照）。

特集 1 漢情研的 VISTA & Office2007

　昨年、Microsoft 社の最新オペレーティングシステム Windows VISTA と Office ソフトの最新版 Microsoft Office2007 が発売された。

　Windows が事実上標準のパソコン用オペレーティングシステムである以上、今後機器の買い換えと共に、VISTA 或いは Office2007 も普及する事になるだろう。

　今回のバージョンアップの見所は、3D デスクトップ Aero やセキュリティ面の強化等が中心である。

　その辺りは、他のパソコン雑誌や Web リソースをお読みいただきたいが、本会的には、その中でも JIS 漢字コードの改正に伴う、表外字体表の文字デザインコンセプトや GB18030 に初めから対応した製品としての側面に着目し、特集としてまとめてみた。恐らくここまで多漢字や表外字体に拘った VISTA & Office2007 の記事は、本誌以外無いものと断言しても良いはずだ。教育・研究の場で大いに参考にして欲しい。

　本誌の情報が読者諸賢の手助けとなれば幸いである。

Contents

はじめに　VISTA と Office2007 はお薦めか？ ……………………………………山田　崇仁 …44

VISTA の多漢字・多言語設定 ………………………………………………………二階堂善弘 …46

Office 2007 の多言語機能を使う ……………………………………………………千田　大介 …52

Windows Vista の日本語フォント環境 (続) と Vista/Office2007 の IME

………………………………………………………………………………………清水　哲朗 …60

Journal of JAET vol.8 ● *43*

特集1

漢情研的
VISTA & Office2007

はじめに

VISTA と Office2007 はお薦めか？

山田　崇仁（やまだ　たかひと）

◇ 見かけない VISTA と Office2007

2007 年 1 月 30 日、Microsoft 社の Windows オペレーティングシステム最新版たる VISTA と Office アプリケーションの最新版たる Office2007 日本語版が同時にリリースされた。

特に Windows OS は、前バージョンの Windows XP の発売が 2001 年 10 月 25 日だから、かれこれ 6 年半ぶりの新バージョンのリリースである [1]。

本稿執筆に際し、XP のリリース時のニュースをインターネットで探してみた。秋葉原界隈での深夜販売のニュースを読んでみたが、秋も深まったきた季節柄か、VISTA とそれほど変わらないような販売光景のようにも見えた。

しかし、その後、パソコン売り場で VISTA インストールの PC を見る事は珍しくなくなったが、実際に VISTA を使っている人を余り見かけない。筆者の職場の Windows ユーザーで VISTA と Office2007 を使用しているのは、筆者のみである。また、本誌執筆陣の中にも、VISTA 関連の記事を書く必要に迫られて、VISTA を購入した御仁も少なくない。この傾向は世界的にも同様のようで、本年 7 月の onestat.com の調査によると、発売後半年時点での調査では、普及度は Windows2000 以下の 3.23% との事である（日本は調査の対象外）[2]。

筆者の経験は極身近な所でしかないので、

VISTA 一色の所もあるかもしれない。ただ、これまでは、「わ〜い、新しい OS だ〜、とりあえず買って入れてみた〜」という雰囲気があった。ところが VISTA, Office2007 には、その空気が感じられない。それは何故だろうか？

◇ 前バージョンから何が変わった？

Windows XP は良くも悪くも「枯れた OS」だった。それはリリース後の長期にわたる修正ソフトの配布も相まって、個人ユーザーが使うには十分な性能を持った OS となったのである。

それは多言語面でも同様だった。一部の言語への対応は中途半端だったが、漢字に関しては Unicode 化の進展に伴い、7 万字以上もの漢字が使用可能となり、日常的な業務や研究には概ね満足行く状態になっていたのである。

最も、その後の急速なインターネット（特にブロードバンド）環境の普及にともなう Web アプリケーションの台頭や、各種セキュリティ問題への逐次的な対応では限界が来つつあったのも事実である。多漢字面で言えば、CJK 統合漢字拡張領域 A, B に対応を唱うアプリケーションやフォントがリリースされたのも、XP 登場後であった。

それらの機能追加や不具合の修正を取り込み、なおかつインターフェイスに大胆な変更を加えて送り出されたのが、VISTA と Office2007 である。

特に Office2007 の「リボン」を核とした新しいインターフェイスは、これまでの使い勝手をほ

ぼ「一端リセット」する事となる。かなり野心的な試みだが、危うい賭でもある。他社が追随しなければ、一種のあだ花で終わる可能性もある。

VISTA の使い勝手では、ユーザー・アカウント制御（User Account Control。以下 UAC）が一番使用者に「とまどいを覚えさせる」変更である。UAC は、意図しない EXE ファイルの実行などにより、コンピュータに被害を与える事態を防ぐための仕組みである。

この辺りは、セキュリティを採るか使い勝手を採るかという悩ましい部分ではあるが、ソフトウェア提供者としては、前者を選択せざるを得なかったのだろう（頻繁な UAC による警告表示に、いささかうんざりさせられるのも事実）。

◇ 多言語面からはお薦め！

では、VISTA と Office2007 は待ちなのか？それは利用者のニーズによるとしか言いようがない。

確かに、両方とも安価な買い物とは言えない。場合によっては、PC の買い換えが必要となるので、乗り換えに躊躇してしまうかもしれない。

それでも、多漢字を中心とする観点では、買っても損はない。特に GB18030 対応のフォントや IME、更に CJK 統合漢字拡張領域 A, B 全てが埋まったフォントが初めから提供されている事は、初心者の多漢字環境構築の為の敷居が一気に下がった事を意味する。この点だけでも乗り換えて損はない。

但し、VISTA になった事で、動かなくなったアプリケーションも多い[3]。その多くが上記 UAC に起因するものとされるが、中には動作 OS に Windows XP を決め打ちして設計されているプログラムもある。本会 BBS でも『四庫全書』『四部叢刊』の動作に関する話題が掲載されている。

VISTA 未対応製品については、開発元から VISTA 対応のための修正パッチなどがリリースされればよいが、緊急避難措置として、XP の使用可能な環境を別途 VMware 等のエミュレーション環境を構築しておく事をお薦めしたい。

◇ 詳しくは本特集にて

以上、Windows VISTA と Office2007 は買うべきか否かについて、つらつらと書いてみた。

本特集 1 では、「漢情研的 VISTA & Office2007」と題して、会員の関心が高いだろう「多漢字を初めとする多言語対応」や、「JIS X 0123:2004 がどの様に実装されているのか」を中心に紹介する。

この辺りの情報は、他誌で殆ど紹介されない部分であり、本誌がアドバンテージを持っている部分だと自負しているところである。是非御一読いただきたい。

筆者は自宅で XP、職場で VISTA を使い分けている。比べてみると、UAC の煩わしさはあるが、VISTA にもずいぶん慣れた。Office2007 では未だに「あれ、あの機能はどこに？」と戸惑う場面も少なくない。しかし、EXCEL のワークシートが広くなったのは何物にも代え難いし、多漢字フォントの増加もまた喜ばしい。

但し、気にかかっているのは、教育面である。

筆者は、大学で情報処理の授業を担当しているが、勤務先の共有 PC は XP である。今後 VISTA が増加する事からすれば、Office2007 のインターフェイス説明や、いわゆる表外字体表の問題（後掲清水氏の記事を参照の事）に、教育現場がどう取り組むのか（そもそもその事に思い及ぶ教員がどれだけいるのか）について思い悩んでしまう。

注

[1] Office は XP が 2001 年 6 月、2003 は 2003 年の 10 月にそれぞれリリースされている。

[2] http://www.onestat.com/html/aboutus_pressbox54-windows-vista-global-usage-share.html

[3] 本誌編集用に WebDAV を利用しているが、VISTA 上での WebDAV の動作には問題があるようで、Microsoft 社から修正ファイルが提供されている。http://www.microsoft.com/downloads/details.aspx?displaylang=ja&FamilyID=17c36612-632e-4c04-9382-987622ed1d64

特集 1

漢情研的
VISTA & Office2007

Vista の多漢字・多言語設定

二階堂　善弘（にかいどう　よしひろ）

◆ エディションの違い

Windows Vista については、いくつかのエディションの種類があるが、それによって多言語への対応は微妙に異なっている。

パッケージで売られているのは「Windows Vista Home Basic」「Windows Vista Home Premium」「Windows Vista Business」「Windows Vista Ultimate」があり、さらにボリュームライセンスのみ提供のエディションとして「Windows Vista Enterprise」がある。

またこれらのエディションは、アップグレード可能な元のエディションもそれぞれ違うので、注意が必要である。たとえば「Windows XP Professional から Windows Vista Home Premium へのアップグレードはできない」「Windows 2000 から Windows Vista Ultimate へのアップグレードはできない」などといった制限がある。これも意外に購入時に気をつけるべき落とし穴である。

さてこれらのうち、マイクロソフトのサイト（**http://www.microsoft.com/japan/windows/ default.mspx**）で特に「多言語対応」を謳っているのが、「Ultimate」となっている。ただ「Enterprise」もほぼ同じ多言語機能を持っていることは判明している。すなわち、Vista の多言語対応については、「Home Basic」「Home Premium」「Business」と、「Ultimate」「Enterprise」の２つのグループに大別されると考えてよいであろう。

とはいえ、それでは「Home Basic」「Home Premium」「Business」では中国語や韓国語が入力できないかといえば、むろんそんなことはない。ちゃんと中国語フォントも IME も当初から入っている。インターネットレベルでもワープロレベルでも、そう困ることはない。システムロケールを変更して再起動すれば、日本語以外のソフトをインストールして使うこともできる。ではいったいどの「多言語」機能が違うのであろうか。

それは MUI の機能である。MUI とは Multilingual User Interface の略で、ユーザごとに使用言語を切り替えられる機能である。これは実は Windows 2000 時代からあった多国語版と同じである。ただ、それはあくまでビジネス或いは特殊なユーザ専用の扱いで、ボリュームライセンス版しかなかった。Vista Ultimate などではそれが標準装備されているわけである。

◆ Language Pack を使う

MUI の機能は「Language Pack」として提供される。Vista では OS をアップデートする機能が Windows Update としてほぼ自動化されているが、Home Premium などでは、この Language Pack のアップデートがメニューに出てこない。しかし Ultimate では、「イタリア語パック」「スペイン語パック」「ロシア語パック」といった形でダウンロードできるようになっている。その手順は、

1.スタートメニュー→「すべてのプログラム」→「Windows Update」を起動する。
2.「利用可能な更新プログラムを表示します」をクリック。

2.「地域と言語のオプション」の「キーボードと言語」タブの「表示言語を選んでください」で、インターフェイスを表示する言語を選び、「OK」をクリック。

3.必要な言語パックの左のチェックボックスをチェックして、「インストール」をクリック。

これで、ログオフして再度ログインすると、メニューが切り替わる。

むろん中国語系の言語パックをインストールすれば、インターフェイスやメニューを中国語に変えることができるのである。その手順は、

1.コントロールパネルの「時計、言語、および地域」の下の「表示言語の変更」をクリック。

これだけでは、インターフェイスが変更されただけで、多言語処理に対応していないソフトを動かす標準言語「システムロケール」が日本語のままであるため、中国語など海外のソフトを利用することはできない。システムロケールは、以下の手順で切り替える。

特集1 漢情研的 VISTA & Office2007

1. コントロールパネルの「時計、言語、および地域」の下の「表示言語の変更」をクリック。
2. 「管理」タブをクリック。
3. 「システムロケールの変更」をクリック。

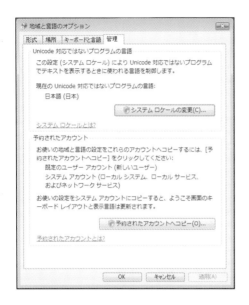

4. 切り替えたい言語を選ぶ。

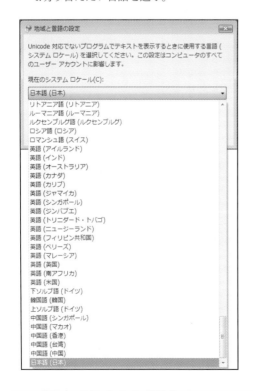

パソコンを再起動すると、システムロケールが切り替わり、切り替えた言語のソフトを利用できるようになる。

　システムロケールの変更方法は、Windows XPと変わらない。またWindows Vista Home Premiumなど、どのエディションでも切り替えることができる。だから、Home Basic・Home Premium・BusinessとUltimate・Enterpriseの違いは、MUIの対応にあるわけと考えてよい。

　このあたりは、実はLanguage Packという名称が、かえって誤解のもととなっている。XP以前においては、MS Officeに「Proofing Tools」があり、そちらの多言語機能に近いものが提供されるのではないかと考えるユーザもあったからだ。もともとProofing Tools自体もWindowsというよりMS Officeに機能を付け加えるソフトである。今回も、MS Office側にむしろ多言語編集関連の機能が加えられた。詳しくは、後掲「Office 2007の多言語機能を使う」をご覧いただきたい。

　Windows XPでは「AppLocale」というマイクロソフトが配布しているツールを使うと、システムロケールを切り替えなくても、特定のアプリケーションだけを別の言語で動作させることができたが、Windows VistaではまだAppLocaleが提供されていない。XPのAppLocaleを強引に組み込む方法もあるようだが[1]、それはもしWindowsが壊れてもサポートの受けられない裏技なので、ここはしばらく待つしかなさそうだ。

◇ 充実の漢字フォント

Windows Vista では、Unicode の CJK 統合漢字拡張領域 A 及び B のフォントが標準で提供されるようになった。これは Vista の Home Premium や Business でも、Ultimate でも変わらない。確認していないが、おそらくすべてのエディションに含まれていると考えられる。

また、以前、Office 2003 ProofingTools で提供されていた拡張領域 B 収録漢字を含むフォント（SimSun(Founder Extended)）は、かなりの漢字の抜けがあったが、今回標準搭載された拡張漢字フォントは拡張領域 B エリアの文字がすべて埋まっている。

しかも、MS Office IME 2007 を使うと、その IME パッドで拡張漢字などをちゃんと表示することも可能となっている。かつては ATOK を使わないと、これが難しかったものである。

これら拡張漢字領域を使用できるのは SimSun（SimSun-ExtB）と MingLiU（MingLiU-ExtB）などがある。前者が簡体字中国語、後者が繁体字中国語のフォントであるため、一部の文字の字形に若干の違いがあるのだが、これにより、XP の時

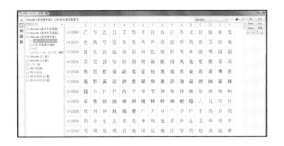

には中途半端な使用しかできなかった拡張領域の漢字は、Vista ではかなり自由に使えるようになった。多漢字を使うユーザにとってはありがたいことである。

簡体字中国語フォントでは、これまでの「SimSun」「SimHei」が GB18030 に対応して拡張領域 A の漢字が収録されたのに加えて、「Microsoft YaHei」「KaiTi」「FangSong」が標準登載された。いずれも、拡張領域 A の漢字にまで対応している。

繁体字中国語では「DFKai-SB」「Microsoft JhengHei」がある。また、MingLiU が拡張領域 A の漢字に対応したほか、広東語特有の漢字を集めた香港増補字符集（HKSCS-2004）を収録する「MingLiU_HKSCS」が追加された。

また日本語フォントの面でも、Vista は大きく

Windows Vista 標準中国語フォント（SimSun・MingLiU のバリエーションは一部省略した）

	フォント名	漢字名・書体	CJK統合漢字	拡張A	香港増補字符集	拡張B
簡体字	SimSun / NSimSun	宋体 / 新宋体	○	○	×	×
	SimSun-ExtB	―	×	×	×	○
	SimHei	黑体	○	○	×	×
	Microsoft YaHei	微软雅黑	○	○	×	×
	KaiTi	楷体	○	○	×	×
	FangSong	仿宋	○	○	×	×
繁体字	MingLiU / PMingLiU	細明體 / 新細明體	○	○	×	×
	MingLiU_HKSCS	細明體_HKSCS	○	○	○	×
	MingLiU-ExtB	細明體-ExtB	×	×	×	○
	DFKai-SB	標楷體	○	×	×	×
	Microsoft JhengHei	微軟正黑體	○	○	×	×

漢情研的 VISTA & Office2007

変更された面がある。すなわち「メイリオ」フォントの採用である。

メイリオ（Meiryo）フォントは、ゴシック体のフォントであり、これまでの MS ゴシックに代わるものとして位置づけられている。もちろん、Vista には MS 明朝も MS ゴシックもちゃんとセットされている。ただ、Vista としてはメイリオの方が標準フォントの扱いになる。

メイリオの特色は、JIS X 0213:2004 に対応したフォントであるということである。そのため、第三・第四水準漢字などが使えるようになり、文字数は増加している。

問題は、いくつかの漢字は、その字体が変わってしまっていることである。特に「葛」の字などは、いままでパソコンでは下が「ヒ」であったものが一般的であったが、メイリオでは「葛」となっている。この他にも国語審議会の答申「表外漢字字体表」を意識した字体の変更が行われている。

ただこれに関しては、旧来のフォントもダウンロードして使えるようになっている（詳細は、清水哲郎氏の「Windows Vista の日本語フォント環境 (続) と Vista/Office2007 の IME」をご覧いただきたい）。

◆ 入力言語の設定

言語の設定については、Vista は実はあまり XP と変わらないように思える。

すなわちコントロールパネルから「時計、言語、および地域」の下の「キーボードまたは入力言語の変更」を選んで、「キーボードの変更」から「入力言語の追加」をクリックする。あとは「追加」をクリックして使用したい言語の入力方法を追加すればよい。

中国語については、簡体字・繁体字ともにいくつかの入力法が用意されているが、簡体字中国語の入力には、Microsoft PinYin IME（マイクロソフトピンイン IME）、繁体字ならば New Phonetic（新注音）を追加すればそれでよい。

なお Vista においては新たにいくつかの言語が使用できるようになったが、中国系では伝統モン

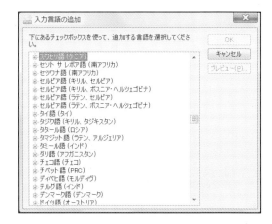

ゴル文字の IME が用意されることになったのは大きい。またチベット文字や彝文字の IM も標準で登載された。ちなみに、それぞれの言語のフォントは、モンゴル文字「Mongolian Baiti」、チベット文字「Microsoft Himalaya」、彝文字「Microsoft Yi Baiti」である。

IME の切り替え方法はこれまでと同じで、

● 言語バーのアルファベットの言語名表示をクリックする。

● 左の Ctrl と Alt を同時に押す。

の２つの方法がある。

中国語 IME のうち Microsoft PinYin IME については、これまでのバージョンから大きな変更点は見られないが、New Phonetic（および New Chang Jie）では以下の手順で設定すると、拡張領域 A・B 収録漢字が変換できるようになった。

1. IME を New Phonetic に切り替える。
2. 「Tool Menu」ボタンをクリック、「Properties」を選ぶ。

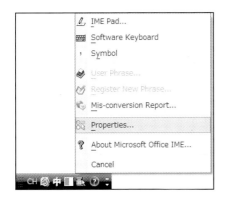

3.「General」タブの「Character Set」ボタンをクリック。

4.「Character Set Setting」が開くので、「Unicode Characters」をチェック、必要に応じて「Extension A」「Extension B」をチェックする。なお「HKSCS」をチェックすると、香港増補字符集が変換できるようになる。

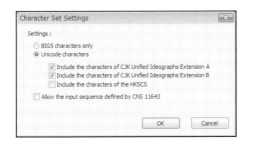

注音ではなくローマ字ピンインで入力したければ、「Properties」の「Keyboard」タブで、「Han Yu Pinyin」を選んでおく。設定画面を閉じて入力し、Tab キーを押して候補文字を一覧表示すると、変換候補に拡張漢字 A が黄緑、B が赤で色分けして表示されるようになる。

◆ おわりに

　多言語機能については、Windows Vista は XP と基本を同じくしているが、フォントや IME が格段と充実したことで、多言語や多漢字の使い勝手がいっそう向上していると言えるだろう。

　しかし AppLocale がまだ提供されていないし、動作にもまだ不安定な部分があるといった問題があるのも事実だ。その点も考慮した上で、Windows Vista の新しい多言語・多漢字環境に乗り換えるべきか否か判断していただきたい。

注

[1] http://nihongopc.us/faq/2007/08/windows_vistaapplocale.html

特集 1 漢情研的
VISTA & Office2007

Office 2007 の多言語機能を使う

千田　大介（ちだ　だいすけ）

◇ はじめに

Office 2007 は MS Office としては実に 4 年ぶりのアップグレード版であり、インターフェイスやファイル形式など、これまでになく大きな変更が加えられた。しかし、こと多漢字・多言語処理機能に限って言えば、従来のバージョンでかなりの完成度に達していたため、変更点はさほど多くない。

ところが、例によってマイクロソフトからはそれらの機能に関する公式なアナウンスが余り出てこないため、ユーザー自身が試行錯誤しなくてはならない情況はさほど変わっていない。特に Office 2007 の多言語関連機能の振る舞いは、Windows Vista の各エディションおよび Windows XP などでそれぞれ微妙に異なることが漢情研の BBS などにも報告されているが、そういった問題に関する細かな公式インフォメーションはなされていないようだ。そこで本稿では、例によって多漢字・多言語（特に中国語）に機能と

いう観点から、Office 2007 の機能を見ていく。

Office 2007 の機能は、基本的にはプレリリース版に基づく本誌前号の「Windows Vista & Office 2007」で解説したのと大差ないが、多少の変更点も見られる。ここでは Word を中心にそれらの機能を改めて紹介するとともに、使い方を解説することにしたい。

なお本稿を執筆するにあたって、次のような組み合わせで機能を検証した。

- Wondows Vista Ultimate + Office Enterprise 2007
- Windows Vista Business + Office Professional Plus 2007
- Windows XP Professional + Office Professional Plus 2007

いずれもクリーンインストール版である。XP からアップグレードした場合はまた異なった結果になる可能性があるが、本稿では試していないことを、あらかじめお断りしておく。

Microsoft Office 2007 バリエーション一覧

		Word	Excel	Outlook	PowePoint	Publisher	Access	InfoPath	OneNote
パッケージ版	Personal	○	○	○					
	Standard	○	○	○	○				
	Professional	○	○	○	○	○	○		
	Ultimate	○	○	○	○	○	○	○	○
ボリュームライセンス版	Standard	○	○	○	○				
	Professional Plus	○	○	○	○	○	○	○	
	Enterprise	○	○	○	○	○	○	○	○

● Office 2007 のパッケージ構成

Office 2007 では、従来よりもスイート構成のバリエーションが増えた。それぞれの主要収録ソフトは前ページ下表の通り。

一般的なアカデミックユースであれば、PowerPoint の入っている Standard を購入すればよかろう。本格的なリレーショナルデータベースを構築したいのならば、Access の入っている、Professional を選ぶ。Ultimate や Enterprise は、ネットを通じた情報やプロジェクトの管理、コンテンツ構築などのためのアプリケーションが含まれるもので、一般的には Professional を購入しておけば問題ない。

多言語・多漢字機能については、収録される個々のアプリケーションが同じものであるから、パッケージのバリエーションによる違いはないものと思われる。

◆ Microsoft Office Multi-Language Pack 2007

● Office の新多言語パック

Office 2003 では、さまざまな言語のフォントや校正ツールをパッケージ化した Proofing Tools が発売されていて、それを導入することで例えばスペルチェック・簡体字と繁体字の変換といった、各言語版 Office 特有の機能を日本語 Office 上で利用することができた。

Office 2007 では Proofing Tools が廃止され、代わりに Microsoft Office Multi-Language Pack 2007 (以下、MLP) が提供されることになった。これは、各言語版特有の編集機能のみならず、メニューやヘルプをもさまざまな言語で表示することができるようにするもので、要するに、Office 2003 までの多国語版 Office とほぼ同等の機能を実現するものだと考えてよかろう。従来の多国語版 Office は、英語版 Office に言語パックを追加する形になっており、しかもボリュームライセンスでしか入手できなかったが、Office 2007 では日本語版のようなローカライズ版にもパッケージ版の MLP を購入して登録することができるようになった。これは Office の多言語機能の洗練を示すものであり、高度な多言語処理環境が入手しやすくなるという点でも画期的である。

また、従来の Proofing Tools は、英語版ソフトの扱いで、日本語 Office 上での使用はマイクロソフト日本の正式サポート対象外になっていたが、Office 2007 MLP は晴れて正規発売になるとおぼしく、マイクロソフト日本サイト上に公式のインフォメーションが掲載されている。このことも特筆されよう。

MLP のパッケージ版は、9月の発売開始がアナウンスされているが[1]、本稿執筆時点ではまだ発売されていない。ただ、ボリュームライセンス版では、Office 2007 の発売開始と同時に MLP のダウンロードが可能になっている。おそらく、多言語環境が必要なユーザーとして、グローバルな PC 環境を必要としている企業や学校機関などを想定しているからであろう。

以下本稿では、ボリュームライセンスによるダウンロード版の MLP に従って機能を解説していく。

● メニュー言語を切り替える

Office 2007 で使用するメニューやヘルプの言語を設定するには、スタートメニューから「Microsoft Office」→「Microsoft Office ツール」→「Microsoft Office 2007 言語設定」を選択する。

日本語 Windows 上で日本語以外のメニューを使うには、「表示言語」タブの「Microsoft Office の表示言語を Windows の表示言語と同じにする」のチェックを外し、「Microsoft Office のメ

ニューとダイアログ ボックスの表示に使用する言語」と「ヘルプで使用する言語」を必要に応じて選択する。

「OK」をクリックし、実行中のOfficeアプリを全て閉じる。次にOfficeアプリを起動すると、メニューの言語が切り替わっているはずだ。

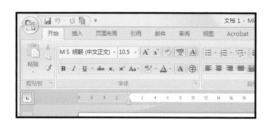

Windows Vista Ultimate / Enterprise の場合は、「Microsoft Office のメニューとダイアログボックスの表示に使用する言語」がチェックされた状態でWindowsの表示言語を切り替えれば、Officeの表示言語も自動で切り替わる。日本人と中国人が一台のPCを共用する場合などには、便利な機能である。

日本語メニューのままでも複数の言語が混在したドキュメントを作ることができるのだが、メニュー言語を切り替えると、その言語のテンプレートが使えるようになる。これまでは、各国・地域のマイクロソフトサイトにアクセスしてテンプレートをダウンロードしなくてはならず、実用的ではなかったが、これで日本語以外の定型的なドキュメントやスプレッドシート・スライドなどの作成が格段に楽になることだろう。

言語を切り替えてOfficeアプリを起動し、Officeボタンから「新規作成」を選ぶと、切り替えた言語のテンプレートがOfficeオンラインから読み込まれる（右上図）。

使いたいテンプレートをダブルクリックすると、

Officeオンラインからテンプレートがダウンロードされて、それを適用した新規ファイルが開く。

◉ 追加フォント

MLPにはそれぞれの言語の追加フォントも収録されている。漢字関係では、繁体字中国語には追加フォントが無いが、簡体字中国語は全14書体と充実している（次ページ表参照）。

ただし、Office 2003 ProofingTools に収録されていた SimSun(Founder Extended) は廃止されている。Windows Vista が拡張漢字Bの漢字を完全収録した SimSun-ExtB フォントを標準搭載したことにともなう措置だと思われるが、ドキュメント等の互換性に問題を生ずる可能性はある。

MLPで使えるようになるこのほかの機能については、以下、個別のOfficeアプリケーションを解説する中で触れることにしたい。

フォント名	中国語名・書体	GB2312	CJK統合漢字
FZShuti	方正舒体		○
FZYaoti	方正姚体		○
LiSu	隶书		○
STCaiyun	华文彩云	○	
STFangsong	华文仿宋		○
STHupo	华文琥珀	○	
STKaiti	华文楷体		○
STLiti	华文隶书	○	
STSong	华文宋体		○
STXihei	华文细黑		○
STXingkai	华文行楷	○	
STXinwei	华文新魏	○	
STZhongsong	华文中宋		○
YouYuan	幼圆		○

◇ 文字結合への対応

前号のレビューでも触れたように、Office 2007の主要アプリは、チベット文字・モンゴル文字などの文字結合に対応した。Windows Vistaによってそれらの言語のキーボードも提供されるようになったので、GB18030フォントでグリフこそ提供されていたものの実用的な編集環境が欠けていたこれらの文字が、ワープロのみならず、スライドやデータベースでも本格的に利用可能になったわけである。

このことは、それらの地域の文化・歴史の研究に多大な恩恵をもたらすことだろう。

◉ 翻訳機能と翻訳ポップヒント

Office 2007では翻訳支援機能が標準で登載された。翻訳機能、翻訳ポップヒント機能、ともにファイルの編集中に手軽に使える辞書機能である。

翻訳ポップヒント機能は、カーソルを合わせた箇所の単語の訳語をポップアップ表示する機能である。WordとOutlookに登載されている。Wordの場合は、「校閲」タブの「翻訳ポップアップヒント」をクリックする。

何語に訳すかを選べば、カーソルの位置にある単語の意味がポップアップ表示されるようになる。

残念ながら、ポップヒントで日本語が使えるのは、英和・和英だけである。中国語を選択しても辞書が装備されていないため、「この単語は辞書にありません」と表示されてしまう。この点は今後の改善に期待したい。

一方の翻訳機能は、Officeアプリからオンライン辞書を検索するもので、Word・Excel・PowerPointで使うことができる。こちらは、日中・中日にも対応している。

「校閲」タブの「翻訳」をクリックすると、「リサーチ」作業ウインドウが開く。

ここで、翻訳元の言語と翻訳先の言語を設定する。後は翻訳したい語を選択して「翻訳」ボタンを押せば、作業ウインドウに翻訳結果が表示される（次ページ左上図）。

Wordの場合は、文字列を選択して右クリック→「翻訳」→「翻訳」、あるいはAlt＋クリック

特集1　漢情研的
VISTA & Office2007

でもよい。

　翻訳できるのは単語か二三語程度のセンテンスに限られる、翻訳結果が一つ表示されるのみで複数の語義や例文・ピンインなどは表示されない、といった制限があり、いちいちネット上から翻訳結果を呼び出すために多少時間がかかるものの、文書編集中に手軽に訳語を調べることができるのは確かに便利ではある。

　だが、残念ながら実用レベルに達しているとは言い難い。ワールドリンゴの翻訳エンジンの精度にかなりの難があるのだ。上図の例でも、「案件」（事件）の訳がなぜか「場合」になっているし、「公安机关」（公安機関）が「公安器官」と翻訳されるなどといった誤字も見受けられる。また「博客」（ブログ）が「豊富なゲスト」になるなど、新語にも弱い。これではOfficeに登載して広汎なユーザーに提供できるレベルに達しているとは言えな

いだろう。速やかな改善が求められる。

◆ Word 2007

　Wordは旧バージョンで既に相当に高度な多言語・多漢字処理機能を備えていた。そのため、2007の新機能として特筆すべき点は少ない。むしろ、操作体系が大きく変わったことで何処にあるのかが見えづらくなった機能を探すのが、トピックになってくる。

◉ 中国語のルビを振る

　Windows XP上では特に何の設定をしなくてもOffice 2007をインストールするだけで、中国語のルビを振ることができる。

　しかし、Windows Vista上ではデフォルトのままではルビが振られない。中国語にピンインや注音のルビを自動で振られるようにするには、MLPの導入が必要となる。

　漢情研BBSには、中国語言語パックを追加したWindows Vista Ultimateに、言語パック無しのOffice 2007という組み合わせでルビが振れたとの報告もある。しかし、筆者がクリーンインストールしたVista Ultimate上で試したところ、中国語のピンインルビは振れなかった。少なくとも、100%可能であるとは言い切れないのであるから、この組み合わせでは出来ないものと考えた方が良かろう。

　ルビの振り方は、ルビを振りたい漢字の文字列を選択して、「ホーム」タブのルビボタン（亜）をクリックするだけである。

　図のように自動で単語に分割されてルビが振られる。

ルビが日本語になってしまったり振られない場合は、選択した文字列の言語が中国語に設定されていないものと思われる。文字列を選択した状態で、ウインドウ下端ステイタスバーの「日本語（日本）」・「中国語（中国）」などの言語名の部分をクリックすると、言語の選択ダイアログが開くので、そこで選択した文字列の言語を選択する。

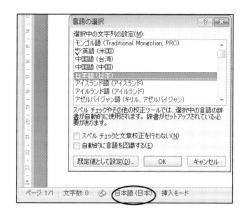

⦿ 簡体字と繁体字の変換

MLP を導入すると、Word の簡体字・繁体字変換機能が使えるようになる。旧バージョンでは ProofingTools で導入できた「中国の翻訳」と同等の機能である。単漢字変換にとどまらない熟語レベルでの変換に対応しており、例えば「皇后在后面吃面条」を「皇后在後面吃麵條」に正確に変換できるなど、非常に精度が高い。

Word 2003 ではこの機能をメニューバーから呼び出すことができたが、Word 2007 では、ウインドウ上部のクイックアクセスバーに、以下の手順でコマンドを登録する必要がある。

1. クイックアクセスバー右のボタンをクリックして、クイックアクセスバーのカスタマイズを呼び出し、「その他のコマンド」をクリックする（右上図）。
2. 「Word のオプション」ダイアログが表示されたら、「コマンドの選択」プルダウンで「全てのコマンド」を選ぶ。
3. 下のコマンド一覧から「翻訳オプション」

を探し、クリックして選択、中央の「追加」ボタンをクリックする。このとき、「中国語の翻訳」を選択しないこと。

4. 右下「OK」をクリックして「Word のオプション」を閉じると、クイックアクセスバーにアイコンが追加される。

中国語の文字列を選択して登録したボタンをクリックすると、「中国語の翻訳」ダイアログが表示される。

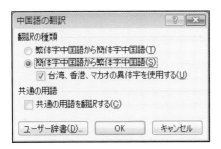

旧バージョンの「中国語の翻訳」と同じ画面である。ここで、「共通の用語を翻訳する」を選択すると、中国と台湾とで異なる語彙、例えば「軟件」と「軟體」（ソフトウエア）、「因特網」と「網際網絡」（インターネット）などを置き換えるようになる。大陸普通話と台湾国語を相互翻訳することになるわけだ。以上の例のようにコンピュータ用語にも概ね対応しているが、試してみたところ、「博客」と「部落格」は変換しなかったから、新語への対応は今ひとつのようだ。

上記ダイアログが表示されない場合は、選択した文字列の言語が中国語に設定されていないものと思われるので、ルビのところで解説した方法で文字列の言語を変更してみよう。

◉ モンゴル語の編集

前号のレビューで触れたように、Word 2007ではチベット文字・モンゴル文字の文字結合とともに、縦書き左右行送りのドキュメントが作成できるようになった。

文字組の方向は、「ページ レイアウト」タブの「文字列の方向」で設定するのだが、デフォルトの日本語 Windows Vista 上の Word 2007 ではモンゴル語設定は表示されない（右上図）。

縦書き左右行送りを使うには、まず Windows Vista の「コントロールパネル」→「地域と言語のオプション」で、モンゴル語のキーボードを追加する（右中図）。

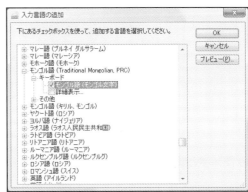

その上で改めて Word を起動すると、「文字列の方向」に「縦書き（モンゴル語）」があらわれる（右下図）。

これで、モンゴル文字のドキュメントを編集できるようになる。PowerPoint でも設定方法は同じである。

◉ その他

前号のレビューでは、プレリリース版を試用した結果、ルビなどのフィールドコードの扱いが変

わっていると報告したが、製品版では従来のバージョンと同じ扱いになっている。このため、フィールドコードを操作してルビや組み文字などを調整する裏技は、従来通り使うことができる。

その他のアプリケーション

Excel 2007 では、シートのサイズが 256 列 × 65,536 行から 16,384 × 1,048,576 行に大幅拡大されたのが最大の変更点であると言えよう。従来の行数では Unicode に定義される漢字を全て入れることもできなくなっていたのだから、この変更は Excel の簡易カード型データベースとしての利便性を大いに高めることだろう。

多言語・多漢字処理に関しては、翻訳機能が加わった程度で、大きな変更点は見受けられない。前号でレビューしたように、VBA の Unicode 対応が不完全で JISx0208 以外の文字を直接記述できないという問題は解決していないし（もっとも、これは Office VBA の問題であるが）、ラテン拡張 B 領域の文字をダブルバイト文字コードのフォントでないと表示できない問題もそのままである。

今回のバージョンアップで、使い勝手が最も良くなったのは PowerPoint かもしれない。テンプレートの種類が増え、アニメーションや各種オブジェクトの配置もより簡単になった。多言語機能としては、前述のようにテキストボックスがモンゴル文字の縦書き左右行送りに対応し、翻訳機能が使えるようになったことが大きな変更点である。

Access についても、多言語関係では結合文字への対応以外に大きな変化が見られない。

Publisher 2007 は、前号でレビューしたとお

Excel VBA で「你好」と入力

り、旧バージョンからの変更がさほど大きくない。インターフェイスにはリボンではなく、従来のツールバー・メニューバー方式が採用されているし、モンゴル語の縦書き左右行送りにも対応していない。それでも、チベット語・アラビア語などの結合文字の組み版をもこなす多言語 DTP ソフトとして、Publisher は独特の存在感を持ち続けている。

おわりに

Office 2007 での多言語処理の改善点は、MLP のパッケージソフトとしての販売（予定）、および対応言語・文字の増加にあると言えよう。多漢字機能は、前バージョンが Unicode の Ext.B に対応したことで一応の完成を見ていたことから、特に目新しい点は無い。

メニュー体系の変更による操作フィールの変化、多言語処理についても Office 2007 はこれに尽きると言えそうだ。

注

[1] http://office.microsoft.com/ja-jp/suites/HA102113691041.aspx#2

特集 1

漢情研的
VISTA & Office2007

Windows Vista の
日本語フォント環境 (続) と
Vista/Office2007 の IME

清水　哲郎（しみず　てつろう）

◇ Vista/Office2007 時代の日本語環境

さて、本誌の前号（7 号）にて、執筆時点で入手しえた Windows Vista のベータ版や資料を元に、その日本語フォント環境がどのようになるのか、その概要をお伝えした [1]。本年 1 月 30 日に発売された Windows Vista の製品版における日本語フォントの基本仕様は前号記載の通りであったものの、細かいところでいくつか変更点が見られた。そこで、本稿の前半では Windows Vista の日本語フォント環境について、改めてその基本仕様と Windows XP と "漢字互換環境" を実現するための方法などについてまとめておきたい。

また、Windows Vista および Office2007 に添付している IME を利用すると、Windows Vista の日本語フォントが収録している JIS X 0213 漢字を入力できるが、これらの IME については「読みから漢字に変換できなくなる」「IE7 上ではユーザが登録しておいた単語に変換できない」等々、いくつものトラブルが報告されている。多漢字環境を利用する者にとって IME は必要不可欠な道具であるにも関わらず、パソコン誌やサイトにおいてここら辺の情報はあまり紹介されてい

ない。そこで、本稿の後半では Windows Vista および Office2007 添付の日本語 IME についてその新機能と Trouble Shooting をまとめたい。

◇ JIS X 0213 に対応した日本語フォント

前号でもお伝えした通り、Windows Vista には従来同様、標準日本語フォントとして「MS 明朝」「MS ゴシック」「MS UI ゴシック」などが添付されている [2] が、これらでは JIS X 0208（JIS 漢字）と JIS X 0212（補助漢字）に加えて、あらたに JIS X 0213:2004 の文字セットに対応して、（X 0212 との重複を除く）約 900 字の漢字が追加された結果、およそ 1 万 3 千字の漢字が収録されている。

JIS X 0213 への対応によって、例えば、次ページ図 1 に示したような漢字も利用できるようになっている。

いちばん上の「1. はじめて MS 明朝 /MS ゴシックに収録された X0213 漢字」はこれまで一度も「MS」フォントに収録されたことのない JIS X 0213 固有の漢字だ。

その下の「2. 既に補助漢字に収録されていた X0213 漢字」～「4. 既に補助漢字と IBM 拡張文字に収録されていた X0213 漢字」は先行規格

である JIS X 0212 で規定されているか、あるいは、公的な規格ではないものの、Windows が長年、依拠してきた「マイクロソフト標準キャラクターセット」中の IBM 拡張文字で規定されていることから、Windows98 以降の「MS 明朝」や「MS ゴシック」に既に収録されていた漢字だ。

Windows XP と Windows Vista に標準添付されている日本語フォントのバージョン・収録されているグリフ数・対応する JIS 規格をまとめると、以下の通りとなる[3]。

	Windows XP	Windows Vista
MS 明朝	Ver.2.31 17,807 グリフ	Ver.5.00 19,321 グリフ
MS ゴシック	Ver.2.30 20,458 グリフ	Ver.5.00 22,213 グリフ
対応する規格	JIS X 0208 JIS X 0212	JIS X 0208 JIS X 0212 JIS X 0213

図 2：Windows XP 添付の「MS」フォントと Windows Vista 添付の「MS」フォントの違い

◉ 印刷標準字体を採用

Windows Vista に標準添付されている「MS 明朝」等の日本語フォントにおいては、もうひとつ、一部の漢字の字体が「印刷標準字体」に変更された点も、文字に関心を持ったり、それを元に研究したりしている者にとっては無視できない "事件" である。

印刷標準字体は「常用漢字表」に載っていない漢字（表外漢字）について、2000 年 12 月に国語審議会が答申した『表外漢字字体表』においていわゆる康熙字典体が印刷時の標準的な字体として示されたものだ[4]。JIS X 0213 は 2000 年の 1 月に制定されていたが、この新しい国語施策に対応するため、規格書に掲載する例示字体を印刷標準字体に変えた改訂版が 2004 年に発行された（JIS X 0213:2004）。Windows Vista 添付の日本語フォントはこの最新の規格に対応したものだ。

具体的には、Windows Vista 添付の「MS 明朝」や「MS ゴシック」では

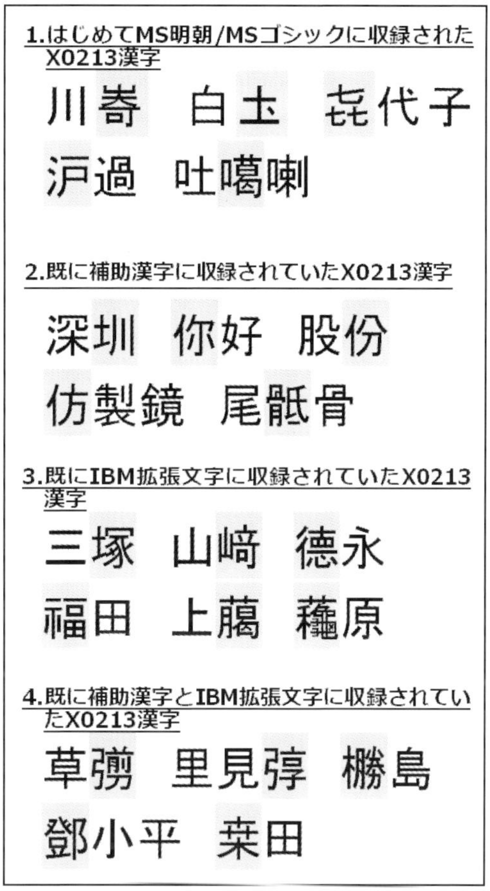

図 1：Vista の「MS」フォントで利用できる漢字

①JIS 漢字の内 96 文字の漢字の字体が印刷標準字体に変更[5]
②JIS 漢字とは異なる印刷標準字体の漢字が 8 文字追加[6]

されている（図 3）。

図 3：Windows Vista 添付の「MS」フォントで字体の変わった漢字の例と別字体が追加された漢字

特集 1
漢情研的 VISTA & Office2007

● フォント仕様変更に伴う影響

　Windows Vista において JIS X 0213 の漢字をすべて入力できるようになり、また、葛飾区の「葛」字や祇園の「祇」字など、従来の字体に違和感を指摘されることの多かった漢字が印刷標準字体すなわち伝統的な字体で表示・印刷できるようになったことは長期的には改善と見る向きが多いが、現実には問題点も少なくない。

　例えば、折角、Windows Vista の新しい文字セットならびに印刷標準字体を活用した文書を Word や Excel、PowerPoint などで作成した場合、それをプリンタで印刷して配布する分には問題ないが、デジタルデータとして配布や公開する際にはその文書を開く環境によって文字化けを起こしたり異なった字体で表示されたりする現象が起きる（図4）。それとは逆に、Windows XP 上で作成した文書を Windows Vista 上で開いた場合も、文字化けこそ起きないものの、字体が変わってしまう"字体化け"現象が起きうる。

　図 4 は Windows Vista 上の Word2007 で作成した Word 文書を Windows XP 上の Word2007 で開いたところだ。

　いちばん上の 5 文字は Windows Vista で初めて「MS」フォントに収録された JIS X 0213 固有の漢字だ。そのため、Windows XP 上でこの Word 文書を開いた場合、「・」表示となってし

まっている[7]。一方、その下の「圳」～「橳」も JIS X 0213 で規定された漢字だが、これらは JIS X 0212 でも規定されていた漢字であるため、Windows XP 上でも文字化けせずに表示される。

　いちばん下の「逗」～「晦」は Windows Vista で印刷標準字体が採用された漢字だ。Windows XP では印刷標準字体ではない字体で表示される。

　いま例としてあげたのは入力済みの文字が文字化けしたり字体が変わってしまったりする現象だが、検索や並べ替えに支障を来すケースも懸念される。例えば、葛飾区の「葛」字などは従来、左下が「ヒ」の形をした字体の「葛」が採用されていたため、もし、「葛」字体を使いたければ、外字や文字鏡などを利用する必要があった。外字や文字鏡が用いられているデジタルデータを Windows Vista 上で開く場合、同様に外字や文字鏡フォントをセットアップすれば「葛」字が文字化けするのは防げるが、検索時にはふつうにカナ漢字変換すれば「葛」字がそのまま入力できてしまうため、外字や文字鏡を用いてある「葛」字を検索できないという事態が起こりえる。入力済みの外字を一斉に置換するなり、検索時に異体字を同じとみなす仕組みを付加するなり、何らかの対策が必要となる。

● 漢字環境を揃える方策

　このような漢字の文字化けや"字体化け"を少しでも解消するために、マイクロソフト社では同社サイトで以下の 2 つの方策を公開している[8]。

①Windows XP および Windows Server 2003 向け JIS2004 対応 MS ゴシック&MS 明朝フォントパッケージ
http://www.microsoft.com/japan/windows/products/windowsvista/jp_font/jis04/default.mspx

②Windows Vista 向け JIS90 互換 MS ゴシック&MS 明朝フォントパッケージ
http://www.microsoft.com/japan/windows/products/windowsvista/jp_font/jis90/default.mspx

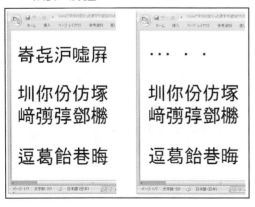

図 4：Windows Vista 上で作成した文書（左）を Windows XP 上で開く（右）と、文字化けや"字体化け"が発生

①は Windows XP/Server 2003 の「MS」フォントを Windows Vista 添付の「MS」フォントと同じ文字セットおよび字体に変更するための更新プログラムで、②はそれとは反対に Windows Vista の「MS」フォントを Windows XP 添付の「MS」フォントと同じ字体に変更するための更新プログラム[9]だ。

右上の図5は、Windows XP に①の更新プログラムを適用した後、前ページ左下の図4で示した Windows Vista 上で作成した Word 文書を開いてみたところだ。

JIS X 0213 固有の漢字も文字化けすることなく、きちんと表示されているし、いちばん下の行の漢字もすべて印刷標準字体で表示されているのを確認できた。

● フォント環境の混乱について

文字化けや"字体化け"が起きるのは、Windows Vista と Windows XP などの従来環境との間でデータ交換を行う場合に限らない。

例えば、Windows Vista と同じ日に発売された Office 2007 には旧来バージョン同様に「HG 丸ゴシック M-PRO」や「HG 正楷書体」といった書体の日本語フォントが添付しているが、これらのフォントが収録している漢字は JIS X 0208 と IBM 拡張文字に限られていて、JIS X 0213 の漢字は含まれていないし、印刷標準字体にも対応していない。そのため、Windows Vista 上においても、「MS 明朝」や「MS ゴシック」からこれらのフォントに書体を変えると、文字化けや"字体化け"が起こる場合がある。

また、毎年9〜10月には年賀状作成用ソフトが数社から発売になるが、この分野でも Windows Vista の漢字環境に対応すべく、あらたな日本語フォントを添付する動きがある。例えば、『筆まめ』の最新バージョンの『筆まめ Ver.18』(クレオ社) には「JIS2004 対応」を謳う日本語フォントが 17 書体添付されていて[10]、右の図6に示すように、葛飾区の「葛」字などが外字を用いることなく、伝統的な字体で印刷できるようになっている。

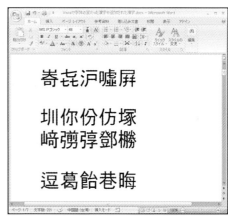

図5：Windows XP ＋「JIS2004 対応 MS ゴシック＆MS 明朝フォントパッケージ」では文字化けや字体化けが起きない

ただし、この「JIS2004 対応」というのは JIS X 0208 漢字の字体を印刷標準字体に合わせたという点だけを指していて、JIS X 0213 漢字の収録までは意味していない。

市販のフォントパッケージの中にも同様の例が見られる。例えば、ダイナコムウェア社が発売する『DynaFont TrueType600+ 欧文 3000 Vista 対応版』では日本語 380 書体の内、180 書体を「JIS2004 字形対応」としている[11]が、これも印刷標準字体にだけ対応して、JIS X 0213 漢字の収録には対応していない。

このように、従来、Windows 環境で利用できる日本語フォントが収録している漢字は、概ね、

図6『筆まめ Ver.18』で印刷標準字体対応の日本語フォントを用いて宛名を印刷

①マイクロソフト標準キャラクターセット
　（漢字は JIS X 0208 ＋ IBM 拡張文字）
②マイクロソフト標準キャラクターセット＋
　JIS X 0212

の2種類で、この違いさえ理解しておけばよかったが、Windows Vista の登場によって、

③マイクロソフト標準キャラクターセット＋
　JIS X 0212 ＋ JIS X 0213　※印刷標準字体

が加わったのみならず、

④マイクロソフト標準キャラクターセット
　※印刷標準字体

も加わって、かなり複雑な状態になりつつある[12]ため、データ交換を行う際にはこれまで以上に注意を払う必要があるし、こういった多漢字環境を利用する研究者や学生にも相応のスキルが求められることとなるだろう。

◉ 字体の切り替え

　Windows Vista 添付の「MS 明朝」や「MS ゴ

図7：『InDesign CS3』で Vista 添付の「MS 明朝」を用いて「葛」字の字体を切り替え

シック」などの日本語フォントが印刷標準字体を採用している旨はこれまでに述べてきた通りだが、実は従来の字体もグリフとして収録していて、「OpenType Feature Tag」を利用することによって、随時、文字単位で字体を切り替えて表示できる仕組みを備えている。

　残念ながら、Word などのマイクロソフト社のビジネス系ソフトはその最新版の 2007 においても同機能に対応しておらず、今後の対応予定も発表されていない。そこで、ここでは OpenType の字体切り替えに対応しているアドビ・システムズ社の DTP ソフト『InDesign CS3』を用いて、切り替えている図だけを掲げておく。

◆ 似て非なる2種類の IME

　Windows Vista 添付の「MS 明朝」や「MS ゴシック」が JIS X 0213:2004 に対応して、あらたに JIS X 0213 固有の漢字が約 900 字追加されたことに伴い、Windows Vista および Office2007 にも JIS X 0213 に対応した新バージョンの IME が添付された。

　これまでは Windows と Office の発売時期がずれていたこともあり、Office 添付の IME がバージョンアップした後に、それと同じか、あるいは部分的に修正が加えられた IME がその次にリリースされる Windows に添付されるのがお決まりだった。しかし、今回は Windows Vista と Office2007 が同時発売となったため、Windows Vista には MS-IME2003 の Vista 対応版ともいえる「Microsoft IME」が添付されて、Office2007 には真に新しいバージョンとなる「Microsoft Office IME 2007」が添付されている。次ページ右上の図8に示す通り、言語バーの IME を切り替えるボタンのアイコンも微妙に異なっている。

　マイクロソフト社のサイトではこの2つの IME は一応、区別して記載されているようだが、名称が非常に紛らわしいことに加えて、違いだけでなく、共通点も少なくないため、混同されているケースも少なくない。

　そこで、Windows Vista 添付の IME と

Office2007添付のIMEのおもだった共通点と違いをまとめておこう（右図9）。

⊙ 新IMEが搭載する新機能

Windows VistaおよびOffice2007添付のIMEについて、ここですべての新機能を紹介する余裕はないので、多漢字環境を利用するための機能を中心に紹介したい。

いちばん目立つのは、「IMEパッド」の「文字一覧」機能が大幅に拡張されて、JIS X 0213漢字やUnicodeの「CJK統合漢字拡張B」に属する漢字なども一覧表から選択入力できるようになった点だ。

①従来の「シフトJIS」順一覧に加えて、「JIS X 0208」「JIS X 0212」「JIS X 0213（1面）」「JIS X 0213（2面）」順の一覧表示機能を搭載（図10）
②Unicode順の一覧でBMP面以外も表示可能に（次ページ図11参照）

「IMEパッド - 文字一覧」で一覧表示される文字のサイズを5段階で指定できるようになったのや「IMEパッド - 文字一覧」ウィンドウの四隅をドラッグすることによって、同ウィンドウのサイズを自在に変えられるようになったのは、これまで大量の漢字の中から目的の漢字を見つけ出すのに苦労してきた者の一人として、使い勝手の向上を実感できる改善ポイントとして評価したい点だ（次ページ図12参照）。

一方、「IMEパッド - 文字一覧」以外の入力機能についても、JIS X 0213固有の漢字をいくつか試してみたが、残念ながら、こちらは期待外れに終わった。

まず、カナ漢字変換については「尾骶骨」（「びていこつ」の読みで変換）や「㐂」（「よろこぶ」の読みで単漢字変換）、「﨑」（「さき」の読みで単漢字変換）のように読みから変換することのできた漢字がある一方で（図13）、「汙過」や「吐噶喇」のように、どうやっても変換入力できなかった漢字もあり、不満を感じざるをえなかった。

図8：Windows Vista添付のIMEの言語バー（上）とOffice2007添付のOffice IME 2007の言語バー（下）

	Windows Vista	Office2007
名称	Microsoft IME	Microsoft Office IME 2007
Natural InputとStandardの統合	○	○
拡張B対応の「IMEパッド─文字一覧」	○	○
変換エンジン	IME2003同等	新規(Trigram/SLM)
X 0213漢字のカナ漢字変換	△	△
環境依存文字や印刷標準字体に対するコメント表示	○	○
予測入力機能	×	○
Outlookアドレス帳を辞書として利用	×	○
候補一覧で別辞書を参照	×	○

図9：Windows Vista添付のIMEとOffice2007添付のIMEのおもな機能の比較

図10：「IMEパッド - 文字一覧」で「JIS X 0213（1面）」順の文字一覧

特集1 漢情研的 VISTA & Office2007

図11:「IMEパッド - 文字一覧」で「CJK統合漢字拡張B」の漢字を一覧

図12:「IMEパッド - 文字一覧」文字サイズを最大

図13:「㝯」字を単漢字変換

図14:JIS X 0213固有の漢字である「沪」字を手書き入力できない

次に、「手書き入力」機能だが、初めて「MS明朝」や「MSゴシック」などに収録された漢字、すなわち、JIS X 0213で初めて規定された漢字は悉く認識することができなかった（左下の図14）。ATOKが搭載しているような高度な漢字検索機能を持たないMS-IMEを使っていて読みを思い付かない漢字を入力するには「手書き入力」機能を利用するように、と勧めるのが常道となっていたが、Windows VistaおよびOffice2007に添付しているIMEでは修正せざるをえないようだ。

また、「IMEパッド - 総画数」と「IMEパッド - 部首」についても、「手書き入力」機能同様に、初めて「MS明朝」や「MSゴシック」などに収録された漢字、すなわち、JIS X 0213で初めて規定された漢字は一覧表示されず、JIS X 0213対応の面では不十分な水準に止まっていた（次ページ図15）。

Windows Vista添付の「MS明朝」や「MSゴシック」などがJIS X 0213ならびに印刷標準字体に対応したことに伴い、既述したように、今後、データ交換時などに文字化けや"字体化け"が起こる危険性が増すこととなった。そこで、Windows VistaおよびOffice2007添付のIMEではカナ漢字変換時に候補を表示する際に

①変換候補としてJIS X 0208文字のみを表示する機能
②変換候補の中にJIS X 0208以外の文字が含まれている場合、「環境依存文字」という文字コメントを表示する機能
③変換候補として印刷標準字体の漢字のみを表示する機能

があらたに搭載された（次ページ図16）。

最後に、これは多漢字の入力には関係ない機能だが、Office2007添付のMicrosoft Office IME 2007だけが備える「予測入力」機能を紹介しておこう。

同じ読みで2度、カナ変換入力しておくと、3度目からはその読みの先頭2文字を入力する（文字数は変更可能）と、カーソルの真上に入力候補

の文字列がポップ表示されるようになる。ここで「TAB」キーを押すと、その文字列が変換候補になるという省入力機能だ（右下の図17）。

◉ 新 IME をめぐるトラブル

Vista および Office2007 添付の IME をめぐっては、ユーザ登録しておいた単語に Internet Explorer7（以下 IE7）上で変換できない、読みから漢字に変換できなくなる、読みから漢字に変換するのに異様に時間がかかる場合がある等々のトラブルが報告されている。いずれもこれまでの IME ではあまり見られなかった致命的あるいは重大なトラブルなので、主な症状とその対策をあげておこう。

なお、対策については、本稿執筆時点でマイクロソフト社が公開しているものに限って取り上げた。今後、変更やあらたな修正プログラムなどが追加される可能性があることをご了解戴きたい。

(1)読みから漢字に変換できなくなることがある
(2)読みから漢字に変換するのに異様に時間を要することがある

これらは Office2007 添付の Microsoft Office IME 2007 での発生が確認されており、Windows Vista 添付の Microsoft IME では起きない。

対策としては、これらの不具合を直す修正プログラムを適用後、辞書を修復する。修正方法や修正プログラムのダウンロードはマイクロソフト社の「Input Method Editor 2007（日本語）修正プログラム パッケージ（2007 年 6 月 20 日）について」ページ（http://support.microsoft.com/kb/938574/ja）を参照のこと。

(3)ユーザ登録しておいた単語に Vista 用 IE7 上で変換できない
(4)Vista 用 IE7 上で単語登録や IME のプロパティの呼び出しができない

こちらは Windows Vista 添付の Microsoft IME

図 15：JIS X 0213 固有の漢字である「沪」字が部首別の一覧に表示されない

図 16：変換候補として JIS X 0208 以外および印刷標準字体以外も表示するが、「環境依存文字」というコメントを表示するように設定

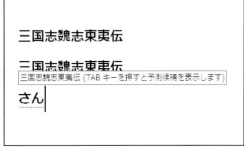

図 17：Office IME 2007 の「予測入力」機能

と Office2007 添付の Microsoft Office IME 2007 の双方で、Windows Vista 用の IE7 を利用している場合に限って発生する。スタンダード権限を持たないアプリケーションが勝手にユーザ辞書などの個人情報にアクセスするのを防ぐために、Windows Vista 用の IE7 に導入された「保護モード」というセキュリティ機能が原因である[13]ため、Windows XP 用の IE7 では起きない。

対策としては、Vista 用の IE7 でユーザ辞書の利用を可能とする修正プログラムが Vista 添

付の Microsoft IME 用 ① と Office2007 添付の Microsoft Office IME 2007 用②として別々に公開されているので、利用している IME の方の修正プログラムを適用する。詳細はマイクロソフト社の下記ページを参照のこと。

　　①② 共通「Windows Vista の Internet Explorer 7 で顔文字などの登録した単語が使用できない」（**http://support.microsoft. com/kb/931482/**）
　　①「Windows Vista ベースのコンピュータ上の Internet Explorer 7 で、Microsoft IME ユーザー辞書に登録されているユーザー定義の単語を入力できない」（**http://support. microsoft.com/kb/938637/JA/**）
　　②「Input Method Editor 2007 (日本語) 修正プログラム パッケージ (2007 年 6 月 29 日) について」（**http://support.microsoft. com/kb/939601/JA/**）

　ただし、「(4) Vista 用の IE7 上で単語登録や IME のプロパティの呼び出しができない」現象は仕様とされているため、上記修正プログラムを適用しても変わらない。これについては、上記の「Windows Vista の Internet Explorer 7 で顔文字などの登録した単語が使用できない」ページで紹介されている「信頼済みサイト」に登録する方法で回避することができる。日常的に利用する検索サイトや頻繁に単語登録するサイトなどを「信頼済みサイト」に登録しておくとよいだろう。

注

[1] 清水哲郎「Windows Vista の日本語フォント環境」（本誌第 7 号所収）
[2] Windows Vista には「MS 明朝」や「MS ゴシック」のほか、液晶画面での見やすさに配慮した「メイリオ」という日本語フォントも添付されている。「メイリオ」フォントも JIS X 0213:2004 および印刷標準字体に対応している。
[3] 本誌 7 号所収の拙稿では、Windows Vista の「MS 明朝」のバージョンを 3.00、グリフ数を 19,197、「MS ゴシ

ック」のバージョンを 3.00、グリフ数を 22,089 と記したが、これはベータ版に基づいたためで、製品版ではここに記した通りのバージョン番号とグリフ数となっている。
[4] **http://www.mext.go.jp/b_menu/shingi/12/kokugo/ toushin/001218.htm**
[5] JIS X 0213:2004 では 126 字の例示字体が変更されているが、「MS」フォントではその内の 96 字の字体が変更されている。
[6] JIS X 0213:2004 では JIS X0208 とは異なる印刷標準字体の漢字が 10 字追加されているが、その内の「瘦」と「繋」の印刷標準字体 2 字は JIS X 0212 と重複しており、既に「MS」フォントに収録されていたため、Windows Vista 添付の「MS」フォントでは 8 字があらたに追加された計算となる。
[7] Word などでは指定したフォントがインストールされていない場合、そのグリフを収録している似た書体の別フォントを用いて代替表示する機能が備わっているため、この図の通りとならない場合もある。
[8] ①「Windows XP および Windows Server 2003 向け JIS2004 対応 MS ゴシック &MS 明朝フォントパッケージ」については、Windows Update からもダウンロード・適用できるようになっている。ユーザが知らない内に日本語フォント環境が入れ替わってしまう危険性がある。
[9] 「② Windows Vista 向け JIS90 互換 MS ゴシック &MS 明朝フォントパッケージ」は字体を Windows XP 添付の「MS」フォントに揃えるだけで、JIS X 0213 漢字のグリフは削除されないので、Windows XP と完全に同じ漢字環境になるわけではない。
[10] **http://fudemame.net/**
なお、ジャストシステムの『楽々はがき 2008 デラックス』でも日本語 32 書体中 10 書体が印刷標準字体対応となっている。
[11] **http://www.dynacw.co.jp/dynafont/truetype/16win. html**
[12] より細かく見ると、JIS X 0213:2000 に対応して、印刷標準字体には対応していないフォントなどもある。
[13] 日経パソコン PC ONLINE「IME で登録した単語が変換できない」（**http://pc.nikkeibp.co.jp/article/ NPC/20070309/264428/**）

特集2

漢文とマークアップ

　本会発足以後、漢字文献をデジタルテキスト化したものは、インターネット上やCD-ROM, DVD-ROM等の形で数多く公開・提供されるようになった。

　しかし、その多くは単なるプレーンテキストを公開するのみであったり、あるいは全文検索を主眼としたものであり、テキストの持つ（レイアウト・意味）構造を何らかの言語でマークアップしたものは未だ少ない。

　これは、特に古典文献で顕著な問題だが、それはマークアップをほどこす作業に不可欠な「テキストの読み」の部分と深く関わってくるからに他ならない。

　本特集では、漢字文献に対し、従来の単なるプレーンテキストではない、「次なるデジタルテキスト」を目指した試みである。

　読者諸賢には是非とも御一読いただきたい。読後、自らの研究の参考になるところが有れば幸いである。

Contents

漢文のマークアップ　現状と課題	師　茂樹	70
訓点付き漢文の返り点から統語情報を導出しXMLで構造化する試み		
	山崎　直樹	73
日本の漢文史料とマークアップ　——新たなデータベースの可能性に向けて——		
	後藤　真	83

特集2 漢文と
マークアップ

漢文のマークアップ

現状と課題

師　茂樹（もろ　しげき）

■ 漢文の自然言語処理に向けて

❋ コーパスの必要性

　現在、非常に膨大な量の漢字文献が電子化され、利用できるようになってきている。しかし、その多くは全文検索を主眼としたものであり、TEIなどによってマークアップされたテキスト・データベースや、自然言語処理などでの活用を念頭に置いたタグ付きコーパスなどは、全体から見ればごく一部にすぎない[1]。特に古典文献については、そもそも人間による読解が困難であるという事情もあり、機械処理については二の次になっているというのが現状のようである。現在、確率モデルに基づく漢字文献の分析が一定の成果をあげているとはいえ[2]、今後は構文解析や意味解析などを目指した研究・開発が望まれるのではないだろうか。

❋ 訓点資料の重要性

　本稿のタイトルを「漢文」としたのは、古い文献に関心があるだけではない。日本を中心として蓄積されている膨大な訓読の伝統についても、これから考慮されるべきなのではないかと思うからである。
　返り点などを用いた訓読については、特に中国人の（あるいは中国語に通じた）研究者からは軽

視される傾向にあった。確かに漢字文献は第一義的には中国語で書かれたものであり、訓読をある種の翻訳として、二次的に扱うことは当然であろう。しかしながら、特に返り点などは、文法的な情報をマークアップしたものであると言え、自然言語処理用のコーパスへの応用というのは、十分に考えられる。
　また近年、訓読という現象が、韓国やベトナムなど、東アジア全域に広がる現象として注目されている[3]。漢字文化圏の諸国が漢字文献を受容し、解釈していった過程の痕跡として、返り点等を含む広義の訓点資料の価値を再評価し、電子化も含めた研究を進める必要があるのではないだろうか。
　筆者の関心に引きつけて一例をあげれば、近年注目されている金剛寺一切経の訓点は、通常のそれと違うらしいことがわかってきている。例えば『大乗起信論』冒頭の、

帰命尽十方	最勝業遍知
色無礙自在	救世大悲者
及彼身体相	法性真如海
無量功徳蔵	如実修行等

　という偈は、伝統的には「尽十方の最勝業なる遍知と…如実修の行等に帰命す」と訓読するが、金剛寺本の訓点は「命は十方を尽くし、最と勝と業と遍と知と、色と無礙と自在の、救世大悲者に帰せしめたてまつる」と訓読しているのである。

これがどのような根拠に基づくものかはこれから
の研究に委ねられようが、特に仏典の場合、新羅
などの外国の学僧による（あるいは新羅などの学
説に基づいた）加点という可能性なども指摘され
ており、単なる一国の現象としてではなく、より
広い視点で訓点資料を考える必要があろう。

■ 訓点資料のマークアップ

　返り点など、訓点資料特有の表記の符号化につ
いては、主に組版や印刷を目的として開発された
ものがほとんどであるが、大正新脩大蔵経テキス
トデータベース（SAT）[4] のように文法や解釈を
マークアップとしたものとして重視し、積極的に
電子化している例もある [5]。
　ここでは、これまで試みられた訓点のマーク
アップ方法について、簡単に紹介したい。

✿ 文字型

　現在、返り点等のマークアップの方法で一番多
いのは、返り点等の記号を前後の文字とは独立し
た、文字や句読点と同じレベルのものとして記述
する方法である（ここでは仮に「文字型」と呼ぶ）。
例えば金水敏氏が開発した LaTeX 用のマクロ [6]
kunten2e.sty では、

```
学而時習 \reten 之。 不 \kaeriten{ 二 } 亦
説 \kaeriten{ 一 } 乎。
```

のように返り点を表現する。前述の SAT で
電子化された返り点や、小口雅史氏らによる高
精細全文テキストデータの返り点マークアップ
[7]、Unicode[8] の返り点文字（Kanbun: U+3190-
U+319F）などは、同様の発想に基づくものである。
　これだけでも、どれが動詞なのか、どこが文末
なのか、などの大まかな文法構造は推定できる。
しかしながら、レ点以外は目的語（賓語）につい
ては範囲が特定しにくかったり、返り点を伴わな
いような構造（主＋述や「公賜之食＝公は之に食
を賜ふ」の「之」など）については推定できなかっ
たりと、実際の解析に用いるためには問題が多い。

✿ 文字との関連づけ

　藤田眞作氏による LaTeX 用のマクロ [9] は、や
はり組版等を目的としたものであるが、マーク
アップの方法が上とは若干異なるので、別に紹介
しておこう。

```
学 而 時 \kundoku{ 習 }{}{}{ レ } 之。 \
kundoku{ 不 }{}{}{ 二 } 亦 \kundoku{ 説 }{}
{}{ 一 } 乎。
```

　このようにマークアップすることで、図 1 の
ような出力が得られる。

図 1　藤田眞作氏による LaTeX 用マクロの出力例

　返り点や送り仮名がどの文字にくっついている
のかが明示される点が上の文字型と異なる特徴で
あるが、あくまで文字単位であって、二文字以上
の語の場合でもその中の返り点等に隣接した文字
だけが対象になる。したがって、文字型よりも若
干精度が高まるものの、先に述べた問題は解決さ
れず、本質的には文字型とほとんど変わるところ
はないと思われる。

✿ 構造化

　上記二つの方法よりも言語の構造に即したマー
クアップ方法については、山崎直樹氏の論考で紹
介されているので、そちらをごらんいただきたい。

特集2 漢文とマークアップ

■ 最後に

　紙幅の都合上、紹介できなかった事例は以上の他にもあるが、いずれにせよ自然言語処理等に用いるために充分かつ大規模なコーパスは存在しないうえ、そのようなコーパスの開発にはたいへんな労力がかかることを考えれば、不充分であれ上のような返り点付きデータを何らかの形で活用することを模索するのは無駄ではあるまい。

　また、それとは別に、コーパスを構築するためのより適切なマークアップ方法を研究・開発することも必要であろう（本誌収録の山崎直樹氏の論考は、その意味で注目される）。その際、漢字文化圏の持つ時間的・空間的な広がりを考えれば、単に文法情報を持たせたコーパスではなく、地域や時代、分野（碑文なのか漢訳経典なのか、など）等々のメタデータの構築も同時に模索されなければならないのではないだろうか。

注

[1] 現代中国語の自然言語処理やコーパスについては、張玉潔・山本和英「中国語のコンピュータ処理について

コンピュータによる中国語処理の発展と課題」（『漢字文献情報処理研究』6、2005 年）を参照。

[2] これまでの研究成果の一部については、師茂樹「大規模仏教文献群に対する確率統計的分析の試み」（『漢字文化研究年報』1、2006 年）でまとめたことがある。

[3] 国際ワークショップ「典籍交流（訓読）と漢字情報」予稿集（2006 年）

[4] http://www.l.u-tokyo.ac.jp/~sat/

[5] 加藤弘一「電子テキストの海へ—大蔵経テキストデータベース研究会　石井公成氏＆師茂樹氏に聞く」（http://www.horagai.com/www/moji/int/sat.htm、2007 年 9 月 15 日最終確認）

[6] 金 水 敏「TeX の ペ ー ジ」（http://www.let.osaka-u.ac.jp/~kinsui/tex/top.htm、2007 年 9 月 15 日最終確認）

[7] 小口雅史・家辺勝文・鈴木卓治「日本古代史料集の高精細全文テキストデータ構築と検索システムの開発—青森県史資料編古代 1・同補遺全文データ CD-ROM を事例として—」（『人文科学とコンピュータシンポジウム論文集』Vol. 2003、2003 年）

[8] Unicode Consortium. The Unicode Standard, Version 5.0. Addison-Wesley, 2007.

[9] 藤田眞作『続 LaTeX2 ε 階梯・縦組編』（アジソン・ウェスレイ、1998 年）、『pLaTeX2 ε 入門・縦横文書術』（ピアソン・エデュケーション、2000 年）

訓点付き漢文の返り点から統語情報を導出し XML で構造化する試み

山崎　直樹（やまざき　なおき）

■ 1 序

✽ 1.1 この研究の目指すところ

この研究は、これまでに「漢文訓読」という形で古典中国語に対して蓄積されてきた知識を、XML による構造化文書に置き換えることを目指し、そのために必要な構造化の方式を試行的に考えるものである。

構造化のために、以下の手順を考えている。

1. 古典中国語を訓読するために日本において施された「返り点」を、プレーンテキストの構造化のための一種のマークアップと見なす、
2. そのマークアップから、古典中国語の統語構造に関する情報を導出する、
3. それを XML によるマークアップに置き換える。

訓点付き漢文を XML 文書に置き換える試みはすでになされているが、本稿では、単に「点」を「点」に移し替えるのではなく、返り点を、統語的階層構造を解析するための手段として最大限に活用し、得られた情報を一般言語学的な研究の資料として使用可能な形式で提出することを目指す。

なお、この研究が扱うのは、統語構造のマークアップとしての返り点のみであり、フリガナ、オクリガナとして注記された知識は——これは別種の、しかも有益な言語学的知識であるのだが——ここでは扱わない。

✽ 1.2 この研究の意図しないところ

ここでは、返り点を XML に移し替える試みをするが、それは、あくまでも、返り点によってマークされた統語構造を表現するためであって、オリジナルの版面——原文の文字の左下に、小さく、「レ」や「一、二、三…」が注記されたレイアウト——を再現するためのマークアップではない。そのような版面の再現を目指すだけなら、ちょうど HTML の上付き文字や下付き文字のマークアップがそうであるように、返り点だけを、何らかのタグを用い、<…> レ </…> とマークアップすればよい。この研究では、返り点がマークアップしている構造の中から、統語情報を取り出すのが目的である。

■ 2 構造化のためのマークアップとしての返り点

✽ 2.1 返り点のシステムと XML

返り点によるマークアップは次の特徴をもつ。

1. 「一、二、三…」「上中下」「甲乙丙丁…」など、同類のセットの中では順序の固定した記号を使う。
2. 一次元的な配列上で（伝統的な漢文では上から下へ、本稿のような横書きの版面では左から右へ）、本来の順序の逆順に使用され、レベルの違う記号は交差しない。模式化すれば、次のようになる。

[…丙…[…下…[…三…二…一…]…中…上…]…乙…甲…]

例えば、次のように点が付された漢文：

此非乙所下以跨二海内一制二諸侯上之術甲也。《史記・李斯》

の読む順序は、下の図のようになる。

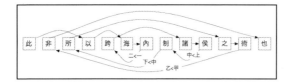

ここで、逆順（上の図では、左←右）に読んでいることを示す矢印が交差していないことに注意されたい。返り点によって囲まれた文字列を、1つの枝分かれ構造と考えたとき、その枝は交差をしないということである。つまり、この返り点によって示された「読む順序」の構造は、完全な入れ子構造であるということになる。

この完全な入れ子構造であることは、XMLに置き換えることが可能な構造であることを意味する。

❋ 2.2 「再読文字」について

ここで、いわゆる「再読文字」について、少し触れておきたい。

「再読」とは、古典中国語の否定辞、助動詞などを訓読するさい、対応する和語の語彙のバリエーションが乏しいため、原文の語彙の意味に配慮した副詞を補うことにより、差別化を図る方法である。

よく知られた助動詞の例を以下に示す（下線部が補った連用修飾語）。

原語	訓読
當	まさに…べし
宜	よろしく…べし
須	すべからく…べし

上の例で言えば、1つの語を連用修飾語として読み、助動詞としても読むので、「再読文字」である。

ただし、注意すべきは、戦後の中等教育で規範となった漢文訓読の方式では、返り点で読む順を指定するのは、2回目の読み（上例では「べし」と読む順）のみである。よって、再読文字は、返り点によるマークアップという観点からは、考慮する必要はないと言える。

前節で、返り点による構造化は完全な入れ子構造であることを述べたが、厳密に言えば、再読文字を1度しか返り点でマークしない方式による構造化においては、完全な入れ子構造である、と言うべきであろう。

❋ 2.3 返り点は何をマークアップしているか

返り点は何をマークアップしているか。言語研究者にとっての答えは、「古典中国語の統語構造の一部を解析して構造化している」である。

一部とは何か。それは、古典中国語は、日本語（正確に言えば、訓読というシステムが作り上げられた当時の日本語）とは、語順の異なる部分があるが、その語順の異なる部分である。この構造化は、厳密に言えば、古典中国語のある範疇とそれの日本語に於いて対応する範疇（無理に対応する範疇をこしらあげたような例もあるが）とのマッピングを行うことにより、その語順の相違を示そうというものに過ぎない。簡単な例を下の図に示す。

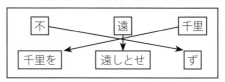

✻ 2.4 語順の相違について

日本語の語順との相違で、重要なのは、次の4点である。

1.他動詞とそれが取る目的語の位置、
2.側置詞[1]とそれが支配する名詞相当句の位置、
3.否定詞とそれが作用する方向、
4.モダリティを表す助動詞が作用する方向。

以下では、他動詞、側置詞、否定辞、助動詞を機能的主要部と呼び、他動詞の目的語、側置詞が支配する名詞相当句、否定辞の作用が及ぶ領域、助動詞の作用が及ぶ領域を補部と呼ぶ。

返り点は、これらの日中間で互いに異なる語順の対応関係を示すべくマークアップを行っているので、その結果として、ある機能的主要部とその補部が形成する句範疇の階層化に成功しているのである。

具体的にいうと、返り点のシステムは、他動詞句を例にとれば、目的語を先に読み、そこから他動詞に返って読む順序を示すために、目的語がどこまでであるかを示す。その結果、他動詞とその目的語の境界と、他動詞とその目的語が形成する動詞句という1つ上位の階層構造の範囲を示している。側置詞、否定辞、助動詞についても同様のことが言える。

実は、上述した4点の句構造の解析は、（どのような言語の解析においても）統語解析上、常に問題となる非常に重要な点であり、このような重要な情報の手がかりとなるマークアップ（返り点）が施されたテキストをXMLで構造化することにより得られる利点は、一般言語学的な枠組みによる統語情報つきコーパスを制作する利点と同じであることを強調しておきたい。

✻ 2.5 日本語と古典中国語の語順における類型論的相違

機能的主要部と補部の位置関係において、古典中国語と日本語とは、興味深い鏡像関係をもっている。

名詞句の内部構造においては、どちらも主要部後置型であるが、動詞句の内部構造においては、古典中国語は主要部前置型で、日本語は主要部後置型である。次の表のとおり（下線部が機能的主要部）。

古典中国語	日本語
<u>他動詞</u>＋目的語 主要部前置型	目的語＋<u>他動詞</u> 主要部後置型
<u>前置詞</u>＋名詞 主要部前置型	名詞＋<u>後置詞</u> 主要部後置型
<u>否定詞</u>＋［作用域］ 主要部前置型	［作用域］＋<u>否定詞</u> 主要部後置型
<u>助動詞</u>＋［作用域］ 主要部前置型	［作用域］＋<u>助動詞</u> 主要部後置型

要するに、返り点は、この類型論的相違をマークアップしているのである。

✻ 2.6 語順の相違を訓読漢文特有の表現で吸収しているパターン

古典中国語と日本語の語順の相違がすべて、返り点でマークアップされているわけではない。訓読する日本語の側の構文パターンを工夫することで、語順の相違を吸収してしまっている例もあるからである。以下に数例を示す。

「居三日」というフレーズは、「3日間滞在した」という意味である。しかし、訓読では、これを「居ること三日」と読むのが常である。こう読む（自然な日本語ではあるまい）ことにより、ひっくり返す手間を省いている。

同様に、「明…」を「明らけし、…」と読んだり、「不知…」を「知らず、…」と読み、述語にかかる連用修飾の形にすることにより、ひっくり返す手間を省くことも行われる。

また、「［以管］窺天」の［　］の部分は、「窺天」を修飾する前置詞句であり、ふつうは「［管を以て］天を窺ふ」と読む。しかし、この前置詞「以」を主要部とする前置詞句は、修飾する動詞に後置されることもあり、そのばあい、つまり、「殺人［以梃與刃］」のような語順をとるばあい、「人を殺す

特集2 漢文とマークアップ

```
<reten>
    <ku><kanji>送</kanji>
        <furi>おく</furi>
        <okuri>ルニ</okuri></ku>
    <ku><kanji>春</kanji>
        <furi>はる</furi>
        <okuri>ヲ</okuri></ku>
</reten>
    <niten>
        <reten>
            <ku><kanji>不</kanji>
                <furi>ず</furi></ku>
            <reten>
                <ku><kanji>用</kanji>
                    <furi>もち</furi>
                    <okuri>ヰ</okuri></ku>
                <ku><kanji>動</kanji>
                    <furi>うご</furi>
                    <okuri>カスコトヲ</okuri></ku>
            </reten>
        </reten>
    </niten>
<ichiten>
    <ku><kanji>舟車</kanji>
        <furi>しうしや</furi>
        <okuri>ヲ</okuri></ku>
</ichiten>
```

内海2005による構造化

に梃と刃を以てす」と読み、訓読においては、この前置詞句自体を動詞に先行させはしない。

また、前置詞の存在そのものを無視する例もある。前置詞「於」は、動詞に先行するばあいなどは「於いて」と読まれることが多いが、動詞に後続するばあいは、読まれないことが多い。次の2例を参照していただきたい。

1. 於諸侯之約、大王當王關中。（諸侯の約に於いて、大王は当に関中に王たるべし）《史記・淮陰侯》
2. 荊國有餘於地、而不足於民。（荊国は地に余り有りて、民に足らず）《墨子・公輸》

❖ 2.7 完全入れ子構造とIC分析による樹形図

返り点による階層化は完全な入れ子構造をなしており、これは、枝が交差しない樹形図と等価であることは上で述べた。枝が交差しない樹形図というのは、直接構成素分析（以下、IC分析）に

よる統語的階層構造を示すのに使われる樹形図と同じである。以下では、返り点で構造化された入れ子構造を、随時、樹形図で置き換えて示したい[2]。

■ 3 先行研究について

❖ 3.1 内海2005の構造化

訓読漢文をXMLで置き換える試みの先行研究としては、内海2005がある。この研究は、返り点のみではなく、フリガナやオクリガナなどもマークアップし、必要に応じて、(1)白文のみ、(2)返り点つき漢文、(3)フリガナ・オクリガナつき漢文、(4)読み下し文、などの版面に切り替えて表示する漢文データの構築を目指したものである。

例えば、左の訓点を施した漢文は、左段のソースのように構造化される（原詩は，《菅家文草・五・送春》か）。

この内海2005において、返り点の構造化は、本稿の「序」に述べたような「版面を再現するための構造化」として処理されているわけではない。

しかし、統語論研究の立場から見ると、「惜しい」のである。ただ、この「惜しい」は、内海2005の提案の目的を無視した言語研究者からの言い分に過ぎないのであって、内海2005の欠点だというわけではない。以下にそれを述べる。

❖ 3.2「惜しい」点

◆ 3.2.1 統語的階層構造との食い違い

内海2005に示された構造化を樹形図に示すと次頁上図のようになる（返り点以外のマークアップは省略した）。

いっぽう、この文に対してごく常識的なIC分

析をするなら、右下図のようになろう。

　同じような図に見えるが、「不用動舟車」の個所の階層が両者で異なっている。

　「舟車」は「動」の目的語で、「動舟車」という動詞句全体が「用」の句目的語となり、そして、これら全体を「不」が否定しているのであるから、上図の構造は、IC分析の結果とはくいちがいを見せる。そこが惜しいのである。

◆ 3.2.2　機能的主要部と補部のラベリングの欠如、範疇のラベリングの欠如

　また、もう1つ惜しいのは、本論文の用語でいうところの機能的主要部と補部を、タグで区別していないことである（例えば、「動」という動詞と「舟車」という目的語が異なる範疇として扱われていない）。また、語彙範疇と句範疇も構造化において区別していない。もちろんこれらの情報は、直接は訓点付き漢文の中で示されてはいない。しかし、返り点の付け方から、ある程度は自動的に導きだせるのである。

　以下では、返り点の付された位置の情報のみから出発するものの、内海2005の「惜しい」点を克服した、より統語解析に近づけた構造化を提案したい。

■ 4　返り点をどう XML に置き換えるか

✿ 4.1　構造はあるがラベルはないか？

　返り点が示しているのは、読む順序だけで、品詞や統語的機能範疇（主語、述語…）までを示してはいない。しかし、[X_YZ_]という点が付してあれば、Xが機能的主要部であり、YZがその補部であること、そして、XYZが、Xを主要部とする句範疇であることは、自動的に導出できる。[X∠Y]であれば、Xが機能的主要部であり、Yがその補部、XYはXを主要部とする句範疇である。なぜなら、2.4で示したように、日本語との語順の違いを示すため返り点が付されている構造

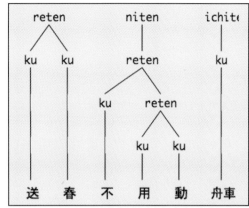

内海 2005 から導き出した樹形図

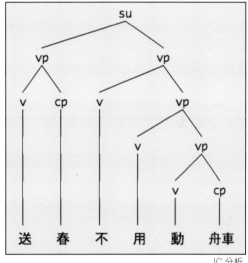

IC 分析

は、ほぼ例外なく、「主要部前置型」であるからである。例を挙げれば、次のとおり。

1. 遠_千里_：「遠」が主要部、「千里」が補助部
2. 求∠魚：「求」が主要部、「魚」が補助部

✿ 4.2　二値構造への集約

　本研究では、次の句構造規則による統語構造に、返り点によるマークアップを変換して得られる統語構造を、集約したい。

1. su ⇒ x vp+ y　（+ ＝重複生起）

2.vp ⇒ v cp
3.vp ⇒ v vp+
4.cp ⇒ x vp+ y

　suは「文」である。「文」は、未定義の要素（語彙範疇かもしれないし句範疇かもしれない）x, yを含む可能性がある。それは、vpのどちら側にも出現しうる。vpは、v（これは、動詞的な性質をもつ語彙範疇、ぐらいに解釈していただきたい）を主要部とする句範疇（_pで示す）である。ある句範疇vpの中に、語彙範疇と句範疇があれば、語彙範疇が、自動的に、その親節点で示される句範疇の主要部になる。vpの補部は、vpであることもあるし（否定辞、助動詞、および句目的語をとる他動詞が主要部のばあい）、cpであることもある。cpは補部を形成する句範疇、ぐらいの意味である。その内部は、返り点をもつ構造があれば、vpと他の未定義要素を含んでいると解析できるが、返り点がなければ、それ以上解析しない（できない）。

　vの補部がvpであるかcpであるかの判断は容易である。vと判断される要素（レ点か、返り点のうち、一、上、甲、天…などの序列の最初の記号を除いた記号が付されている要素）に直接後続する要素が、vと判断される要素であれば、vp ⇒ v vpという構造であり、でなければ、vp ⇒ v cpである。

　なお、ここで提案する構造化は、返り点の種類と位置から得られる情報にのみ依存している。ということは、返り点の種類と位置さえデジタル化できていれば、XMLへの変換は、人手を介さず自動的に行えるということである[3]。

❋ 4.3 非可逆性

　内海2005の方式と異なり、前段で提案した構造化は、非可逆的である。つまり、このようにリカーシブな範疇で構造化をすると、ここから原文の返り点を復元するのはそうとう困難である。よって、本稿で提案する構造化は、可逆的な構造化（たとえば、内海2005の構造化）を行ったうえで、そこから派生させる手順により生成される

ことが望ましい（つまり原文のレイアウト情報を保存する手段を別に確保しておくということである）。

❋ 4.4 具体例

　以下に、構造化の具体例を挙げる。

1. 縁レ木求レ魚。《孟子・梁惠王上》

```
<su>
  <vp>
    <v>縁</v><cp>木</cp>
  </vp>
  <vp>
    <v>求</v><cp>魚</cp>
  </vp>
</su>
```

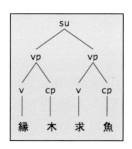

2. 不レ遠二千里一《孟子・梁惠王上》

```
<vp>
  <v>不</v>
  <vp>
    <v>遠</v><cp>千里</cp>
  </vp>
</vp>
```

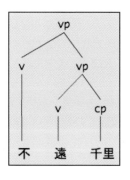

3. 寡固不ㇾ可二以敵一ㇾ衆。《孟子・梁惠王上》

<su> 寡固
  <vp>
    <v> 不 </v>
    <vp>
      <v> 可 </v>
      <cp> 以
        <vp>
          <v> 敵 </v><cp> 衆 </cp>
        </vp>
      </cp>
    </vp>
  </vp>
</su>

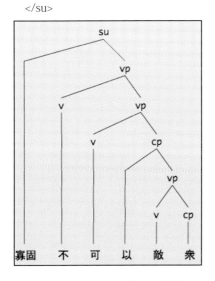

4. 天将下以二夫子一為中木鐸上。《論語・八佾》

<su> 天
  <vp>
    <v> 将 </v>
    <vp>
      <v> 以 </v><cp> 夫子 </cp>
    </vp>
    <vp>
      <v> 為 </v><cp> 木鐸 </cp>
    </vp>
  </vp>
</su>

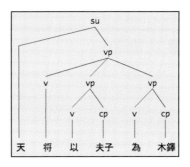

5. 此非乙所下以跨二海內一制中諸侯上之術甲也。《史記・李斯列伝》

<su> 此
  <vp>
    <v> 非 </v>
    <cp>
      <vp>
        <v> 所 </v>
        <cp> 以
          <vp>
            <v> 跨 </v><cp> 海內 </cp>
          </vp>
          <vp>
            <v> 制 </v><cp> 諸侯 </cp>
          </vp>
        </cp>
      </vp>
      之術
    </cp>
  </vp>
  也
</su>

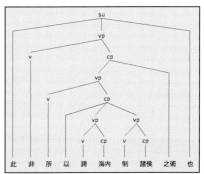

■ 5 問題点

ここでは、4で述べた構造化を返り点から自動的に生成するばあい、どのような点が問題になるかを検討したい。

✿ 5.1 複音節の語の処理

複音節の機能的主要部（ほとんどは2音節の動詞）の処理は面倒である。訓点を施した漢文テキストでは、複音節の動詞は、構成要素間をハイフンで連結して、それが1つの単位であることを示すこともある。しかし、これは義務的なマークアップではないので、テキストによっては、そのような表記をしない。このハイフンのようなマークアップがないばあい、2音節の動詞を形式的に見いだすことは難しい（つまり、人手で、意味を考えて解析しないといけない、ということである）。

例えば、「平₋定海内₋。」《史記・秦始皇本紀》と、複音節動詞「平-定」がハイフンによって連結されていれば、自動的に、次のように構造化することも可能である。

```
<su>
  <vp>
    <v> 平-定 </v>
    <cp> 海内 </cp>
  </vp>
</su>
```

しかし、ハイフンがなければ、返り点が付いているのは「平」の字であるから、次のように解析されるのを避けられない。

```
<su>
  <vp>
    <v> 平 </v>
    <cp> 定海内 </cp>
  </vp>
</su>
```

この構造化は明確に誤りである。統語構造と食い違っている。

これを防ぐためには、もともと複音節語をハイフンでマークアップしてある訓点付き漢文を元データとして使うか、手動で複音節動詞を処理するか、などの方法が考えられる。

あるいは、内海2005で提案された構造化の中から、オクリガナの情報を利用して、自動処理をする可能性を検討してもよいかもしれない。

なお、複音節の動詞以外では、「所以」「以為」なども、ハイフン処理の対象となる複音節語である。しかし、これらは、1語として読まれることも2語に分割されて読まれることもある（以下に示す）。

「所以」の点打ちのパターンとして考えられるのは、次の2通りである。

　　A.所₋以 X₋
　　　(i) X するゆえん
　　B.所₋以 X₋
　　　(i) X するゆえん
　　　(ii) 以て X する所

Aはハイフンがあるので、i のパターンの読みしかできない。Bは i、ii 双方の読みが可能である。しかし、どの場合においても、「所」に返り点が付されているので、本稿の方式においては、この語が機能的主要部として構造化されることには変わりない。古典中国語において、おそらくは関係代名詞的機能をもっていたであろうこの語を、機能的主要部として構造化することは、言語学的解析と矛盾しない（ただ、本稿の方式に拠ると、<v>…</v>、つまり動詞的性質をもつ語彙ということになってしまう点が、気持ち悪いと言えるが）。

「以為」の点打ちのパターンとして考えられるのは、次の3通りである。

　　C.以為₋ XY₋
　　　(i) 以て XY と為す
　　D.以-為 XY

(i) 以為（おも）へらく XY と
E. 以為 XY
(i) 以為（おも）へらく XY と

Cのばあいは、「為」1語を、機能的主要部として構造化することになる。この語は動詞であるから、これはまちがっていない。

DとEのばあいは、返り点がないので、本稿の方式では、何らの構造化もされない。ただし、これは「錯誤」ではなく、情報不足に過ぎない。

古典中国語では、ほんらい述語である範疇を、訓読では連用修飾語にしてしまうことが多々ある（2.6 参照）が、これもその1つとして受け入れるしかない。

❋ 5.2 統語解析として不十分な点

返り点がマークアップしているのは、古典中国語の統語構造の一部を、ある枠組みで切り取ったものに過ぎない。ただ、この「ある枠組みで切り取った一部」だけでも、コーパスとして集積する価値はあると思われるが、問題は、例えば、今後、古典中国語の統語構造を本格的に解析しマークアップする試みが行われたとき、本研究で提案する返り点による構造化が、それと矛盾を来すことがありはすまいか、ということである。

現時点で判明している「矛盾」は、5.1 で述べた、複音節の語の処理を誤ったばあい以外にはない。

ただ、統語解析として不十分な、「気持ち悪い」点はある。一例として、使役構文の構造化における問題点が挙げられる。

例えば、「天帝使我長百獣」《戦国策・十四》という使役文において、「我」は、文法的に言えば使役動詞「使」の目的語（使役の対象）である。そして、意味的に言えば、使役の対象であると同時に、「長百獣」の「長」という動詞の行為者でもある。

いっぽう、「誰知吾有神力」《太平広記・四百八十》という文は、動詞「知」が「吾有神力」という主述構造を目的語にしている。しかし

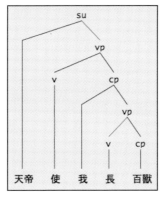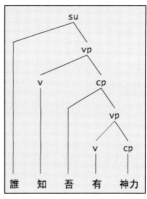

返り点だけを手がかりに、この両者を構造化すると、描かれる構造は同じである。つまり、先の例文の「我」と後の例文の「吾」が、同じものとして扱われていることになるのである（上図参照）。

これは、矛盾というより、統語解析として考えたばあい、使役文の構造化が不十分なのである。具体的に言えば、「我」に対して、何らかのマークアップを施すことができれば（例えば、下記のように、「我」が独立した要素で、「使」の補部の1つであることを示せれば）、使役文独特の句構造を明示できる。

使	我	長百獣
V	cp	vp

ただ、それに必要な情報は、返り点だけからでは得られない。この情報を引き出すための可能性としては、内海2005で提案された構造化の中から、オクリガナの情報を利用して、使役の対象（「〜ヲシテ」というオクリガナを送られることが多い）であることを認定するという方法が考えられる。

ただ、上記のような「不十分な点」に関する考えかたは、本稿で提案する構造化をどう考えるかにより、2通りできるように思う。

本稿で提案をする構造化を、(1)先人の知恵の結晶である訓点付き漢文というテキストに盛り込まれた諸情報のうち、統語構造に関する情報を、機械可読な形で抽出するための構造化と考え、これ以上は発展させない、(2)本格的な古典中国語の文法情報付きコーパスの足がかりとして、これを、

特集2　漢文とマークアップ

今後、手動による操作も含めて、さらに精密化する。

　(1)の考えを採るのなら、「気持ち悪」くても、不十分な解析をそのまま受け入れるしかない。(2)の考えを採るばあいでも、現状の構造化は、より精緻な構造化の妨げにはならない。上の使役文の例で言えば、「我」に関するマークアップを、手動で付加すれば済むことであるから。

　よって、この使役構文の不十分な解析は、致命的な欠陥ではないと考えられる。

■ 6. 結び

　『国訳漢文大成』『漢籍国字解』『新釈漢文大系』といった叢書に収められた大量の訓点付き漢文から、古典中国語の統語情報つきコーパスが自動的に生成できたら、と考えるのは楽しい。本文中で述べたように、古典中国語と日本語が、たまたま類型論的に異なるタイプの言語であったため、返り点は、非常に有益な文法構造のマークアップとなった。これを生かさないのは惜しい。本稿は、それを実現するための第一歩である。

謝辞

　ここで述べたアイデアは、京大人文研の「漢字情報学の構築」研究班（代表：安岡孝一）での作業に触発されたものである。研究班の会合の席上で披露したさい、コメントをいただいたメンバーに感謝したい。ただ、本稿で述べた内容については、もちろん山崎1人が責任を負う。

参考文献

● 内海　淳　2005. 非専門家指向のデジタル・アーカイヴズに向けて——漢文表現へのXMLの適用.『コンピュータ＆エデュケーション』、Vol.18, pp.34-39.

注

[1] 「側置詞」とは、前置詞と後置詞を総合した名称である。前置詞は、英語の前置詞のように、その支配する名詞相当語句の前に置かれるものを指し、後置詞は、日本語の助詞（テニヲハ…）のように、その支配する名詞相当語句の後に置かれるものを指す。

[2] 本稿で用いている樹形図は、すべて、鈴木慎吾氏が作製したアプリケーションを用いて描画したものである。XMLのソースファイルを読み込ませると、自動的に樹形図を描いてくれるという、夢のようなツールを開発してくれた鈴木氏に感謝したい。

[3] ただし、筆者には、そのようなスクリプトを書く能力はない。本稿で提案する構造化に共感してくださるかたの協力を仰ぐしだいである。

日本の漢文史料とマークアップ

──新たなデータベースの可能性に向けて──

後藤 真（ごとう　まこと）

■ はじめに

　本稿に課せられた課題は、日本における漢文史料のマークアップ化の現状と問題点について検討するものである。

　筆者は、日本古代史料のひとつであり、数少ない一次文書である正倉院文書を XML 化し、データベース化することを主たる研究のひとつとしてきた。わずかではあるがその経験をふまえ、日本における漢文史料のマークアップ化の現状について、若干の考察を述べることとしたい。

■ 1.問題点の整理──日本における「漢文史料」の定義──

　まずは、論点を明確（複雑？）にするため、日本における漢文史料について状況を概括しておきたい。

　まずは、「史料」である以上は、歴史資料であり、何らかの歴史的な事象を叙述するための基礎的なリソースであるということは、前提条件である。

　日本においては、「漢文」史料を厳密に定義することがそもそも困難である。漢文は、「純粋漢文」と「変体漢文」とに分類される。

　日本の多数の史料は、日本で呼称するところの「漢籍」を除き、漢字かな交じりの文章が多い。

平仮名の存在しない時代である奈良時代の文書ですら、その例外ではない。木簡には万葉仮名で記されたものも存在する。また、正倉院文書も、原則は漢文で記されてはいるが、近年は、日本語の語順として表記されているものがあるという指摘もなされている [1]。

　また、六国史なども流麗な漢文で記されているが、万葉仮名で記述された宣命体の記事もある。また、多くが写本として現在に伝来しているため、「原本」に仮名の訓点がふられたものも少なくない。

　したがって、日本の史料の多くは、厳密な意味において、漢文史料とは定義できない。したがって、本稿では多くを漢字で記された文字史料すべてを対象とし、「漢文」と仮に定義する。

■ 2 事例──正倉院文書のマークアップ

　前近代日本における漢文史料のマークアップの一例として、私が実際にデータベース作成に携わった正倉院文書データベースをとりあげてみたい。

　正倉院文書データベースは、正倉院文書の本文テキスト・目録情報・画像情報・関連文献目録・関連写経事業などをおさめた、正倉院文書にかかわる総合的なデータベースである。このうち、本文テキストと、目録情報に XML 形式のデータを

特集2 漢文とマークアップ

採用している。正倉院文書は、奈良時代の文書であり、本文は、万葉仮名も混じりつつも、「原則として」漢字で表記された史料である。

この奈良時代の文書のマークアップ事例について、ここで簡単に説明しておきたい。データベースの概要やこれまでの成果については、拙稿を参照いただければ幸いである[2]。

正倉院文書は物理的な階層構造をもつ。江戸末〜明治に再編成された結果、正集〜続々修までに成巻された。

その下には、帙と巻に分類され、その中は「断簡」にわけられる。さらに断簡は紙にわけられる。（この場合の「断簡」は、正倉院文書研究における特別な定義であり、奈良時代からの状態を保っている紙の集合（n ≧ 1 紙）をさす。そのため、史料の構造としては、断簡の下位に紙をおく構造となる。そのため、正倉院文書の構造は、図1のようなものとなる。

正倉院文書は、奈良時代の原状がそのまま保たれているわけではなく、天保以降、明治期にいたるまでにばらばらにされているという経緯を持つ。

奈良時代の原状の帳簿を「復原」するため、そのばらばらになった経緯を解明するためには、断簡単位で文書をバーチャルに移動させる必要がある。そのため、断簡と紙を基礎単位としたXMLデータが文書のテキスト「復原」のために必要な措置なのである。

また、正倉院文書のまとまったテキストデータが存在するのは、正倉院文書の物理階層構造と異なる大日本古文書（編年）である。大日本古文書は明治中期に編纂された活字のテキストで、8世紀までの史料を編年に分類して掲載している。断簡の状態すらも考慮されていない形式になっている。

そのため、「正倉院文書」のテキストデータとして、『大日本古文書』をそのまま採用するのは好ましいとはいえないが、データベース作成の際の権利関係・入力の状況などの問題もあり、このデータを採用することが最善であった。

そこで、まず『大日本古文書』のテキストをXML化した。

その上でテキスト内の断簡・および紙をひとつの要素として定義し、個別の断簡情報を属性として持たせた。このことによって、編年の大日本古

図1 正倉院文書の階層構造図

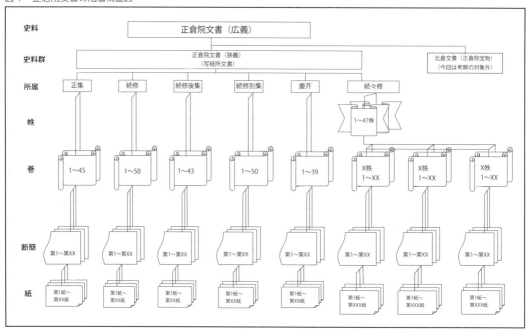

文書を、物理構造を基礎とした文書群に戻すことを可能とした（次ページ図2）。

正倉院文書の「復原」と、現状とも異なるテキストから現状への復原、この両者のテキスト操作を行うためには、断簡・紙単位のXMLはもっとも最適な解であった。

■ 3.日本のXMLを用いたデータベースの現状

しかし、歴史学における、データベースの構築と検討にかかわる研究の中においては、いまだにXMLを中心としたデータベースが多いとはいえない。

より正確に表現するならば、目録情報やシステム設計の都合でXMLを用いる事例は、多く見受けられるが、史料そのものを、XML化した事例は、決して多くない。

それは、史料そのもののデータベースが、情報学的な新しさをともなわないと見られていることと、史料にメタデータを付すことに対して、懐疑的な見方が存在することによるのではなかろうか。以下、その点について考察していきたい。

まずは、目録情報のデータベースについて、事例を見ていきたい。

目録情報をXMLにおいて記述することの、最大のメリットは、タグによって、参照すべき情報を共通に閲覧できることがあげられるであろう。

その事例としては、EAD、ダブリン・コアなどといった、史料情報の記述の世界標準化などがあげられる。これは、タグを共通に記述することによって、世界のあらゆる史料の情報を同時に閲覧すること、もしくは、検索の対象を共通化することなどが主要な目的であると考えられる。

これは、特に、史料館・博物館・図書館などにおいて、館蔵品を公開する際、その検索のもととしたりすることを主要な目的としている。また、タグの設定やDTDの記述が比較的容易であるため、煩雑な目録を作成する際にも、向いているということもあげられる。

これらの例は、国文学研究資料館・国立国語研究所、東京大学情報学環学際情報学部における事例など[3]、また、拙論における、京都府庁文書のデジタル・アーカイブ化[4]など、枚挙に暇がない。データベースの中でもメタデータを記述する際に、XMLを用いるというのは、たしかに歴史学と情報学の融合領域の文脈においては、一つの大きな潮流をなしているといってよい[5]。また、古隅・周防のようにリレーショナル・データベースからXMLネイティブのデータベースへの転換の試みも見られる[6]。

さらに、杉山らによって古事記などの系譜データをXMLとして格納し、Ajaxによって表現するシステムも提案されている。これは、現時点ではデータの表現のための史料情報を、古事記のテキストと別に格納している[7]。

しかし、一方で、史料そのものにメタデータを付し、XML化し、利用する、という研究事例は、歴史学のなかでは、決して多いとはいえない。

東京大学史料編纂所における一連のテキストデータベースは、XMLにて記述されているが、これ以外に、研究事例として、史料をXMLによって、記述したという事例を寡聞にして聞かない。最近、山田奨治が、wikiによる古事類苑のデータベース化に関する提案を行った[8]。wikiは、データ自体は変則的なXMLで記述されているため、きわめて広くとれば、XMLによって史料を記述する試みとはいえる。

しかし、山田の研究の主眼は、wikiの技術そのものにあるため、XMLによる記述に関する検討ではない。XMLの技術的検討は、1998年～2002前後までが事実上のピークであり、技術的には、完成の感があることは否めない。

近年、平澤加奈子が『入唐求法巡礼行記』のデータベースを作成したが、このデータベースにおいてもXMLの技術は採用されていない[9]。このことは、技術が飽和しつつも、史料本体のデータベース化の際に、XMLを用いることが適切でないと理解されているからであろう。

特集2 漢文とマークアップ

```xml
<?xml version="1.0" encoding="UTF-8"?>
< 大日本古文書 >
< 断簡 did="61806011">

< 紙 kid="618060011">
<PAGE pid =" 365" >
< 史料名 > 御願奉写等雑文案 </ 史料名 >
可奉写一切経律并一部経律并三千四百卅四三巻之中卅九八巻今所 <br />
合可用紙六万七千八百四九百三十五張 <br />
　六万三千九百五十一張四千八十二張四千六百六十六張経紙 <br />
　　五万九千七百卅九九百 <gt set="mojikyo" name="002712" /> 九張見写料 <br />
</PAGE>
</ 紙 >

< 紙 kid="618060021">
<PAGE pid=" 366" >
< 写経事業 *sid=" 32102"* >
一千七百十二七張 <gt set="mojikyo" name="034540" /> 紙料 <br />
　三千張儲料 <br />
　凡紙三千八百五十三張一千六百二張経師六万四千八十張端 <br />
　　　　　　　　継料以一張着 <gt set="mojikyo" name="002712" /> 張 <br />
　兎毛筆三百七十三九十七管　墨一百九十九廷二百廷 <br />
　鹿毛筆一百管　綺五百七十九丈七尺八十一丈二尺 <br />
　軸三千四百卅四三枚　狸毛筆廿五管 <br />
以前応奉写一切経一部調度如件 <br />
</ 写経事業 >
　　　　　　　　　　　　天平宝字四年二月十九日 <br />
　右於承前奉写経律用度、加今渡坐経巻 <br />
　勘注進送如件 <br />
　　　　　　　　　　東寺下任 < 人名 *hid=" 125"* > 安都 </ 人名 ><br />
</PAGE>
<PAGE pid=" 366" >
次官従五位下高麗 <br />
造東大寺司移 < 論文 *rid=" 6210"* > 散位寮 </ 論文 ><br />
</PAGE>
</ 紙 >

</ 断簡 >

< 断簡 did="61806021">
< 紙 kid="618060031">

<PAGE pid=" 367" >
散位正八位上秦忌寸太菜 <br />
　（以下略）
```

図2　『大日本古文書』の XML 表現例
　　　斜字は実際のデータベースには入っていない例示である。たとえば、論文などの id を研究者が入力するだけでも、史料
　　　の知識共有化がはかれる。なお、写経事業については、断簡 ID を用い、データを共有すべくデータ入力中である。

■ 4. 日本史史料を XML データベースにすることの意義

このような研究状況の中で、日本史の漢文史料を XML 化する意義はどこにあるのであろうか。実際の XML の可能性について簡単に述べておきたい。

❁ 4.1 システムに応じた設計

XML としてデータを定義しておくことの意義としては、システムの要請がある。

正倉院文書データベースは、複雑な断簡を復原させるためのシステムを実現するためにも XML を採用する必要性があった。その仕組みは前述のとおりである。これは、XML が、紙という物理構造を基礎単位にデータを構成するという発想に向いていたことも重要なポイントである。

これ以外にも、テキストと画像のリンクや、ある種の表現[10]を行う際に有効である。これらのしくみは、データベース、デジタル・アーカイブのシステ八それ自体の目的を実現させることを目指し、XML を用いた事例である。

❁ 4.2 史料構造

もう一方で、史（資）料構造を表現する際に用いられる。

XML は本来、文書の構造を記述する言語である。その本来の意味で用いるならば、前近代の漢文史料を構造化し記述することとなる。私は、授業の一環で続日本紀のデータを XML 化し、簡易なデータベースを作成するという実習を行った。

しかし、実際に史料を XML 化する際には相当の困難が伴う。以下にその問題点を記述していきたい。

◆ 4.2.1 史料を構造化することの矛盾

本来は、XML は文書内部の構造をもとに要素を設定する必要性がある。

しかし、史料の「構造」とはそれほど単純明快

に決定できるものではない。以下に正倉院文書を事例として詳細に検討を加えてみたい。

対象とするのは、正倉院文書続々修 32 帙 4 巻宝亀六年筆申請に関わる手実帳である。

この文書は宝亀年間における一切経写経事業の際、写経を行う官人（写経生）が、造東大寺司写経所に対して、写経に必要な筆を申請した文書である。各写経生から必要な筆の本数と、その筆を用いて写経を行う経典名が記されている。

この文書は、個別で見れば、いわゆる「解」の形式をとった公文書の体裁をなしている。

本来、「解」などの律令で規定された公文書は、官司間のやりとりで用いられるべきものであるが、正倉院文書においては、初期の段階から写経生が「解」式を用いて所属する官司である写経所との文書のやり取りを行っていることが一般的であり、天平年間には、広く「上申文書」としての「解」が用いられていたと考えられる。

これらの文書を基礎に、写経所は筆を写経生に支給していたと考えられる。

しかし、現状の文書はそれほど簡単な構造をしていない。現状がばらばらであることもさることながら、この文書は、写経生より提出された後、写経所の事務官（案主）によって再構成され、巻物状にされているのである。単体であった文書を継いで「帳簿」へと転換させているのである。正倉院文書研究の世界ではこの文書を「継文」と呼称する。

次ページ図 3 をみていただきたい。図 3 はその事例となる帳簿の一紙（第 144 紙目。両端に若干 143 紙目と 145 紙目が写っている）の写真である。正倉院文書データベースにある画像と同じものである。

A の部分に注目すると、右端の文字の一部が切れている。これは、この部分は右の紙との継ぎ目だが、明治時代の継ぎ目ではない。したがって、奈良時代の継ぎ目となる。

巻物の左端に軸があり、左から右に、つまり、巻物の最初にいくにつれて、年紀が下がっていく。したがって、左端に軸をつけ、左の紙の右端に左上右下で紙を継いで、巻物を形成していったこと

特集2 漢文とマークアップ

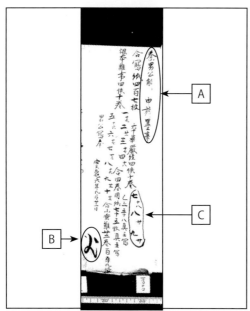

図3　継文の事例

がわかる。そのため、右端の文字が左の紙にかかるのである。

これは、奈良時代の写経生である秦男公が、案主に六十花厳経他四百七枚を写すことに関して筆の申請を行ったものである。

案主は、前述のように、申請があったものを順に貼り継いでいる。その上で支給完了したものには新たに「充」の文字を加え、その旨を記録して帳簿化したのである（B）。

「充」の文字はこの部分の場合、左の紙に一部かかっている。そのため、継いだ後、この文字を書いたことがわかるのである。一方、同じ「充」の文字が隠れているもののあるので、文書によっては、「充」の文字を記した後に継がれたものもあるのであろう。

これらのマークアップは非常に難しい。前述した正倉院文書の物理構造を前提とする場合、紙継ぎ目にあるAやBの部分をどのようにマークアップするのか、きわめて困難なものとなる。（なお、実現した正倉院文書データベースは、データベース入力事業として完成させることを重視したため、仮にいずれかの紙の要素内に入れることとしている。）

Aの文字は144紙目に本来書かれているが、紙をついでしまったため、143紙目との境界上に文字が存在する構造となっている。これは、文書をどの段階で理解するかによってマークアップの仕方が変わる例である。

Bの側は、案主が意図しているわけではないが、そもそも紙継ぎ目に文字が書かれている。Aと同様に、正倉院文書データベースにおいて実現した構造では不可能なものである。

本来は、史料の「見た目上」でマークアップすべきではないという意見もある。史料のテキストの内的構造に則して記述すべきである、というものである。

しかし、内的構造に則した場合には問題はより複雑になる。また、史料の構造は、表記に依存しており、表記を読むことによって構造理解が可能な場合も多々ある。

まず、Bはテキストの全体構造の中でどのように位置づけられるのか。XMLが想定している「構造化」は一次元の線形テキストであり、このような、複雑なテキストではない。たしかに、この144紙目の文書全体にかかるので、B以外の文書の入れ子の外に記述することになるであろうか。Cの部分のイレギュラーについても表現は困難である。

奈良時代の丸で囲む表記は、通常は抹消である。したがって、この部分は、いつかの段階で、この筆の申請根拠から抹消されたと考えられる。しかし、「いつ」抹消されたのか。解申請の段階なのか、それとも支給の段階なのか。このような要素をすべて分析したうえでマークアップを行わなければならない。

また、この抹消は幸いにして一次線状ではあるが、場合によっては、線形構造を無視して、横にまとめて抹消、などという場合がある。これらは、「史料内部の構造」にこだわってマークアップを行うと、破綻をきたすおそれを強くもつものである。

いつの段階の、どの文書を、どのように構造化するのか。それは帳簿形式のものを重視するのか、文書の段階か、それらによって、史料の位相は大

きく変わってくる。この継文形式の文書を構造化するためには、文書の構造とともに、史料のフェーズを考えなければならない。

このような事例は、なにも正倉院文書にかぎったものではない。

正倉院文書は近代における「整理」が加えられており、物理構造がより煩雑になった点は他の文書と異なるが、それ以外に大きく変わるところがあるものではない。

正倉院文書が、近代にまで至る経緯はいまだに不明ではあるが、文書群の中の多くの文書が奈良時代のある段階まで、記録史料として、なんらかの保存を行おうとした意図があったものであることは間違いない。

継文といわれる多くの文書群は、文書が当初作成されたものよりあとの時期に、再利用・再照合されることを目的とした物理的な改変が行われているのである。それは、文書の内的構造それ自体をも大きく改変するものであった。

このような「記録史料化」は、多くの文書で行われている。

日本の場合には、漢字を用いた史料の中でも、帳簿・書状類が多くをしめる。これらの史料を総合的にマークアップしようと試みると作業は困難をきわめることとなる。いわゆる「一次史料」の豊富さが、皮肉なことにマークアップをより困難なものにさせているといえるであろう。

◆4.2.2 日本の史料をとりまくさまざまな状況

前項Aにて、「一次史料」の豊富さという表現をした。

実際、日本においては、ほかの漢字文献を残す地域に比して、一次史料が多く残っている点も、マークアップの障壁となりつつある。日本も当然ながら中国よりの文字流入期である古代から時間を下るにつれて、史料の数は多くなる。

古代史料の中でも一般的に多く用いられる『国史大系』などは、一部・それも旧版ではあるが、版面データとして国立国会図書館より提供されている [11]。

このデータベースは目次での検索は可能となっ

ているが、テキスト内部の検索ができるわけではない。このテキストが漢文史料として用いられているのではなく、書籍の一部として扱われているからであろう。検索・表示のシステムにXMLが用いられている可能性は高いが、テキスト本体の入力がなされていない。

また、古代史料のほとんどは既知の史料であり、研究者が詳細な史料構造をマークアップする理由が少ないという問題点もあるであろう（史料公開という側面で、そのことがよいかという問題は、別に存在するものの）。

その一方、近世になると、村請制の発達や識字率の大幅な上昇により、村落内での文書の量が大量に増え始める。そして、現在まで伝えられる古文書の多くは明治以降、高度経済成長までの文書を一貫してアーカイブしている。そのため、庄屋の家などにおいては、数万点の文書があることも少なくない。

これらの文書群についてデータベース化する際、テキストのデータベースにする例は、いままでは決して多くなかった。今後、自治体の財政の悪化に伴い、書籍ではなくデジタルデータとして刊行する自治体史が多くなると予想される。しかし、これらの例が、XMLデータとして刊行された事例は、ほとんどきかない。

いきおい近世以降の文書群のデータベースは、多く目録情報のデータベースとなる。

筆者も、多数ある近代史料について、目録データベース作成の可能性について論じたことは前述した。これらの目録情報——メタデータの作成には、もっぱらXMLが多く用いられていることは、いまさら多く述べることではない。アーカイブズ学の潮流の中においては、EAD（Encoded Archival Description）がデファクトスタンダードとなりつつあり、ダブリン・コアなどもメタデータを記述する際のタグセットとしては、一般化しつつある [12]。

近世史料以降のXML化の一般的動向としては、XMLにのみ焦点をあてて表現するならば、メタデータのメタデータとして用いられているといえる。

特集2 漢文とマークアップ

■ 5. 簡単な総括

　これらの動向を総括してみるならば、日本の漢文史料に関して、マークアップを用いた総合的なテキストデータベースは、決して多いものではない。

　その理由は、今までに述べたとおりではある。結果的には一次史料に求められるような複雑なマークアップは、多量のデータへの入力作業に対して、期待される成果が見合わず煩雑に過ぎる。また、古代に多い二次史料の類においては、ごく一部の初学者を対象とするようなもの以外には、マークアップが意味をなさない。

　またXMLはあくまでデータの中間表現であり、インターフェースの際に表現されるものではない。

　そのため、システム上の要請でXMLが用いられることはあるが、それは史料の構造ではなく、データの構造に強く依存したマークアップとなることが多い。

　そのこと自体は誤りではないものの、本来の「テキストの構造化」という意味において、また、研究に資するデータベースのために本当に必要なのか、という疑問に応えるという意味において、若干再考の余地が残る。

　正倉院文書は、単純なテキスト検索ではなく、研究上のきわめて複雑な要請があった。それに対して、XMLが事実上の最適な解であった。このような事例はほかにもあるであろう。しかし、このような歴史学の直接的な問題解決にマークアップが使われることは、まだ少ない。

　それでは、史料そのものへのマークアップは事実上役に立たないのであろうか。その点について、最後に可能性を述べたい。

　研究者によるデータベース作成の実態が少ないということは、史料のデータベース作成の当初より指摘されてきた。

　いまだに「使えるデータベースがない」といわれる状況は改善されているとはいいがたい。それは、今まで述べてきたような理由によるものであろう。その問題点は、完全にあたっているとは言いがたいものの、ニーズと提供されているものとのある種の差異を如実に示している。

　それでは、いかなるマークアップをすればよいのか。

　私は、そのひとつの解として、研究成果の情報の共有化に用いるマークアップの可能性について言及したい。

　これまでのデータベースの多くは、基本的にあくまでも「あたりをつける」程度であった。それは、史料の少ない時代・分野においては、基礎的な史料の情報は多く共有化されている一方、史料の多い時代・分野においては、テキストのマークアップそれ自体がそもそも困難であるということが主因であるというのは、前述のとおりである。

　日本の史料にかかわる研究成果は論文として、世に出されることが基本である。

　しかし、その論文を執筆するためには、基礎となる史料を大量に研究者は分析し、蓄積している。これらの分析・蓄積の成果を何らかの形で共有化することはできないのであろうか。そのための基礎的情報としてマークアップを用いる可能性はないのであろうか。

　たとえば、正倉院文書データベースは、ある種の研究情報の提供にマークアップを用いている。断簡情報は、基本的には東京大学史料編纂所の原本調査によるものを用い、原本調査が完了していない続々修の多くの部分については、正倉院文書データベース作成委員会と筆者による断簡の同定を行っている。その断簡情報にもとづいてマークアップしている。この断簡情報──特に原本調査の行われていない部分については、筆者らの判断では「二断簡である」と判断しうるが、確実、かつ客観的証拠のない部分については暫定的に断簡わけをしていない部分も存在する。

　それは、基準を煩雑化することによって、閲覧者の混乱を招くことを防ぐというデータ提供の観点から行われている措置である。

　そのため、正倉院文書を仔細に研究していけば、この断簡わけに疑義が生じる場合もあるであろう。正倉院文書データベースはそれらの研究者のために、登録を行えば、断簡わけについて新たな

提案を行うことを可能としている（画像上でバーチャルに復原も可能なシステムではあるが、マークアップという本論と直接関係ないので、画像面についてはふれない）。新たな提案については、フォーラムで議論することも可能なシステムとする予定である。

また、現在作成中ではあるが正倉院文書文献目録を同時にデータベースの中に含みこむことによって、正倉院文書の論文と正倉院文書の個別断簡とを結びつけることも可能となる。

これは、他の時代に比して数少ない古代史においては、どのような史料がどのように分析されているのかを網羅的に分析するために有力な手法である。直接的にはマークアップの力のみを生かすわけではないが、多数ある正倉院文書のなかから「どの断簡」を指定するのか、という意味においては有力なツールであるといえる。

これらの断簡単位でのマークアップとその成果の共有化の試みは、正倉院文書研究の際、基礎作業となる史料分析の際に生じた、研究成果の一部を共有化しようという狙いである。

正倉院文書データベースは、現時点においてはタグが独自のタグを用いているため、ほかの史料群との共有化ははかれない。しかし、同様の試みを、他の史料で行ってみることはあながち無理なことではないのではなかろうか。

古代などであれば、ある史料においていかなる研究が行われているのか、それらの理解を示すようなタグの表現方法を考察すべきであるし、近世以降の漢文史料のテキストにマークアップをほどこすのであれば、史料構造という時間軸・物理構造と論理構造の矛盾という「不可能性」を目指すのではなく、歴史学が行っている営為そのものを共有化するためのマークアップを考えるべき時期ではないだろうか。

XML の本来の目的はテキストの構造化と、流通の促進である。この本来の目的にかなう仕組みは、単純に史料をどのように構造化するかのみではなく、史料の「何を」「どのように」構造化し、流通させるのか、再考する必要がある。

そのためには、マークアップの技術とデータという種子（シーズ）をニーズに基づいていかに発展させるかを、考えなければならないだろう [13]。

また、そのためにはこれらの基礎的なデータベースが、どこにあるのか、何ができるのか、を見つけ出すことと、日本史データベースのポータルが必要であるという提言を最後に付け加えておく。

注

[1] 桑原祐子『正倉院文書の国語学的研究』（思文閣出版、2006 年）・奈良女子大学 21 世紀 COE プログラム報告集『正倉院文書の訓読と注釈』請暇解不参解編（奈良女子大学、2005・2007 年）

[2] 後藤真・柴山守「正倉院文書の情報化と復原」（『正倉院文書研究』9 号、2002 年、吉川弘文館）、後藤真・柴山守「正倉院文書復原過程の XML / XSLT による記述」（『情報知識学会誌』11 巻 4 号、2002 年）、柴山守・後藤真「正倉院文書データベースにおける検索と人文科学的研究成果との連携」（『人文科学とコンピュータシンポジウム 2005』、2005 年）その他を参照のこと。

[3] http://archives.nijl.ac.jp/db/holdingsnav.php（国文学研究資料館収蔵アーカイブズ情報データベース）や、http://www.iii.u-tokyo.ac.jp/pblc-achv/digital_archive/index.html（東京大学情報学環学際情報学府におけるデータベース）。いずれも閲覧確認は 2007 年 8 月 31 日。以下、Web サイト・データベースの参照日時は同様である。

[4] 拙著「京都府行政資料のデジタル・アーカイブ化とその課題——EAD / XML の適用の可能性と歴史学—」（『都市文化研究』8 号、2006 年）

[5] 研谷紀夫・山根信二・添野勉・馬場章「ユビキタスコンピューティングによる Real / Virtual Archive の設計とその構築」（『人文科学とコンピュータシンポジウム 2005』）、研谷紀夫・馬場章「建築資料を対象としたリアル・デジタルアーカイブの構築」（『アーカイブズ学研究』No.4、2006）などもあげられる。

[6] 古隅弘樹・周防節雄「旧植民地に関する統計書誌データベースの Web 検索システムの試作」（『人文科学とコンピュータシンポジウム 2006』、2006 年）

特集2 漢文とマークアップ

[7] 杉山正治・齋藤晋・生田敦司・柴田みゆき「『古事記』学術支援データベースの構築―系譜史料の表示形式に関する検討――」(「人文科学とコンピュータ研究会」vol74、2007年)

[8] 山田奨治・早川聞多・相田満「古事類苑（天部・地部）の全文入力とWiki版の試行――前近代の文化概念の情報資源化」(「人文科学とコンピュータ研究会」vol72、2006年)

[9] 平澤加奈子「歴史学研究におけるデジタルアーカイブの活用――『入唐求法巡礼行記』データベースの開発事例から―」(『月刊IM』45-10、2006)

[10] 前掲山田・早川・相田2006（注8）参照。

[11] 国立国会図書館近代デジタルライブラリー
http://kindai.ndl.go.jp/index.html

[12] 五島芳敏「アーカイブズ情報の電子化とネットワーク」(『アーカイブズの科学』下巻、柏書房、2003) など。

[13] 門林理恵子「オープンなデジタル文化遺産情報の整備に関する諸問題」(『人文科学とコンピュータシンポジウム2006』、2006年)、また2007年9月7日に行われた「第1回文化遺産のデジタルドキュメンテーションと利活用に関するワークショップ」における同氏の報告による示唆も大きいことを付け加えておく。

中国語CAI 実践レポート

> 大学へのe-Learningの導入が進むなか、ハードウェアの充実と裏腹に、教材コンテンツの開発や、利用者教育など、ソフト面での対応の遅れが危惧されている。今回は学習を支えるソフト的なインフラとしての開発・実践を紹介する。

日本中国語CAI研究会について

本会（会長：田邉鉄北海道大学准教授）は「コンピュータ援用の授業方法を中心とした中国語教授法の研究・開発・普及を推進し、同時に教員・研究者・ソフトウェア開発者の交流をはかる」ことを目的とし、1996年11月に発足した。

会員による研究発表・実践報告の場として、例会（年1〜2回）、総会（秋、年1回）を開催するほか、常時メーリングリストで情報意見交換を行っている。

参加を希望される方は、中国語CAI研究会 Web　http://moli.cims.hokudai.ac.jp/~ccai/　を参照していただきたい。

Contents

中国語メディア教材の制作　学習・教育、二つの視点に基づく教材構築
　……………………………………………………… 氷野　善寛 ……… 94

授業報告：中国語とメディアリテラシーの向上のために
　……………………………………………………… 中西　千香 ……… 99

中国語メディア教材の制作
学習・教育、二つの視点に基づく教材構築

氷野　善寛（ひの　よしひろ）

❋ 1.はじめに

本稿では、メディアを利用した教材について、関西大学中国語教材研究会（以下、関中研）が中心となって制作している教材についていくつか紹介したい。メディア教材と言うと、多くの人がコンピュータを使った学習、すなわち CALL 学習のようなものを想像されるだろうが、私が考えるメディア教材（以下、コンテンツ）及び教育は、決してコンピュータによる画一的な繰り返しの学習行為に限定していない。

当然これらの教材には、これまでの e-Learning 教材や CALL 教材のようなものも含まれる。ただし、何もコンピュータを用いて、音を聞いて、絵を見てどうこうするだけが、そのあり方ではないというのが私の主張である。コンピュータだけを利用することを考えるのではなく、コンピュータ自身を用いてできること、さらにコンピュータと連動させて行う他の学習行為も考えなければならない。つまり、手段は一つでしかないのではなく、多くの手段を用意し、それを学習するもの、教育するものが取捨選択していくということである。「あれかこれか」、ということではなく「あれもこれも」というスタンスで教材の制作及び学習環境の構築を行っていくことが必要だと考えている。そこには、たとえば後述する今年度試験的に設置した、関中研テキストを中心とした教材全文検索の機能に代表される教材コーパスも含む。これを用いることは単なる学習行為の補助だけではなく、教材を制作する立場として、補助ツールとしても用いることが可能である。このようにひとつのコンテンツにいくつかの意義を持たせたコンテンツの制作および設置を行っている。

また、コンテンツをただ単に配置するだけではコンテンツの氾濫及び無標識が故に、学習者を迷わしてしまうという結果を導くことにつながる。そこで筆者は、CEAS[1] などの LMS による学習コンテンツのモジュール化と、モジュールと LMS を組み合わせた学習方略を提唱している[2]。こ

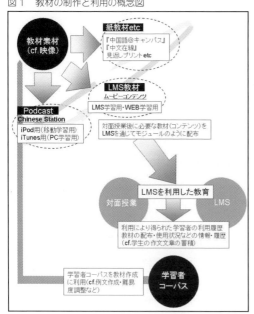

図1　教材の制作と利用の概念図

のコンテンツのモジュール化の発想は、これまでのe-Learningが目指すような学習の自動化という言葉とは次元が異なり、むしろ教員の負担は場合によっては増えるであろう。e-Learningの本質とは、人の手をいれてやることによって、初めて意味を成すものであると考えている。これが私自身の教材制作の基本スタンスとなっており、今後メディアを用いた教材開発に必要なものではないかと考える。

2. 教材の派生とモジュールという視点

関中研では、2006年より、ムービーコンテンツ[3]の制作を行っている。このムービーコンテンツについては、ポッドキャスト——Chinese Stationや、CEASといったLMS用或いはウェブ用のコンテンツとして提供している。計画当初ポッドキャストについては、制作予定はなかったが、ウェブ用コンテンツの派生的なものとして、学習環境というシチュエーションを意識した教材開発という着眼点のもと教材開発を行うこととなった。つまり、教材をどのような時に利用し、どのように利用されるのかという視点に立って、教材を制作するというものである。この視点が関中研の制作する教材には取り入れられている。

ムービーコンテンツは、映像を利用して視覚的・音声的に訴える教材として、「映像を用いた中国で日常よく使われる会話」を約80シーン制作している。1シーン4〜5文程度の短い内容で、「道を尋ねる表現」や「電話を聞く表現」など具体的なシチュエーション別の会話を用意している。さらにこれを授業外学習と移動学習という二つの学習シチュエーションに分け、教材開発を行うこととなった。授業外学習はパソコンでの利用を想定したものと、移動学習はポータブル用としてiPodなどでの利用を想定した。

パソコン用のコンテンツとしては、ウェブ（http://www.ch-texts.org/）を通じて利用する、あるいはCEASを通じて利用するということで、ブロードバンドを含む一般的なコンピュータ環境さえそろっていれば視聴できるように、FLASHを用いて制作した。ウェブ用のこの教材では、1シーンの映像を中心に、3ステップの学習方法を用意している。Step1が「全体学習」ということで、中国語・日本語・ピンインの表示を切り替えながら、全体を通じてコンテンツを視聴することができる。Step2では、「繰り返し学習」で各表現のカットを繰り返し視聴することができる。そしてStep3では、ロールプレイング用として、片方の会話の音声を消し、そのパートの役割を演じるような仕掛けを行っている。このように段階的にシーン別の会話の学習を行っていく。ウェブ版では、この3つのstepを1セットとして梱包しているが、CEAS上では、さらに細かい単位のモジュールとして利用できるように、この3つのStepを分解して利用することもできるように整

図2　ムービーコンテンツの配信サイト

図3　ムービーコンテンツ

備しようと考えている。つまり、連続して step2 ばかりを提示することも可能であるし、他のコンテンツと組み合わせての提示も可能となる[4]。このような学習スタイルにあわせたコンテンツの配布、学習指示が先の述べたモジュール的利用法である。

　移動学習の利用としては、通学、通勤での学習及び、iTunes などのアグリゲータソフトでの利用の二種類を想定し、ポッドキャストという形式でコンテンツを配信している。一般的な利用方法としては、iTunes でコンテンツが配信される番組を登録し[5]、iTunes で映像を見て、時に iPod などのポータブルオーディオ機器でコンテンツを持ち出して学習する。特に iPod での利用としては、音声だけを聞いても使えるように[6]、シーンに文法や、キーポイントを整理したナレーションを加え、コンテンツを再構築し、短い時間で簡潔に学習が行えるよう全てのコンテンツを 3 分程度の内容に編集している。番組の構成としては、まずはテーマをナレーションで提示し、続けてスキットを、1 度目は中国語の字幕をつけて、2 度目は日本語の字幕を付けて流す。その後キーポイントの説明が入り、続けてキーポイントを繰り返した映像が流れ、最後にもう一度字幕無しで、スキッドが流れる。

　なおこれらの教材は、プロの業者が制作したのではなく、シナリオの執筆から、配役、演出、教材の編集からナレーションの録音までの全ての工程を、中国語教育や中国語学を専攻とする大学院生が中心となって制作を行っている[7]。大学院生が制作に加わることで、必然的に大学院生自身の教材制作能力の向上を図ることができ、また学習の中で学んだことや自身の研究を教材開発に応用し、検証するということも可能である。

　そしてこのムービーコンテンツは、一般的な会話場面を想定して作成しているため、一つの教材に特化したような教材ではなく、多くのテキストやコンテンツと連携して用いることでその利用効果をさらに高めることができる。また一つの素材を中心に、理由方法に合わせたコンテンツ制作の可能性も広がる。

❊ 3. 学習的視点と教育的視点の二つの視点

　このような流れの中、2007 年 3 月に関中研から、白帝社から初級中国語教材『中文在線』を出版した。この教材は、基礎編と会話編の二種類からなり、さらに、制作時から何らかのネット支援を行うことを前提に執筆を行った。中国語のテキストは、数多くあるが、教材に対する見直しという行為が必ずしも行われていないのが実情であろう。より良い教材を作るためには、それなりの労力も必要であろうし、それなりの経験も必要である。そのため、この教材については作成時から、教材に対するフィードバックをとることが出来ればと心がけ、サポートサイトを準備した。このサポートは、学習者向けと教員向けの 2 種類からなる。

　学習者向けとしては、テキストをそのままデジタル化したデジタル教材がある。これは教科書を買っても CD を聞かない学生がいるということを知り、クリックするだけなら、今時分の学生でも音を聞くだろうという安直な発想から作成を始めのであるが、この教材では、テキストに音声や視覚的効果を埋め込むことで、より簡易に音声と漢字を連結させることを狙っている。また、2007 年 8 月現在では、step1 しか準備していないが、今後、状況を見ながら、他の学習方法についても追加していくこと検討している。

　この中文在線の中の会話部分については、前述のように Chinese Station のムービーコンテンツともリンクできるように設計をしている。このように、以前執筆した『中国語@キャンパス』（朝日出版社）やポッドキャストとも連動して学習できるのは、モジュールコンテンツの運用という視点から有用であると考える。これ以外にも、このサポートサイトでは、教材の中にでてくるコラムなどについても、視覚的な方法を用いて提供している。たとえば教材の中には、大阪弁にも声調がある、と述べている箇所があるが、単に大阪弁といっても大阪の中でもイントネーションが異なる

ことがあり、なかなかイメージしにくい部分がある。そこで実際に、こちらが想定している大阪弁を録画し、誰でも簡単に見られるように加工して提供している。ほかにもウェブ上で利用できる音節表などについてもこのサイトを通じて提供している。

さらに、「現代中国語コーパス[8]」の全文検索ツールを用いて、関中研が執筆した教材を中心に全文検索できるように「教材コーパス」の整備を行っている。関西大学の現代中国語コーパス以外にも現代中国語を扱うコーパスには北京大学のCCL語料庫や、香港城市大学のLIVIC共時語料庫など多く存在するが、どれも研究のみを目的として構築されており、収録されている文章の難易度が高く、生の言語データを扱っているため、規範的な中国語からは外れる用例も多くあり、初級の学習者にとっては、利用が難しく、中級以上のレベルを持つ学習者の利用に限られてきたのではないだろうか。このように、これまで初級の学習者が用例検索に利用できるというものは存在しなかったように思われる。この現在構築中の「教材コーパス」で検索できる用例については、たしかに自然な言語とは言いがたい点もあるが、少なくとも規範的な中国語として、難易度が調整された用例ということで、初級の学習者にとっては利用しやすいと思われる。また教員としては、ある語彙や文法項目が、同一の教科書や他の教材のどこで使われているのかを簡単に検索できるという点からも利便性があると思われる。同様に今後教材を執筆していく上で、大きな手助けとなるであろうことは間違いない。このような点が教育的な視点のサポートである。

この学習者としての視点と、教員としての視点という2つの視点を持ち教材およびコンテンツの作成が今後のe-Learningを含むメディア教材を制作する上で、重要になってくると私は考える。

図4　中文在線のデジタル版

図5　教材コーパス

図6　教材コーパスの検索結果

注

[1] CEASとは対面型教育を対象として、授業と学習を統合的に支援するWebベースの教育支援システム。関西大学冬木正彦研究室で開発され、現在も継続してバージョンアップしているLMSである。

[2] ここで述べるモジュール学習というのは、学習教材を小単位に分けて、それを学習のステップアップの中で、対面授業とLMS学習の間にはめ込むことで学習者の学習を誘導していくという意味で用いている。詳しくは、沈国威・氷野善寛（2006）「e-learningにおける中国語教育の展開」『関西大学ITセンターフォーラム』

／氷野・沈（2007）「中国語教育への LMS の導入―コンピュータによる学習支援の質的変化を求めて」『関西大学視聴覚教育』第 30 号を参照のこと。

[3] 阿部慎太郎・二ノ宮聡（2007）「中国語会話によるムービーコンテンツの作成とコンテンツの派生」関西大学中国語教育ポスターセッションの資料を参照、詳細は http://we.fl.kansai-u.ac.jp/ に掲載。

[4] CEAS での利用については現在 2007 年度現在 CEAS 本体がコンテンツの共有化ツールのバージョンアップ中であり、その完成を待って導入方法を再検討する必要がある。

[5] 2007 年 9 月より「Chinese Station 2」として番組配信を再開。詳細は関中研ホームページ http://we.fl.kansai-u.ac.jp/ を参照。

[6] ここで音声だけを聞いてもと限定したのは、このポッドキャストでは映像も一緒に配信しているが、筆者自身が電車内で iPod を取り出して映像を見ている人をあまり見かけたことがないため、あえて映像を見ても分かるような作りにしたという経緯がある。

[7] 映像の撮影は朝日出版社のサポートが入っている。

[8] 「現代中国語コーパス」の利用については「「現代中国語コーパス」について」『東方』（2007 年 10 月号）を参照のこと

授業報告：
中国語とメディアリテラシーの向上のために

中西　千香（なかにし　ちか）

❊　はじめに

　筆者は大学生と一般の学習者を対象に、中国語学習とメディアリテラシー向上を目的に授業を行ってきた。これまでの授業報告やインターネット検索から得られる豊富な情報や高級検索の方法とその実践結果については、中西 2005 や荒川・中西 2007 ですでに紹介した。

　ここでは 07 年前期を含むこれまでの授業をふりかえり、授業活動の中で新たに得たものをフィードバックする。また、学生に必要なスキル、教師に必要なスキルや配慮すべき点について、筆者の思うところを述べてみたい。

❊　1. これまでの授業を通して

　筆者は愛知大学孔子学院の「電脳中国語入門」と愛知県立大学中国学科の「中国研究基礎演習 A」で中国語とメディアリテラシーを伸ばす授業を実施してきた。前者は一般向けの初級〜中級の学習者を対象にした 12 回の講義 [1]、後者は第一外国語として学ぶ二年生以上を対象にした 15 回の講義である [2]。本稿では主に後者の授業を報告したい。

☞ 1.1 授業概観

　15 回の授業のうち、前半の 7 コマを使い、中

国語 IME 入力のスキルを学ぶ。タイピング練習
なども用意もするが、テキスト入力とその翻訳、
自己紹介シートの作成、ポスター作成などの課題
をこなす。この活動を通して、標点符号などの中
国語の文章ルールを覚え、中国語作文能力、ワー
ド文書作成能力を養う。後半の 8 コマは、Gmail、
検索サイトや集合知、右の表にある授業内容に関
連するサイトやメディア学習法に触れ、インター
ネットを活用した課題に取り組む。

　毎回の授業では、約半分の時間を使って、まず、
復習や課題のフィードバックを行い、その後、一
通り資料の説明をした後、練習をした。そして、
残りの時間を課題作成にあてた。

　学生たちの授業終了後のアンケートでは、この
授業を履修して、「自ら中国のサイトを開く回数
が増えた」という回答が複数あった。学生たちは
それ以前、開く習慣がなく、開く術もあまり知ら
なかったようだ。やはりインターネットを使った
授業を通して、中国、中国語を知るという機会を
与えることも必要なようである。

　もう一方で、何でもインターネットだけに依存
してはいけないこと、インターネットのデメリッ
トも教えなければならない。そして、インターネッ
トを軸に、他の情報媒体とリンクさせて上手に使
い分けるという思考を働かせることも必要である。
例えば、こんな本がある、こんな資料がある、こ
んな論文があるといったことを知っていることも
大事で、そのための書籍の検索方法や信用度の高
いサイトの利用方法も授業の中で紹介した。

　以下、具体的な授業活動をみることにする。

☞ 1.2 具体的な授業活動を通して

　本節に入る前に、授業で実践するネット検索に
ついて、今一度紹介したい。授業で使う「Google」
や「百度」等、検索サイトの高級検索方法と検索
パターンについては、先述の荒川・中西 2007 で
も触れた。例えば、フレーズを“　　”でかこっ
て調べるフレーズ検索や「*」で任意の語を代用
して検索するワイルドカード検索などである [3]。
拙稿ではまた、検索の実践例も載せた。例えば、“最
喜欢的水果是 *”、“喜欢在 * 睡觉”、“早上吃了 *”、“骑

回数	内容
1~7	イントロダクション、ピンインについて、中国語 IME 入力方法、ピンインルビ、標点符号、ワード操作法、課題作成
8	メール、手紙の書き方、Gmail 活用
9~10	インターネット　Google、百度活用法
11~14	ネットでみる中国のテレビ・動画
	翻訳サイト、集合知（Wikipedia、北辞郎等）、課題作成
	歌で学ぶ中国語、音声教材、課題作成
	VCD、DVD から学ぶ中国語、課題作成
	ipod、podcast で学ぶ中国語、課題作成
15	期末課題レポート提出

表 1　授業進行概要

自行车去 *”などである。これらの検索結果から
中国人の動向、動詞とのコロケーションや中国語
ならではの語彙や言い回しに出会うことができる
ことをみた。

　以下では今期の学生の実践例を通して、中国、
中国語を知るための方法を考えてみたい [4]。

■ 女子学生が気になる話題

　学生からうけた質問の一つに中国人の若者の恋
愛事情があった。たとえ、第一外国語であっても
2 年次までに学ぶ教科書にはその方面に触れた
ものはない。その学生たちは、“约会的时候 , 我
们去 *”、“我跟男朋友去 *”と検索した。すると、
次のような結果がでてきた。

- ●我跟男朋友去看电影
- ●我跟男朋友去吃饭
- ●我跟男朋友骑自行车去了公园
- ●第一次约会的时候我们去看了电影
- ●第七次约会的时候 , 我们去开了房

　想像可能なものからかなり赤裸々な例まで出て
くる。

　また、女子学生の気になるテーマの一つにダイ
エットがある。“我的减肥方法”をキーワードに

いれて調べてみると、

- 苹果减肥法
- 蜂蜜减肥法
- 节食减肥法
- 曲美减肥药（曲美は薬の名前）

などがでてきた。また、抽出されたサイトをみると "从 110 斤减到 100 斤" という一瞬ぎょっとするような数字がでてくるが、中国人が体重にも伝統的な度量衡「斤＝500g」で計算していることが分かる。

■ 意外な生活リズムを知る

中国人の生活リズムは日本人とは異なるのかと考えた学生がいた。そんな学生が検索したフレーズは "每天早晨 * 点钟起来" という簡単なものだった。いろんな時間が抽出されたが、一番多かったのが、"4/ 四点" という意外な結果だった。

このように学生自身が自己の発想で検索し、じかに結果を得ることで、中国をより身近に感じることができる。

■ 日本のこと、日本の○○をどう思うか

様々な検索例をみる中で、今回逆に学生に教えられたものがあった。それは中国人が日本に対して、また日本の何かに対してどういう印象を抱いているのかであった。学生が検索したのは "日本是 * 的国家" と "北野武是 *" だった。一つ目の検索では、

- 日本是最长寿的国家
- 日本是心脑血管发病最低的国家
- 只有日本是对中国真正道歉的国家
- 日本是民俗节日较多的国家
- 日本是唯一承认黑帮合法的国家

などがでてきた。全体的には、ネガティブなコメントが多いが、そうでもない別のイメージもでてきた。また、二つ目の検索の結果をみてみよう。

- 北野武是我很喜欢的一个导演和演员，听说

他还是一个相声演员
- 北野武是个大大大大大大大大大变态 !!!
- 北野武正是这种病态文化的代表。很难想像这样的一个人竟然后来也能拍出《菊次郎的夏天》如此色彩鲜艳的电影。他就是一个十足的精神分裂。

どちらかといえばよい印象ではなく、好き放題に書いている。

このように中国人がみる日本を通して、中国人を理解することも意味のあることだろう。

❋ 2. 学生に求めるスキルと現状

中国語のスキルについては、ボキャブラリーや文法理解の差、中国や中国語に対する好奇心の差で、課題の仕上がり具合が変わってくるが、この授業では大きな問題とはならない。ここではもう一方の PC スキルについて考えてみたい。

まず、タッチタイピングを疎かにしているという印象をうける。タッチタイピングは学生の PC スキルとして必要不可欠なだけではなく、課題作成の速度にも影響してくる。この授業を受ける前には解決しておいて欲しいというのが本音だが、現状は授業の中で改善するしかない。筆者も例えばタイピング練習サイト e-typing[5] で練習するよう働きかけた。実際、入力が大変だった学生も、先のアンケートには「パソコンに向かう回数も増え、打つことに抵抗がなくなってきた」という答えもあり、多少は貢献できたようである。

また、タイピングとともに足りないと感じたのがファンクションキーやショートカットキー等の基本的な PC スキルである。学生たちは 1 年次の情報系科目で学んだかも知れないが、そこで終わってしまい、自分のものにはしていない。そして、その後パソコンに向かわなくなり、携帯に触れるばかりになり、タイピングともども忘れてしまう。学生自身もこの点は自覚しているようだった。

そして、もう一つ欲しいのは、ワード、エクセルなどのアプリケーションを使いこなせるスキル

がある。ただ文章を打つだけならまだしも、罫線や画像の挿入はもちろん、その応用となるとうまく使いこなせない。この授業では、事前に筆者が用意した課題用のフォーマットを使い、混乱を最小限にしている。これをもし白紙から始めさせたなら、恐らく表作成の段階でつまずいただろう。実際、フォーマットがくずれた時に、学生にはそれを修正するスキルはなかった。

第一外国語として学ぶ学生たちにとって、中国語のスキルは今後の授業の中でいくらでも伸ばすことができる。しかし、PCスキルはどこかで時間を作って、意識的に学ぶ機会を設けなければならない。この他に、USBフラッシュメモリなどのメディアや周辺機器の使い方、文書の保存やファイルの保存、移動、名称の変更などでつまずく学生も多い。アンケートには、「印刷設定の仕方がわかって勉強になった」というものもあった。

では、教える側である教師は、授業のためにどのような準備をし、どこまでのスキルをもっておこなわなければならないか。

❀ 3. 教師に必要なスキルや配慮について

☞ 3.1 授業準備とPCスキル

まず、事前準備について具体的に述べる。この授業にふさわしい市販のテキストはないので、時間をかけ、自ら教材資料を作った。毎回の資料の構成はタスク、ポイント、練習問題である。多いときには一度の授業にA4用紙10枚以上になる。また、前半の入力文献は学生のレベルや興味によって選べるよう、複数の選択肢を用意した。後半のインターネット検索では、なるべく最新の情報を提供しなければならないので、毎回同じ資料というわけにはいかない。したがって、事前に授業で使うサイトに変化がないかを確認する必要がある。

また、資料は毎回、PDFファイルに加工し、共有ファイルに入れ、学生が個々にプリントアウトして、授業にでるという形式をとった。苦労した

甲斐あってか、アンケートには「授業でのみ込めなかったものはプリントで復習できるのでうれしい、また復習したい。」という声があった。授業では消化しきれないくらいの盛りだくさんのことを紹介する。学生たちがどこかで自発的にプリントを見直し、PCに向かって復習・実践してもらえていれば、この授業の役目は果たしたと思っている。

資料作成にあたっては、図解して説明することが多いので、Print Screenと図の加工と図画描写を使いこなすスキルが必要になってくる。

PCスキルについていえば、筆者の授業は、e-learningとは異なるので特別なプログラムを編むスキルは必要ない。上で述べたことを把握しておけば、スムーズに授業は進行できる。ただし、学生の質問に柔軟に答えられるだけの用意をしておかなければならない。中には、無意識に操作をしてしまい、何がおきたのかわからず、困ってしまう学生もいる。学生たちが分からないところをそのままにしないよう、筆者も課題作成中に教室内をまわり、随時対応できるよう心がけた。

☞ 3.2 学生の興味についていけるか

後半のネット検索では、学生の興味に合わせて課題に取り組む。そこでも教師はある程度、最新動向やどんなサイトが存在するのか、どういった語彙があるのか先回りして知っているだけのミーハーな気持ちが必要になる。しかし、ジャンルの幅広さや時代の流れについていけるかどうかは筆者も自信がない。

以前、ある映画のタイトルを中国語でどういうのかと学生からたずねられたことがあった。そこで英文タイトルなどいくつかキーワードを入れて検索した。すると、中国語タイトルが容易に出てきた。また、映画のタイトルは訳が複数存在する場合があることも分かった。このように未知の情報については、教師と学生の関係ではなく、知識・情報共有の仲間として、共に調べ、学べばよい。

☞ 3.3 課題の評価と学生へのフィードバック

について

この授業では、課題によって評価をする[6]。前半部分から述べたい。まず、翻訳をする日中混在文作成では、中国語の文章ルールを理解しているか、課題文を文法的に理解しているかの二つがチェックポイントになる。また、自己紹介シートでは、自分のことを中国語で表せているかをみる。これは筆者はもちろんのこと、ネイティブにも目を通してもらう。そして、ポスター作成ではワード文書作成に必要なスキルが身についているか確認する。

後半には、興味のあるサイトから新出単語を探し、仲間に紹介するという課題を与えた。この課題は学生の語彙量の不足、文法理解の不足が原因で、単語を探す際に間違いがおこりやすい。これを回避するには、学生がどんなサイトを選び、どんな語彙を取ったかを見回り、必要があれば訂正しなければならない。またデータ提出後も、ミスがないか確認する必要もある。そして、学生たちにフィードバックする。これをするのは、他の学生の興味や自分が調べなかった分野の語彙に触れることができるからだ[7]。

この他に、興味のある分野の書物をまとめる課題、興味ある分野のサイトをまとめる課題、授業を通して得た知識をふまえた独自の学習方法を紹介する課題なども出した。これらの課題も同じく学生たちにフィードバックした。

✳ おわりに

そもそも筆者がこの授業をしようと思ったのは、学習者に授業活動を通して、受身ではない、自立した中国語学習法をみつけてもらいたかったからである。

中国語しかり、パソコンしかり、大学で学ぶこ

とは一部にしかすぎない。たとえある程度使えるようになっても、全くゴールは見えず、難しさが増すばかりである。それならば、さらに前進するにはどんな方法があるのかを知っていること、つまり自立した学習者の育成に努めることが何より大事ではないか。そのためのインターネットであり、そのインターネットをうまく利用するためのメディアリテラシーを習得できれば、学生たちの中国語学習の大きな機動力となるだろう。

参考

- 中西千香 2005「パソコン・インターネットを活用した中国語教育」『COM』Vol.16/No.1 PP29-42 愛知大学情報メディアセンター
- 荒川清秀・中西千香 2007「中国を知る 中国語を知る ── インターネットを使って中国語を検索する」『中国21』Vol.27 PP109-130 愛知大学現代中国学会

注

[1] 毎期 15 名以下で、時間数が少なく、大学の講義ではないので、課題や授業構成は多少変更している。

[2] 06 年度 40 名、07 年度 25 名、3 年生以上の学生、ネイティブの学生もいた。

[3] 実際のフレーズ検索、ワイルドカード検索の際の「"(ダブルクォーテーション＝双引号)」や「*（アスタリスク＝星号)」は半角で入力する。

[4] 検索例は実際に学生がしたものを筆者が再度検索してまとめたものである。

[5] http://www.e-typing.ne.jp/

[6] この授業では数回の課題と最終レポートで成績をつける。課題は毎回 A4、一枚程度である。

[7] フィードバックは常に氏名を伏せて行う。

2006~2007

ソフトウエア
レビュー

　2007 年度のソフトウェア・レビューをお届けする。

　一応、本年最大の話題は、Windows VISTA と Office2007 のリリースだろう。これについては、別途特集 1 で採り上げたので、そちらを御一読いただきたい。

　ところで、本号では、特に「Google の提供する各種サービス」をテーマとする一群を設けた。「Google はインターネットサービスではないか？」と勘ぐられる方もおられよう。しかし、「Google」がこの一二年で提供してきた各種サービスは、何れもインターネット接続環境を前提としつつも、ローカルなアプリケーションがフォローしていた分野をカバーしつつある。

　「Google」の展開に象徴される「Web2.0」的な Web サービスの充実は、従来のスタンドアローン環境で動作するアプリケーションと Web サービスとの境界を曖昧にする代物である。その為、今後、本誌のレビュー構成自体、変化する必要があるかもしれない。本年はその第一歩として、特に Google をまとめてみた次第である。

　その他、本年も本会会員の食指が動きそうなアプリケーションを中心に紹介した。購入を考えておられる読者諸賢には、各レビューの記事が参考になれば幸いである。

Contents

Google 提供のソフトウェア	何故 Google をとりあげたか	山田　崇仁	104
	Google コミュニケーションツール群	秋山陽一郎	106
	アーカイブ検索ツールとしての Google	小島　浩之	115
	Google ドキュメント　オープンなコラボツールは使えるか	小川　利康	120
	学術情報インターフェースとしての Google Earth	師　茂樹	126
	Google マップ	山田　崇仁	130
アプリケーションソフト	WWW ブラウザ……上地　宏一　135	JUST Suite2007 …… 山田　崇仁	137
	今昔文字鏡・超漢字検索	野村　英登	140
	Chinese Writer9 …… 金子　眞也　144	j・北京 V6 ……………… 金子　眞也	146
	楽々中国語 V4	田邉　鉄	148
	Adobe Creative Suite 3	山田　崇仁	150

Journal of JAET vol.8 ● *103*

ソフトウエア・レビュー

❖ Google 提供のソフトウェア

何故 Google をとりあげたか

山田　崇仁

❖　はじめに

　例年、本誌では、Web サイトの情報を中心にしたインターネット上で展開される各種サービスを「インターネットリソースレビュー」の項目で紹介している。

　これは、アプリケーションと、インターネットサービスとが分かれていた時代の状況に則って設定された区分けである。

　ところが、本誌刊行以後、急速にインターネット上で提供されるサービス（とそれを支える回線状況）が変化した。特に、blog, Wiki, Ajax を使用する Web サイト等、いわゆる「Web2.0」的なものと位置付けられる Web サイトが増加し、特に、Office 系ソフトウェア・仮想デスクトゥアプ・スケジュール管理（含カレンダー）・メール等の数多くの従来ならばアプリケーションの枠組みに分類されるものまで提供されるにいたる等、昨今の Web 上でのアプリケーションサービスの充実は、（未だ機能的には及ばないとはいえ）デスクトップアプリケーションが占めてきた領域を、近いうちに Web アプリケーションが占めてしまうだろうという予測を、より高めるまでに至っている。

　これに対抗するように、従来の個人のパソコンにインストールするタイプのアプリケーションでも、情報の主体はインターネット上に設置した物を使用したり・インターネットへの情報発信に積極的に対応するなど、インターネットと接続されている事が半ば前提となる等、アプリケーションとインターネットとの関係が切っても切り離せなくなってきた。

　その中でも、サーチエンジンサービスから始まった Google の躍進は、「全てを検索する」を主軸として各種サービスを展開し、今日、従来のソフトウェアの覇者であった Microsoft の牙城を脅かす存在として意識されるようになった。

　Google は、度重なる大型買収の繰り返しと、買収元の資産を従来の Google が提供するサービスと組み合わせて公開し、ユーザーに複合的に利用させる事でより利便性を挙げる事に地道を挙げている。更に、Google の提供する Web サービスやアプリケーションは、初めから多言語を意識した開発がされており、本会会員の多くが悩む多言語や多漢字に対するハードルが低いのも特徴的である。

　以上の点から、これら Google の提供する Web サービスやアプリケーションが、どの程度（本会会員を対象とした）学術（研究・教育）目的に使用可能かを、まとめて検証・報告してみようと考えたのが、本小特集を立ち上げた理由である。

❖　本会 BBS での Google

　インターネットを中心に据えた IT 業界の革命児にも喩えられる Google の起業は、今から 9 年前の 1998 年に遡る。

　それ以降のサクセスストーリーは、幾つもの書籍や Web サイトで紹介されている話なので、ここでは述べない。

　Google が本会の BBS で紹介されたのは、2000 年 10 月 30 日付けの二階堂善弘氏による「【検索サイト】速いっすね Google」なる題名の書き込みである。

　その書き込みでは、Google が日本語を含む多言語版が登場した事が紹介されている。二階堂氏の書き込みに始まる BBS の一連の反応としては、「今まで見つからなかった情報が発見可能だった」という、サーチエンジン自体の能力評価に関する反応が高かった [1]。この当時は Google の多言語対応は各言語毎であったため、検索結果表示では、他言語の Web ページが文字化けして表示されているという状況によく出会ったような気もする。

104　● 漢字文献情報處理研究　第 8 号

その後の、本会 BBS の Google 関連の話題を追いかけてみると、Google のデータベースの更新頻度の速さに驚くものや、Google による情報収集の危うさを指摘した週刊誌記事や Web 情報の紹介等が見られる。

その後、2002 年の書き込みでは、Google が utf-8 に対応した事が紹介されている。また、それに伴って、検索結果の多言語混在表示や、簡体字・繁体字・旧字体・新字体等の異体字を包摂した検索を行ってくれるようになった。

これまで、目的とする言語毎のサーチエンジンを使い分けたり、キーワードに入力する文字列をより吟味する必要があったのを、余り気にせず「とりあえず Google を使えば何とかなるかも」という状況に至ったのである。

よく、「Google で検索する」という言葉が「ググる」という動詞化している発言を見るが、本会的には、utf-8 化によるシームレスな多言語対応サーチエンジンとして Google が進化した事で、より身近なインターネットサービスになったと言えるだろう。

その後は、Google の検索以外のサービスの紹介が増えてくる。

特に、2004 年の学術情報検索サービスである Google Scholar の紹介以後、書籍の検索サービス Google Print（後、Google Book Search に改称。小島氏のレビュー参照）や、Google Earth（師氏のレビュー参照）・Google ドキュメント（小川氏のレビュー参照）の紹介等が BBS ではされている。

その論調も、単なる Web サービスとしての紹介だけではなく、本会会員の主用途である「多漢字がどの程度使用可能か」や、これらのサービスが今後の学術界にどの様な影響を与えるかが議論されてきた（後掲秋山氏のレビュー参照）。特に、他の Web サービスやデスクトップアプリケーションの多くが対応していない Unicode の CJK 統合漢字拡張領域 B への対応が普通に出来ているのは、それだけでも（本会的には）十分にポイントが高くなるのである。

また、Google が「全てを検索する」というコンセプトの下で、学術情報の検索にも積極的に力を入れている。日本と関係ある分野としては 2007 年 4 月から開始された、国立情報学研究所の論文情報ナビゲーター Cinii（**http://ci.nii.ac.jp/**）の情報を Google で検索可能とした点だろう。詳しくは後述の小島氏の論攷に譲るが、今まで一般には敷居が高かった学術情報へのアクセスが、他の Web サイトの情報と同じ遡上に載せられることになったのである。これは、知の一般への公開と同時に、ページランク等の手法によって学術情報の評価にも繋がる可能性がある。また、Google Book Search についても、図書館や出版社との兼ね合いもあるが、図書へのアクセスと「調べるための図書」に対するアプローチを劇的に改善してくれる試みとして評価すべきだろう。

これら、Google の攻勢には、学術情報を発信する側としても危機感を持たずにはいられない。

「Google で発見されない情報は世の中に存在しない。」という状況になりつつある今日 [2]、一般の企業人と同様に、世界に学問に携わる人間としての情報をいかに発信するかについて、真剣に問い直される事が要求される。

その為にも、本特集を御一読いただき、「今、学術ツールや情報源として、Google がどの様に利用可能なのか？」について理解しておくのも必要ではないかと思う次第である。

❖ おわりに

以上、導論として Google の提供するサービスと研究や学術情報の公開との関係について述べてみた。

本レビュー小特集では、Google の提供するサービスから、比較的学術目的にマッチしたものを中心に、具体例やその可能性を中心に執筆している。

読者諸賢においては、御一読の上、個々人の研究活動に是非ともお役立ていただきたい。本誌の記事をきっかけにして、より機能的な研究スタイルを構築するための一助となれば幸いである。

注

[1] Google の検索力強化のアルゴリズムは、開発者ラリーペイジにちなみ、ペイジランクと呼ばれる。

[2] Google による情報遮断」を表現した言葉として、「Google 八分」があげられる。

ソフトウエア・レビュー

Google コミュニケーションツール群

秋山　陽一郎

❖ Google が推進するデスクトップアプリのウェブアプリ化

これまでクライアントローカル（つまり各自の端末内）で運用してきた、メーラーやスケジューラーといったクライアントアプリケーション[1]を、今Googleが相次いでウェブサーバー上で運用するウェブアプリケーションに置き換えようとしている。梅田望夫流にいえば、個人情報の管理・運用をネットの「こちら側」（＝クライアント側）から「あちら側」（＝サーバー側）にシフトしようとしている[2]（図1）。

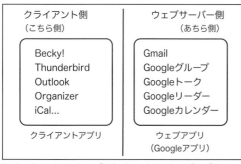

図1　クライアントアプリとGoogleのウェブアプリ

ただ、ここで取り違えてはならないのは、Googleは、単にアプリケーションを「あちら側」（ウェブサーバー側）に置いているだけではなく、これまでとは性格も使い方も異なる新しいモデルを提示することだ。

■ Google ウェブアプリの特長

Googleが提示しようとしている新しいアプリケーションの特長は、ひとことでいえば個人情報に集合知の観念を持ち込んだことだろう。

Googleは、これまで個人の端末内で眠っていた知識を、（もちろん、保護すべき個人情報はブロックしながら）ウェブを介して世界中の人と共有できるようにすることで、誰もが再利用可能な、膨大な知識を集積しようとしている。さらに、共通のデータフォーマットやAPIによって、Google内外での情報の連携も容易にしている。そして、世界中から集められたその膨

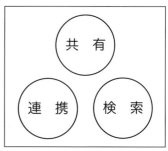

図2　Googleウェブアプリの3つの特長

大な量の知識を、高速・高精度に引き出すための高い検索技術が、Googleのウェブアプリケーションを下支えしている（図2）。

■ 集合知型ウェブアプリのメリット

Googleが、これまでネットの「こちら側」で死蔵されていた知識を、「あちら側」で共有させようとしていることのメリットは、実は意外に大きい。

- 情報量（知識量）が爆発的に増える。
- 情報量が増えることで、検索技術の精度が上がったり、より個人個人に合わせた、最適な情報の提供ができるようになる。（Googleウェブ検索・Google AdSenseなど。）
- 知識の蓄積も急速に進み、同じ情報の再生産が減る（≒省力化が進む）。（Googleカレンダーのイベント情報、Gmailの迷惑メールフィルタなど。）
- 情報相互の関連づけが進み、これまでローカルで孤立していた情報が、さまざまな場面で再利用可能になったり、関連情報へのアクセスが容易になる。また自分の知っている知識が、未知の知識と関連づけられ、どんどん世界が広がる。（Googleマップの位置情報、Googleカレンダーの時間情報、Gmailのアドレス帳など。）

こうしたメリットを活かせるかどうかが、Googleのウェブアプリケーションを使いこなす肝になる。また、移行するかどうかで迷っている方も、これらの特

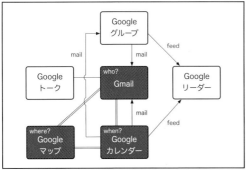

図3　Google ウェブアプリ間の連携

図4　Google カレンダーで拡張 B 漢字

図5　Advanced/W-ZERO3[es]+Windows Mobile 6+ Opera 8.7 + HAN NOM A で拡張 A 漢字

長が、各自の需要に沿っているかが乗り換えの判断材料となるだろう。

■ 複数サービスの連携で情報価値を上げよ

Google アプリでは、複数のサービス間で連携して、同じ情報を相互に関連づけていくことで、情報の価値を飛躍的に高めることができる。

たとえば、Google カレンダーで、研究会の日程管理を行うとしよう。Google カレンダーの開催する日時（when）の欄に、研究会名やその日の主題（what）を入力し、Gmail のアドレス帳を介して、発表者や参加者（who）に通知する（方法は後述）。開催会場（where）は、Google カレンダーに所在地を入力すると、自動的に Google マップの該当位置にリンクされるし、必要に応じて Google ドキュメントで作成したレジュメ（これも what）とも関連づけることができる。これらの情報（特に軸となる what に相当する情報）は、その気になれば Google カレンダー、Gmail、Google マップのどこからでもアクセスできるようにすることが可能だ。（図3。もちろん、これらの情報は、自分だけしかアクセスできないようにブロックすることも、参加メンバー限定でアクセスを許可することもできるし、世界中のすべての人にオープンに公開することもできる。）

このように、Google では複数のサービスと連携させることで、これまで個別のアプリケーションごとに孤立していた情報を（5W1H 的に）有機的に関連づけ＋再利用することができる。

■ 多言語対応は遺憾なし

ちなみに Google が提供するサービスの多くがそうであるように、Gmail や Google カレンダーなども、

CJK 統合漢字拡張 B などの BMP（基本多言語面）外の Unicode 文字が利用可能だ。インターフェイスも、現在 日本語や中国語（簡体字・繁体字）を含む、40 カ国語に対応している（図4）。

ただし、携帯電話で閲覧した場合、当然のことながら、携帯電話に実装されていない Shift JIS 外の文字は表示されない[3]。しかし、一部の PDA やスマートホンでは、フォントをインストールすることで、拡張漢字を含む、BMP 内の文字の表示が可能なものもある[4]。

想定されるユースケース

■ 小規模研究会の情報管理に！

ここから話を、本会会員や本誌読者向けの内容に移して行く。本会会員や本誌読者の主要な利用シーンはおそらく、

- 授業
- 学会・研究会

ソフトウエア・レビュー

図6 Google カレンダー招待状送信先入力フォーム

図7 Google カレンダーでの出欠集計

- 共同プロジェクト
- 個人研究

といったあたりかと思う。以下、そのあたりを念頭に置きながら、活用方法をいくつか紹介しよう。

■ Google カレンダーを研究会運営に

研究会や輪読会、あるいはプロジェクトのミーティングに日程調整はつきものだ。定例化していても、プレゼンの担当者や議題などの調整がやはり必要だろう。

図8 イベント登録ボタン作成フォーム

Google カレンダーは、個人の日程だけでなく、仲間内や公共の日程も、複数、共有・編集できるようになっている。また、個々のイベント単位での日程の告知も可能だ。しかも日程情報は、iCalendar 形式（後述）での配信・配布ができるようになっているので、誰かが一度入力してしまえば、あとの参加者は、メールに添付される日程情報を、スケジューラーに登録するだけで、入力の手間も誤入力のリスクも発生しない。共有相手の環境も Gmail + Google カレンダーなら、ほんの2～3クリックで登録できる。

■ 出欠確認の集計までできる！

ここで注目したいのが、Google カレンダーの招待状送信機能だ。イベントの見出し（[タイトル]）、開催日時（[日付]）、会場（[場所]）などを記入の上、研究会やプロジェクトの参加メンバーのメールアドレスを［ゲスト］の入力欄にカンマ区切りで入力すると、出欠確認つきの招待状を送付される。（図6。なお［場所］は自動的に Google マップと関連づけられる。）

この時、メールアドレスは、Gmail のアドレス帳のデータを自動的に流用できるようになっているので、Gmail 側でメンバーのアドレスデータの登録と、グループ化が済んでいると [5]、Ajax [6] による自動補完機能も手伝って、メールアドレスの指定を一瞬で終えることができる。

送信される招待状には、タイトル・日付・場所・説明欄でそれぞれ入力した本文のほかに、スケジューラー登録用の iCalendar 形式のファイルが添付される。さらに、出席・欠席・保留の3択による出欠確認が取れるようになっていて [7]、最少ワンクリックで（HTML メールの場合）出欠の返事ができる。出欠状況は、Google カレンダーが自動で集計してくれるので、世話役側も手間いらずだ（図7）。

■ 大規模学会の大会告知なら

　以上は、参加メンバーの合意形成が容易な、少人数の研究会や、小規模プロジェクト、小集団ゼミ向けのユースケースだ。個人情報を自分の管理下にないネットの「あちら側」に置く性格上、なかなか大規模な学会では、こうはいかないだろう。

　ただ、大規模学会でも、公式ウェブサイトに大会の告知をする際に、開催要項を Google カレンダーに簡単に登録できるような仕掛け（ボタン）を設けることはできる。これなら個人情報を含まないので、セキュリティの問題も発生しない。しかも、これは Google のアカウントを持っていない人でも作成できる。

　まず「Google カレンダーの使い方ガイド」（Google カレンダーのアカウントにログインしていなくてもアクセスできる）から [8]、[予定やイベントの告知]（もしくは[予定公開ガイド]）というページに進むと、ページの中ほどに［サイト内の特定の予定やイベントを他の人が保存できるようにする］という、図8のような項目がある。

　この入力フォームに必要事項を記入して、[ボタンHTML を作成] ボタンをクリックすると、そのすぐ下に HTML のソースコードが表示される。このソースコードをコピーして、大会告知ページの HTML 中にペーストすれば登録ボタン設置完了。Google カレンダーのアカウントを持っている人が、このボタンをクリックすると、Google カレンダーに大会のイベント情報を登録できるようになる。

■ 遠隔コミュニケーション

　以上のユースケースは、いずれもあくまで物理的に直接対面できる研究会やプロジェクトを想定したものだ。しかし本会のように、メンバーが滅多に顔を合わせられる機会のない、国内外の遠隔地に散らばっていることもあるだろう。Google には、そういったケースのコミュニケーション手段も用意されている。

● Google グループ（メーリングリスト）
　　http://www.google.co.jp/grphp
　ひとつは Google グループ。ウェブページからでも、メールからでも閲覧・投稿ができるメーリングリストサービスで、上限 100MB の範囲内ならファイル共有もできるようになっているので、レジュメや資料を共有するのにも便利だ。

　Gmail のラベリング（タギング）機能を活かして、「原文」「訳文」「議事録」などといったラベル（タグ）をメールにつけておいて、メールのログを、データベースとして活用することもできる。

● Google トーク（チャット, 音声通話, P2P）
　　http://www.google.co.jp/talk/intl/ja/
　しかし、時としてメールは、書くのに時間が掛かったり、レスポンスにタイムラグがあったりして、急ぎの要件がある時など、伝達手段として適さない場面もある。そういう時に便利なのが、Google トークだ。

　Google トークは、チャットができるインスタントメッセンジャーだが、音声通話もできるようになっているので、文字では伝わりにくい要件を、自分の声で直接伝えることもできる。（音質は同種サービスの Skype とほぼ同程度といわれている。）たとえ相手が地球の裏側にいたとしても、電話と違って費用が掛らないし、相手が都合良くつかまらない時は、声を録音してボイスメールとして送ることもできる。さらに P2P（pear-to-pear）によるファイル転送まで行えるので、リアルタイムで話題を共有するのに便利な機能がひと通り揃っている。

　利用するには、専用ツールをダウンロードするか、ほかのインスタント・メッセンジャーからアクセスする必要がある [9]。音声通話をする場合には、当然ながら、端末にマイクとスピーカーが接続（もしくは内蔵）されてなければいけないが、利用シーンに合わせてうまく使い分ければ、強力な遠隔コミュニケーションツールとなるだろう。

■ Ajax IME で海外端末からでも日本語入力

　出張先の海外からメーリングリストに投稿したり、

図9　どこでも Ajax IME + Gmail

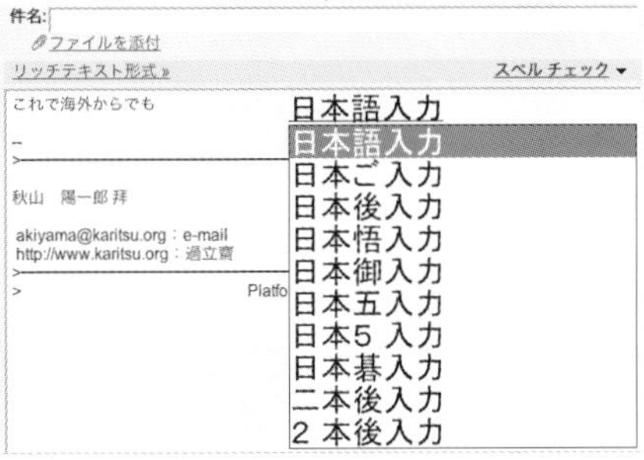

ソフトウエア・レビュー

図10 Google リーダーで JAET BBS フィード

メールを書いたりしたいが、なんらかの事情で手持ちのノート PC が使えなくなった or 持参できなくなったという時に便利な Ajax IME も紹介しておく。

Ajax IME は、工藤拓氏（Google）が開発した、形態素解析器 MeCab を変換エンジンにした、Web ベースの日本語入力サービスである。

ここで利用したいのは、その Ajax IME を、ウェブ上のどの入力フォームからでも呼び出して使えるようにするための「どこでも Ajax IME」というブックマークレットだ[10]（図9）。

登録法：Ajax IME のページ[11]にある"［Ajax IME］"というリンクに対し、Firefox なら［このリンクをブックマーク］、IE なら［お気に入りに追加］する。

使い方：任意のテキストボックスで、ブックマーク or お気に入りの［Ajax IME］をクリックすると Ajax IME が有効になる。あとは普通のローマ字変換入力と

図11 Google ニュースで記事検索

同じ要領で日本語を入力していくだけ。

これで、日本語 IME が利用できない、海外のネットカフェの端末からでも Gmail を介して日本語メールの読み書きができるようになる。

● Google リーダー（フィードリーダー）
　　http://www.google.co.jp/reader/

個人研究用途としても、活用の余地は色々ある。そのひとつ、Google リーダー[12]も忘れてはならない重要な存在だ。Google リーダーは、いわゆるフィードリーダーと呼ばれる、一種の情報収集ツールである。誤解を恐れずに言い換えるなら、ニュースリーダーとかヘッドラインリーダーといえば、少しはわかりやすいだろうか？

フィードリーダーというのは、RSS や Atom といった形式で記述・配信されている[13]、ウェブサイトの見出しや要旨、もしくはコンテンツそのもの（これを「フィード」という）を、定期的に巡回して自動的に取得してくるアプリケーションだ。

フィードは、更新頻度の高い、あるいは更新が不定期なブログや、速報性が売りのニュースサイトを中心に配信されている。多くの場合、上に掲げたようなフィードアイコンが配信の目印になる。毎日、数多くのウェブサイトを巡回している人や、一日に何度も更新されたり、逆に更新が不定期なウェブサイトを、更新されたタイミングで効率よくチェックしたい場合に便利なのが、このフィードリーダーである。

また、最近では PodCasting（ポッドキャスティング）や VideoCasting（ビデオキャスティング）のように、配信対象が音声や動画コンテンツにまで拡大を見せている[14]。

■ ニュースやブログの最新情報を購読

今やフィードは、いたるところで用意されている。これを情報収集に利用しない手はない。といっても、人民日報などのニュースサイトや、個人ブログ、団体サイトなどが配信しているフィードをダイレクトに購読するだけでは物足りない。ここは、もっと手広く、かつ省エネな手段を取りたいところだ。

Google 内のサービスでいえば、Google ニュースや、Google ブログ検索[15] がフィードを配信していることはご存知だろうか？

- Google ニュース
    http://news.google.co.jp/
- ブログ検索
    http://blogsearch.google.com/

たとえばブログ検索で「古代 [space] 文物」というキーワードで検索をかけると、「古代」と「文物」という語を含むブログエントリーが並ぶ。ここで検索結果のページの左側に［フィードを取得：］という項目があって、［Atom］と［RSS］というリンクテキストがある。これがフィードへのリンクだ（図12）。

このいずれかのリンクをコピーして（どちらでも構わないが、Google は Atom 形式で配信することが多いようだ）、Google リーダーの［登録フィードを追加］の入力欄（リンクをクリックするとテキストボックスが現れる）にペーストする。これで「古代」の「文物」に関する、ブログでのレビューや論評を絶えず追っかけることができる。

Google ニュースも同じように、任意のキーワードを指定してフィードを取得できる。ただし、まだ日本語や（簡体字・繁体字）中国語のニュースには、公式には対応を表明していないため、Google ブログ検索のような、フィードへのリンクは表示されない。そこで、ちょっと面倒だが、以下の URL の末尾にキーワードを直接入力して、Google リーダーの［登録フィードを追加］にペーストする。

- 日本語：
    http://news.google.com/news?hl=ja&ned=us&ie=UTF-8&oe=UTF-8&output=atom&q= キーワード
- 簡体字中国語：
    http://news.google.com/news?hl=zh-CN&ned=us&ie=UTF-8&oe=UTF-8&output=atom&q= キーワード
- 繁体字中国語：
    http://news.google.com/news?hl=zh-TW&ned=us&ie=UTF-8&oe=UTF-8&output=atom&q= キーワード

図12 Google ブログ検索のフィード取得

図13 Google ニュースを Google リーダーで購読

これで任意の分野の最新のニュースを購読できるようになる。あとは一覧表示されている見出しの中から、関心のあるものだけを拾い読みすれば良い。ニュースサイトの膨大な数の記事から探すのに比べ、フィードがお目当てに近い内容の記事だけを拾ってくれるので、居ながらにして受動的にチェックすることができる（図13）。

■ ソーシャルブックマークのフィードで、注目記事をねらい撃ち

かくしてアンテナに引っ掛かった有益な記事やエントリーは、はてなブックマークや、del.icio.us（デリシャス）のようなソーシャルブックマーク[16] にストックしておくと、あとで必要になった時に探しやすい。

ソーシャルブックマークというのは、世界中の人とブックマーク（お気に入り）を共有するためのウェブアプリケーションだが、ニュースバリューの高いページにブックマークが集まるため、重要な記事だけに狙いをしぼって、ページを探しやすいというメリットがある。また、日頃からアンテナの感度が高い人のブックマークを追う（フィードを購読する）だけでも、自

ソフトウエア・レビュー

分のアンテナでは引っ掛からない、思わぬ隠れたリソースが発見できることがある。

このソーシャルブックマークも、フィードを積極的に配信しているので、是非、活用したいところだ。

◈ Google ウェブアプリのリスク面

最後に Google のウェブアプリを使うかどうかの決め手になりうる、リスク面についても触れておこう。重要なのは次の2点だ。

- 個人情報を自分の管理下にないネットの「あちら側」に置くことの不安。
- メーラー、スケジューラー、フィードリーダーなどは、オフラインで使えないと利便性半減。

■ 個人情報の問題

個人情報については、たとえば Google カレンダーのように、必要な場面では必ず公開範囲を設定できるようになっている。また Gmail にも迷惑メールフィルタとは別に、ヴィルススキャン、ヴィルス駆除システムが特別な設定要らずで常に稼働している。

しかし、オンラインのウェブベースシステムである以上、100% の安全が保証されることはない。(もっとも、これはネットに接続している端末なら、クライアントアプリケーションでも同様のことがいえる。)こればかりは個々のユーザーが、情報管理に対してどういう姿勢で向き合うかを、各自の責任において選ぶしかない。

- 事前に関係者や仲間の同意を得ておく。
- 事前の同意を得ず、自己責任で利用する。
  - ▶ 機密性の高い情報については公開設定を必ず確認する。
  - ▶ 機密性の高い情報はネットの「あちら側」には上げない。
- ウェブアプリケーション自体を利用しない。
- インターネットに接続しない。

■ オフライン利用の問題

Google がクライアントアプリをウェブアプリに置き換えようとしていることは、再三説明してきた通りだ。しかし、逆にこれまでメーラーや、スケジューラー、

フィードリーダーなどがクライアントアプリの形をとってきたことにも、それなりの理由があることを見落としてはならないだろう。

特にノート PC の利用者などは、移動中、オフラインの状態でも、メールやスケジュールの読み書きをしたいことがある。ところが、Gmail や Google カレンダーは、起動するたびに Google のサーバーにアクセスすることになる。これは一部の利用者にとっては致命的な欠点になりうるので、代表的な対策を紹介しよう。

■ Gmail のオフライン対策

Gmail は、POP3、SMTP に対応している。つまり、(いささか本末転倒の感もあるが) 普通のメールと同じように、Outlook Express や Becky! Internet Mail といった、外部クライアントメーラーでの読み書きや送受信ができるようになっている [17]。

もちろん、同時にウェブブラウザからのメールの読み書き・送受信も継続可能だ。[設定] 画面の [メールの転送と POP 設定] タブにある、[POP ダウンロード] ー [2.POP でメッセージにアクセスする場合] のリストボックスで、[Gmail のコピーを受信トレイに保存] を選択すれば OK。

■ Google カレンダーのオフライン対策

Google カレンダーについては、iCalendar 形式(RFC 2445)でのデータ配信に対応しているので、これを Outlook や iCal といったクライアントアプリに購読させれば、Google カレンダーの予定をローカルに同期保存させることが可能だ [18]。

まず Google カレンダーで購読したいカレンダーの右にある▼印をクリックして、出てくるサブメニューの中から [カレンダー設定] を選択する(図14)。

次に設定ページ [カレンダー情報] タブ最下部の [非公開 URL] ー [ICAL] ボタンをクリックし、表示される iCalendar ファイルの URL をコピーする (図15)。

Outlook なら、[ツール] ー [アカウント設定] でダイアログを表示後、[インターネット予定表] タブの [新規] をクリックして、Google カレンダーの iCalendar URL をペースト。

iCal だったら、[カレンダー] ー [照会] で照会先を入力するダイアログを表示して、Google カレンダーの iCalendar ファイルの URL をペーストする。

これでオフラインでも、クライアントスケジューラー

Googleコミュニケーションツール群

ソフト名	対象環境	備考・入手先
SyncMyCal	Outlook（Win, Win mobile）	無料版・有料版あり。双方向同期。Mobile 版は W-ZERO3 などの Windows Mobile 端末でも利用可。http://syncmycal.com
Provider for Google Calendar	Sunbird,Thunderbird+Lightning（Win, Mac, Linux）	Mozilla Sunbird（もしくは Sunbird を Thunderbird に組み込む Lightning）と双方向同期する拡張。無料。http://addons.mozilla.org/ja/firefox/addon/4631
Spanning Sync	iCal（Mac）	有料。双方向同期。http://spanningsync.com
iPodCALsync	iPod（Win）	無料。→ iPod 同期。http://ipodcalsync.ueuo.com

表 1　Google カレンダー同期ソフト

を通しての予定の閲覧ができるようになる。ただこの方法だと、ローカルで変更した内容を Google カレンダーに反映させるためには、いちいちデータを手動でエクスポートして、Google カレンダーに読み込ませなくてはならない。

スケジュールを「あちら側」と「こちら側」で双方向同期させるためには、表 1 に挙げた、専用の同期ソフトを利用するのが便利だろう。PDA や iPod などと同期させるソフトもあるので、興味のある方は、是非ネットで探してみて欲しい。

■ ウェブアプリ全体のオフライン対策

実は、今、こうしたウェブブラウザ越しに使う、ウェブアプリをオフライン状態でも利用できるようにしようという動きがある。

2010 年の第 3 四半期での勧告を目指している、W3C の HTML 5 の Editors Draft（もともとは WHAT WG〔Web Hypertext Application Technology Working Group〕という標準化団体が策定中だった Web Application 1.0 という仕様）にある、クライアントサイドセッションや、クライアントサイドストレージに関する項目がそれだ[19]。

この仕様の実装を、現在、Opera と Firefox が進めようとしている[20]。実装されれば、Gmail や Google カレンダーはもとより、Google ドキュメントもオフラインで使えるようになる。

ところが、それに先駆けて Google が、Google Gears という、オフライン拡張をリリースした。現在のところは、開発者向けのベータ版で Google リーダーのみに対応している[21]。（対応環境は、Windows XP/Vista, Mac OS X 10.2+, Linux 上の IE 6+ と Firefox 1.5+。）

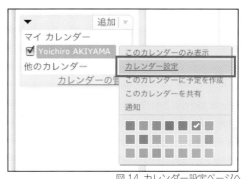

図 14　カレンダー設定ページへ

図 15　iCalendar ファイルのありか

注

[1] インターネットに繋がっていなくても使える、個々人の端末にインストールして使うアプリケーションソフト。
クライアント（サイド）アプリケーション、ローカル（サイド）アプリケーション、デスクトップアプリケーション、スタンドアローンアプリケーションなど、色々な呼び方があるが、ここではクライアントアプリ（ケーション）と呼んでおく。

[2] 梅田望夫『ウェブ進化論』ちくま新書、2006。

[3] なお、au が本年 9 月下旬から、PC ／携帯電話（EZweb）の統一インターフェイスを志向して、EZWeb から Gmail を利用できる au one メール（アドレスは ***@auone.jp）を開始する。携帯からの自動ログインが可能で、絵文字も使える模様。

[4] OS やハードウェアによっては、不具合を起こす可能

ソフトウエア・レビュー

性があるので、導入する場合は自己責任の上、慎重に判断して欲しい。ちなみに Windows Mobile 6 を搭載する Advanced/W-ZERO3[es] では、残念ながら CJK 統合漢字拡張 B などの BMP 外文字は表示されない。

[5] CSV 形式でエクスポートした Outlook Express などの主要クライアントメーラーのアドレス帳を、Gmail にインポートさせることが可能なので、これまで使ってきたアドレスデータを流用できる。

[6] Ajax（エイジャックス）は、Asynchronous JavaScript + XML の略。JavaScript の XMLHttpRequest クラスを利用した非同期通信によって、必要に応じてバックグラウンドでサーバーサイドプログラムと HTTP 通信をさせながら、ページを再読込みさせずに動的に書き換えることができる。Google アプリの操作性を語る上で欠かせない技術でもある。

[7] プレーンテキストメールなら出欠確認ページへの URL が。HTML メールなら［はい］（出席）・［いいえ］（欠席）・［未定］（保留）の３つのリンクがメールの本文中に埋め込まれる。

[8] Google のアカウントを持っている人は、Google カレンダーのページ右上部にある［ヘルプ］から、アカウントがない人は、Google カレンダーのトップページにある［Google カレンダーの使い方ガイドを見る»］というリンクからアクセスできる。

http://www.google.com/intl/ja/googlecalendar/event_publisher_guide.html

[9] 対応している OS とメッセンジャーソフトの一覧。

http://www.google.com/talk/intl/ja/otherclients.html

[10] ブックマークレットは、ウェブページの URL の代わりにブラウザのブックマーク（お気に入り）に登録する、ごく短い JavaScript で記述されたスクリプトのこと。簡単な機能を手軽に実装・追加・実行できる。

[11] http://ajaxime.chasen.org/

[12] 本稿の入稿直前（9/19）に、Google リーダー（Google Reader）の日本語対応が正式にアナウンスされた。もちろん、メニューはもとより、多言語入出力もまったく問題ない。ウェブベースのフィードリーダーとしては、ほかでは Bloglines や Livedoor Reader が比較的優れている。

http://www.bloglines.com/
http://reader.livedoor.com/

[13] RSS も厳密には、RDF Site Summary（RSS 0.9, RSS 1.0）、Rich Site Summary（RSS 0.91）、Really Simple Syndication（RSS 2.0）とで、それぞれ異なる規格になっている。主要なフィードリーダーが、概ねこれらの諸形式の読み込みに対応していることもあり、ここでは混乱を避けるため、Atom 共々一括して「フィード」と呼ぶことにする。

[14] こうした音声・動画コンテンツを含むフィードは、たとえば Apple の iTunes などで購読することができるが、Google リーダーでも再生可能だ（図 17）。

図 17 Google リーダーで PodCast を聴く

[15] ブログ検索については、ブログ検索の大手 Technorati のフィードも併用するとさらに遺漏を少なく抑えることができるだろう。

http://www.technorati.jp/
http://www.technorati.com/

[16] ソーシャルブックマークについては、詳述しないが、特にフィードリーダーやブログと連携することで、さまざまな活用の途がある。またブックマークコメントによって、ブックマークされているページの評価を知ることができるのも大きな魅力だ。ちなみに筆者は、海外の記事を読むことが多いなどの理由で、国産のはてなブックマークではなく、del.icio.us を利用している。（複数のブックマークサービスを横断的に兼用している人も大勢いる。）

http://b.hatena.ne.jp/
http://del.icio.us/

[17] Gmail は、これまでに紹介した諸機能のほかにも、1 アカウントあたり 2.8GB の大容量ディスクスペース（1 メールあたり最大転送量 20MB）や、メールフィルタ機能（強力な迷惑メールフィルタや、細かい条件指定ができるフィルタ転送、自動ラベリングなど）、アドレス欄の自動補完機能、作成中のメールの自動バックアップ機能、ラベリング（タギング）機能、Atom フィー

ド配信など、クライアントメーラー顔負けの数々の環境や機能が用意されている。

[18] iCalendar は、インターネットを介して個人のスケジュールを交換するための形式で、versit Consortium が策定した vCalendar がベースになっている。
versit Consortium は、Apple Computer（現 Apple）や AT&T、IBM、シーメンスなどの企業が、個人情報の業界標準交換形式（PDI）を策定するために設立した標準化団体。1995 年に連絡先情報の交換形式（電子名刺）の vCard や、スケジュール情報の交換形式の vCalendar などを策定し、これらの規格は、翌 1996 年に Internet Mail Consortium に移管された。
http://www.imc.org/pdi/

これまで主要なクライアントメーラーやスケジューラが対応しているほか、Google のウェブアプリケーション上でもインポートできる。

近年、こうした連絡先情報やスケジュール情報を HTML 中に埋め込んで（具体的には、class, title, rel 属性を利用）、共有の利便性を上げようと標準化が進められているのが、microformats の hCard と hCalendar だ（図 18）。これらは vCard や vCalendar に変換することも可能で、microformats の策定にも携わっているイギリスの Brian Suda 氏がその変換プログラム"X2V" を公開しているほか、色々なツールが各所で開発・公開されている。
http://suda.co.uk/projects/X2V/

なお、microformats のシンタックスについては、Brian Suda 氏が作成した cheetsheet（カンペ、早見表）が見やすく整理されている。
http://suda.co.uk/projects/microformats/cheatsheet/

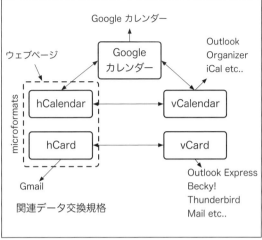

図 18 連絡先・予定情報の交換規格

[19] http://www.w3.org/html/wg/html5/#storage
ちなみに、このドラフトの editor: Ian Hickson 氏は、Mozilla や Opera を経て、現在 Google で、WHAT WG, W3C などの標準化作業（主に HTML, CSS など）にフルタイムで従事している。

[20] http://opentechpress.jp/developer/07/03/16/0112232.shtml
http://wiki.mozilla.org/Firefox3/Gecko_Feature_List
http://wiki.mozilla.org/Firefox3/Product_Requirements_Document#Gecko.2FPlatform

[21] ローカルサーバー +SQLite 環境を構築する仕組みとのこと。実は Google Gears は、（いわゆる「宣伝条項」のない）修正 BSD ライセンスのオープンソース・ソフトウェアで、誰でも自由に改造や、再配布、バンドルができる。

アーカイブ検索ツールとしてのGoogle（図書・テキスト・論文検索）

小島　浩之

❖ はじめに

近年デスクトップアプリケーションと Web サービスの境界線は曖昧になってきている。本誌でも各執筆者がこういった視点から、Google が様々な形で提供する Web アプリケーションについてレビューを試みている。

同じようなことが各種の Web サービスにおいても見られるようになっている。特に学術情報の分野では、検索エンジンと専門サイトの境界が曖昧になりつつある。以前は Web 上のサービスは、用途に合わせて使

ソフトウエア・レビュー

図1　Google Scholar　日本語β版

い分けるのが普通であった。検索エンジンは情報への総合窓口であって、学術情報という点からすれば、専門サイトへのナビゲートとしての役割が大きかった。まず検索エンジンを使って図書館のサイト辿り着き、その上でOPACを使って蔵書検索をし、雑誌記事索引で雑誌論文を見出す、といった具合にである。ところが、Google ScholarやGoogle Book検索といった、学術分野に特化した検索エンジンの登場によって、我々は検索エンジンから各種の学術資源へ直接に行き着けるようになりつつある。

筆者は昨年「Googleと学術情報」[1]と題して、Google ScholarとGoogle Book検索（当時はGoogle Book Search）について、その概要と現状、問題点等を論じた。当時はまだ日本でのこの種のプロジェクトが始まったばかりで、拙稿においては推測、推定によって論じざるを得ない部分が多々あった。1年を経過し、当時計画段階であったことが実現したり、新たな計画が発表されたりと種々の動きが見られた。そこで本稿では拙稿執筆から1年経過しての状況を述べる。また現在の内容やインターフェイスがどの程度、研究者や学生の利用に耐えうるものか検証してみよう。

❖ Googl Scholar

http://scholar.google.com/schhp?hl=ja

■ 論文検索か学術情報検索か？

Google ScholarについてGoogleでは次のように説明している。

膨大な学術資料を簡単に検索できます。 分野や発行元を問わず、学術出版社、専門学会、プレプリント管理機関、大学、およびその他の学術団体の学術専門誌、論文、書籍、要約、記事を検索できます。[2]

メディアはGoogle Scholarについて、学術論文検索だとか、学術論文サーチエンジンと説明している。しかし上記の説明を読むに、Googleの意図するものは狭義の学術論文に止まらないのである。Googleは学術資料と言っているが、学術・研究情報のサーチエンジンとでも言うべきかもしれない。実はこういった学術・研究情報を機関ごとに保存し、公開してゆこうという動きが盛んである。これは学術機関リポジトリ、機関リポジトリなどと呼ばれ、日本でも研究機関ごとに構築されつつある[3]。学術・研究情報に特化したという意味からすれば、Google Scholarは総合学術リポジトリとでも言う方がしっくりくる。ただし機関リポジトリとGoogle Scholarは情報の生成過程が異なることを注意しなければならない。機関リポジトリが人手によって登録資料の選択、メタデータ付与などを行っているのに対し、Google Scholarは本文や抄録から自動的にインデキシングしてメタデータを付与している。

■ Stand on the shoulders of giants

Google Scholarが他のGoogleのコンテンツ等と比べて特異なのは、広告類が一切排除されていることだろう。Google社はWeb上に広告革命をもたらした企業として有名である。ユーザーの検索に適った広告を表示する「アドワーズ広告」という手法は、Web広告におけるGoogle社の優位を不動のものにした。このようにGoogleと広告は不可分の関係にあり、広告あってのGoogleなのである。ところがGoogle社は、その広告類をGoogle Scholarに於いて排除するという大英断を下したのであった。

こういった利潤追求では無い学術・研究への貢献は、企業における社会還元の好例として評されるべきではなかろうか。まさにネット時代ならではの社会還元である。Google社の学術・研究に対する姿勢が、端的に表れているのは、Google Scholarのトップページに掲げられた「巨人の肩の上に立つ」（Stand on the shoulders of giants）という言葉だろう。これはかのニュートンの言葉で、万有引力を発見したのは先駆者

の研究に拠って立つところが大きいことを表現したものとして有名である。Googleがこの言葉をわざわざ掲げたのは、今後の学術・研究発展の礎にならんとする決意表明だと受け止められる。今後Google社が、この姿勢を崩し、Google Scholarに利潤追求を持ち込んだとすれば、それは社会に対する背信行為に等しいだろう。

■ 利用方法と若干の問題点

次にGoogle Scholarの使い方と問題点を見てみよう。検索方法は一般の検索エンジンの使い方と同じである。詳細な検索をしたい場合には検索ボタン横のScholar検索オプションを利用する。またGoogleで使用される検索演算子はほとんどサポートされている。

図2には検索結果の例を示した。学術・研究文献のタイトルとその内容の一部が示されるとともに、周辺に多くのリンクが貼られている。説明のために各リンクに①から⑨の番号を振っておいた。

①の部分は入力値と関連の深いキーワードが自動的に抽出されるようだ。本来ならばキーワードをクリックすることで、当該キーワードを著者に含む絞り込み検索になるらしい。しかし現在の日本語β版、中国語β版では論理演算子が文字化けしてしまい、それ以上の検索ができなくなる。

Google Scholarには、引用—被引用関係の明示、所謂Citation Indexの機能が備わっている。ヒットした文献が他の文献に引用されている場合は、③の引用元リンクが表示される。リンク末尾の数字は引用数である。また検索結果には引用文献じたいも表示される。この場合は、②のようにタイトルの前に[引用]のマークがある。いずれも引用元リンクをクリックすることで、当該文献を引用している著作の一覧が表示されるしくみになっている。

また⑧のグループについては、出版社向けサポートページ[4]に、当該文献に複数のバージョンがある場合にグループ化できるとある。グループは④関連記事検索とも関係しているようで、これらが相互に連繋すれば利用者に便利な機能になるかもしれない。

ただし日本語文献はまだ数が少なく、上記の②〜④および⑧のいずれも有効に機能していないのが惜しまれる。

この他、一般のGoogleや図書館のOPACで当該文献を検索する機能（⑤および⑨）もある。OPACはア

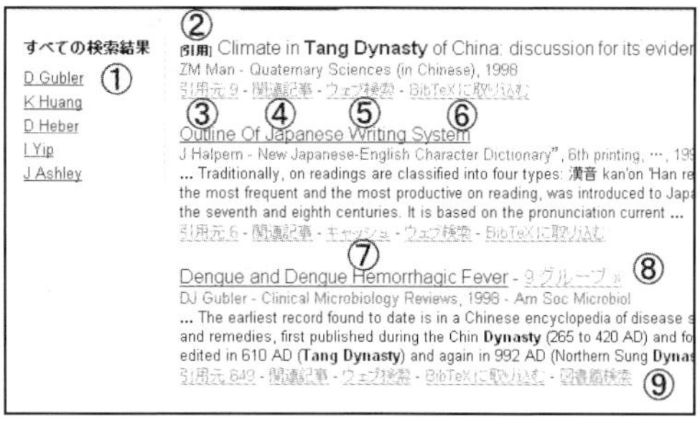

図2　Google Scholar 検索結果表示画面

メリカOCLA（Online Computer Library Center, Inc.）のWorld Catにリンクしている。日本国内のOPAC等とは連動していない[5]。なお当該文献がキャッシュで保存されている場合（⑦）や、PDFをHTMLに変換したコンテンツへのリンクなどもあるが、これらは一般の検索エンジンでお馴染みのものだろう。

⑥は文献管理機能と呼ばれるもので、当該文献の書誌情報をBibTeX、EndNote、RefMan、RefWorks、WenXianWangに対応する形式で取り込める。文献管理をこれらで行う際には便利である。この機能は、検索ボタン横のScholar設定からオプション設定する。

■ CiNiiとの連携

Google Scholarでは国立情報学研究所（NII）の論文情報ナビゲータCiNiiに登録されたデータを検索することができる。NIIはCiNiiのデータ約300万件がGoogle Scholarでヒットすることを報道発表している[6]。ただし、これはCiNiiのデータ全てでないことに注意しなければならない。筆者がGoogle Scholarで検証した結果、Google ScholarでヒットするCiNiiのデータは次のいずれかの条件を満たすもののようである。

(1)本文が公開されているデータ。
(2)論文要旨が公開されているデータ。
(3)CJP（引用文献データベース）に登録され、引用—被引用関係の明示のあるデータ

恐らくこれは、Google Scholarのポリシーに則ったものだろう。本文、要旨、引用関係が無く書誌情報のみのものはGoogle Scholarからは検索できない。したがって、Google Scholarの検索結果だけでは国内の学術情報を幅広く集められるとは言い難い。また

ソフトウエア・レビュー

図3　Googleブック検索β版

CJPは特定分野のみのCitation Indexのため、Google Scholarの引用情報には偏りが生じている可能性も否めない。

NIIはCiNiiの中のどのデータがGoogle Scholarでも検索可能なのかについて、正確な情報を示すべきではないか。そうでないと、CiNii全体がGoogle Scholarで検索できるという誤解を生じる恐れがあるだろう。

❖ Googleブック検索

http://books.google.co.jp/

昨年の拙稿でGoogle Book Searchを紹介した際には、まだ日本語版が公開されていなかった。

Google Book Searchの日本語版としてGoogleブック検索β版が公開されたのは、2007年7月5日であった。つまりこのサービスは、開始後まだ三ヶ月程度しか経っていない。

図4　Googleブック検索　詳細表示画面

■ 探す・読む・買うのGoogleブック検索

Googleブック検索は、書籍を探す（検索する）ことができ、その一部もしくは全文を閲覧でき、必要なら書店や出版社にオンラインで注文できるサイトである。OPACと電子図書館とオンライン書店が一体化したものと思えばよい。図書館と提携して著作権切れの書籍をデジタル公開する一方で、出版社や書店など商業界とも手を携えている。換言すれば書籍じたいを広告とみなして、出版業界、図書館界への参入を試みたプロジェクトである。この点、商業的な側面が皆無のGoogle Scholarとは趣を異にしている。以下に具体的に見てみよう。

図4はGoogleブック検索での書籍の詳細表示画面である。著作権切れもしくは許諾を受けた書籍の場合は左フレームで全文を閲覧できる。著作権のある書籍でも販売促進のため一部を見本として閲覧可能にしていることもある。

右フレームでは、様々なリンクが貼られているので、順に見てみよう。

最上位にはAmazonなどオンライン書店へリンクが貼られており、その場で購入が可能である。

二番目にはGoogle Scholarと同様にOCLCのWorldCat検索へのリンクがある。日本の図書館OPACには対応していない。

三番目には地名を入力することで当該地域の書店をGoogleマップ上に表示するサービスがある。

四番目には本文内の検索窓があり、PDFの本文をくまなく検索できる。

最後に出版社の情報として出版社へのリンクと著作権許諾の内容が明示されている。

■ 最初に検索オプションを設定しよう

Googleブック検索では、検索目的によっては、検索範囲の設定を変更した方が使い易い。

Googleブック検索トップページの検索ボタンの横にある検索オプションをクリックすると、図5の画面となる。この中の検索部分で、検索範囲を次の4つから指定できるようになっている。

　①すべての書籍を検索
　②部分プレビューの書籍を検索
　③全文表示の書籍を検索

④図書館カタログ(英語)

初期値は②のため、以外と検索結果に満足いかないことが多い。部分プレビューとは本文の一部表示のことで、先述のように出版社側の販売促進のための措置である。つまり②が初期値となっているのは広告主たる出版社への配慮なのだろう。したがって新刊を検索したい場合以外は、検索オプションを巧く設定しないと、一度目の検索で満足のいく結果が出ないことがある。もちろん初期値のままでも、求める結果の無い場合は、図6のように全ての範囲を検索するよう案内される。

しかし、著作権切れの全文表示可能な書籍を見たい場合に、わざわざ回り道をさせられる必要も無いだろう。Googleブック検索は、商業的要素のあるサービスなので、必ずしも利用者本位になっていない部分のあることを解っておく必要がある。

■ 慶應義塾大学図書館との連携

2007年7月6日、慶應義塾大学図書館はGoogleブック検索と連携し、著作権切れの明治・大正・昭和初期の図書12万点をデジタル化し公開することを発表した[7]。これは慶應義塾大学創立150周年記念行事の一環だという。これによって慶應義塾大学はGoogleブック検索の日本で最初のパートナーとなった。日本の明治期、大正期の書籍については既に国立国会図書館が近代デジタルライブラリーとして公開し、徐々にコンテンツを増やしている。この既にデジタル化されたものとの重複は考慮されるのか、それとも重複承知で独自のデジタル化路線を突き進むのか、慶應義塾大学の動向が興味深い。是非そのあたりのポリシーを機会があればお聞きしたいものである[8]。

❖ おわりに

以上、Google ScholarとGoogleブック検索について駆け足で見てきた。いずれもまだβ版であって、発展途上のツールと言うべきだろう。今後、正式版の公開までに多くの改良がなされ、コンテンツも増加することを期待したい。

図書館にOPACが登場した際、その登録数の少なさと使い勝手の悪さで、カードの方が良いと言われる

図5 Googleブック検索 検索オプション

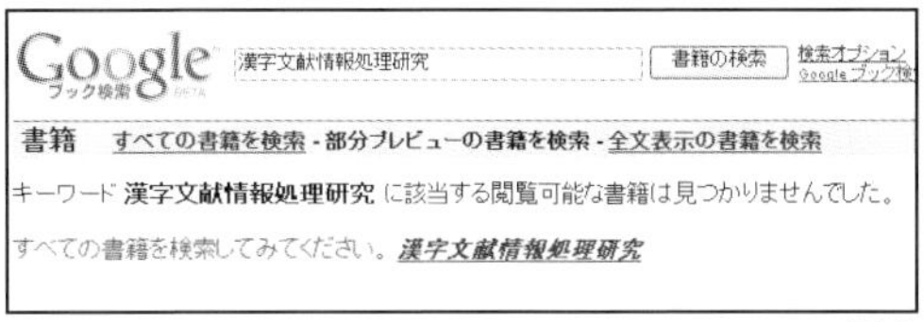

図6

ほどであった。ところが今やOPACは無くてはならないツールになっている。この間、20年に満たない。Google ScholarとGoogleブック検索は、OPACのように掛替えの無いツールとなり得るのか、それとも一時のツールとして消えてゆくのだろうか。願わくば是非、前者であって欲しいものである。

注

[1] 『漢字文献情報処理研究』第7号, p162-164, 2006.10
[2] http://scholar.google.com/intl/ja/scholar/about.html
[3] 機関リポジトリの詳細は、本誌の拙稿「図書館とOPAC」を参照されたい。
[4] http://scholar.google.com/intl/ja/scholar/publishers.html
[5] この他、九州大学附属図書館のように、リンクリゾルバを利用し、機関内においてGoogle Scholarから自館で利用できる電子ジャーナルへのリンクを表示させている図書館もある。
[6] http://www.nii.ac.jp/kouhou/NIIPress07_4-1.pdf
[7] http://www.keio.ac.jp/pressrelease/070706.pdf
http://www.google.co.jp/press/pressrel/20070706.html
[8] Googleの目指しているものはテキストデータでの本文公開である。このため慶應義塾大学は国会図書館のような画像データではなく、テキストデータでの公開を目指しているのかもしれない。

ソフトウエア・レビュー

Google ドキュメント
オープンなコラボツールは使えるか

小川　利康

❖ 充実する Google のウェブアプリケーション

本誌前号の特集記事「テキスト検索ツール」で GoogleDesktop2 を紹介したことがある [1]。その後わずか一年足らずの間に、Google は更なる進化を遂げた。小論で取りあげるワープロ、表計算ソフトだけでなく、メール、ウェブクリッピング、スケジュール管理、ブログ、画像レタッチなど、コンピュータを使って実現したい機能はほぼ出そろった感がある。これらの豊富な機能を多漢字環境のなかでストレスなく利用できることは、我々にとって大いなる福音であり、一度使い出すと手放せない魅力を秘めている。

むろん実際に使ってみると、機能面に不足を感じたり、ブラウザ上で動く ajax アプリケーション特有の操作感に馴染めない部分もあるが、コラボレーション（協働作業）ツールとしての使いやすさがその欠点を補って余りある魅力となっており、小物ツールながら

図1：Google サービス一覧

も巧みな連携が図られている点こそ、大いに評価すべきであろう。

昨今、グループウェア、コラボツールと呼ばれるアプリケーションが企業向けに多数開発され、高コストのサーバー・クライアント型から、ASP ホスティングサービス型、さらにはサーバーを要しないピア・ツー・ピア (P2P) 型へと導入のハードルはどんどん低くなってきている。Microsoft Office2007 に新たに加わった Groove2007 も P2P 型で、導入運用に専門知識はいらず、コラボツール導入に一層拍車がかかるはずだ。

Google のツール群は、これらのコラボツールと比べれば、機能面で明らかに見劣りする。だが、無償で利用できるだけでなく、標準的ブラウザが稼働する端末なら、Windows, MacOS, Linux などマルチプラットフォームで直ちに導入可能だ。また、ソフトウェアはサーバー上で更新されるから、煩瑣なメンテナンスも不要で、いわゆるシン・クライアントと同様のメリットを備えている。余程クリティカルなミッションでもない限り、Google の方がパフォーマンスが高いというケースも多いはずだ。

以下、小論ではワープロ・表計算ソフトの Google ドキュメントを中心に Google の各種ツールについて検証を試みたい。

❖ Google ドキュメントとは

Google ドキュメント（以下、Docs と省略）とは、MicrosoftWord 互換の文書ファイルを作成加工するツールと、Microsoft Excel 互換のスプレッドシートを作成加工するツールのことを指す [2]。

これらのツールが Google Labs で提供されるようになったのは 2006 年 10 月のことだが、その雛型となったのは、Google が同年 3 月に買収した Writely だ。この Writely は、オンラインで Word 文書を読み込んで、編集をしたり、RTF, HTML,PDF 文書に出力するサービスを提供するもので、Docs は Writely に自前で開発した表計算機能を追加したところから出発した

ツールだ。

Writely 買収時に、Google が本格的に Microsoft の牙城たるオフィス製品へ挑戦する態度表明ではないかと話題になった。Docs は、今後の Google の行く末を占ううえでも、無視できない存在といえる。

まず手始めに Google アカウントを取得しよう。アカウントなしでも利用できるツールもあるが、Docs に関しては必須だ。

Google ホーム画面右上に表示される「ログイン」から、アカウント登録をする。ログインして、検索画面から more を選択し、「もっと google」(http://www.google.co.jp/intl/ja/options/) で表示されるサービス一覧から Docs (http://docs.google.com/) を選択する。ログイン済みであれば、図2が表示される。右側には文書、スプレッドシートの一覧が表示され、左側のツリー構造にはファイル共有者の一覧、個別のフォルダ名が表示され、必要に応じて、エクスプローラーのような操作感でファイル表示を絞り込むことができる。

現在公式にサポートされる言語は25言語で、[設定]―[全般]から言語設定を変更することで、インターフェース言語を変更できるが、一部の右から左へと書く言語（ヘブライ語、アラビア語）以外は日本語の設定のままで多言語を扱える。以下では具体的に活用方法を紹介しよう。

❖ ウェブアプリケーションのメリット

Docs を使う第一のメリットはデータを持ち歩かなくて済む点にある。典型的なケースは、自宅や勤務先で作成した文書やスプレッドシートを加工するといったケースだろう。外出のためにファイルをフラッシュメモリにコピーしたり、書き戻したりを繰り返すうちに、幾つも異なるヴァージョンができてしまう経験は誰しもあるはずだ。また、作業グループ間でメールに Word 文書を添付してやりとりを繰り返した挙げ句、決定版が行方不明になってしまうトラブルもよく聞く話だ。

この手の混乱を回避する方法は一つしかない。データの置き場所を変えないことだ。そして、限定されたメンバーだけがアクセスできる安全な場所に置くこと。この条件を満たすのが Docs だ。むろん唯一無二の方法ではないが、現状では最も有力な選択肢の一つだ。

図2：Google ドキュメントの初期画面

❖ ファイルのアップロード

Docs を利用するには、まず作成したファイルをアップロードせねば始まらない。方法は二つある。

1. ブラウザ経由で作成済みのファイルをアップロード。
2. 指定されたメールアドレス宛（<アカウント名＋推測しにくい文字列>@prod.writely.com）に送信。

いずれの方法にしても、ファイルサイズは500KBまで。よほど長大な論文やスプレッドシートでない限りは、この範囲で収まるだろう。

アップロード先のドメインが writely.com であることからも分かるとおり、もともと Writely で提供されていた機能であるが、今年7月からはワープロファイルだけでなく、表計算ファイルも受け付けるようになり、文書フォーマットも現在ではテキストファイル（utf-8）、Microsoft office 文書（doc）のほか、新たに XML ベースの OpenDocument, Sun の Star office のフォーマットにも対応した。

この背景には、Google Pack[3] の一つとして、07年8月から開始した Star Suite 8 の無償配布がある。すでに公式ブログでもアナウンスされているように、いずれオンラインの Docs ファイルと Star Suite のローカルファイルとの間で自動同期するプラグインが提供される予定[4]であり、その準備と見られる。

❖ 文書：編集、共有

ここからは実際の文書の編集画面を見てみよう。リッチテキストエディタとしては必要最低限のもの

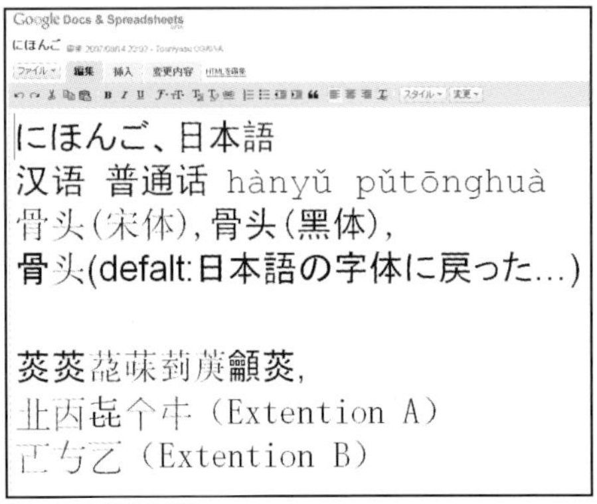

ソフトウエア・レビュー

図3：文書編集画面

を備えたインターフェイスである。右端のタブにはHTMLを編集というリンクがあるように、内部的にはHTMLとして保存されていると思われる。試みにUnicodeのExtention A,Bも入力してみたところ、Firefoxでは正常に保存できたが（図3）、Internet Explorer 7では保存後文字化けした[5]。おそらくはDocs内部の問題と言うより、ブラウザ上で表示するために出力されるHTMLファイルの解釈がブラウザによって異なるために生じた差であろう。同様に異体字処理についても、<span lang="zh-cn">といった言語タグを直接HTMLに挿入しない限り、期待したとおりの文字が表示されない。その点についてシビアな区別が必要な文書については注意が必要になる。

このほか機能面で物足りないといえば、やはりルビふり、脚注、アウトライン機能がない点だろう。この機能がない限り、長文の文章を文書で仕上げることは困難だ。これも仕様の問題ではあるから、正確な異体字処理やExtention B対応と同様、全てを求めるのも酷かもしれない。

むしろDocsに期待すべきは、コラボツールとしての共有機能のはずだ。共著を準備しているメンバー間で、コメント修正を行う、多人数でアイディアを出し合う場として必要な機能を備えている。

共有方法は二つある。

1) 編集権（削除も含む）がある「共同編集者」
2) 編集権のない「閲覧者」

いずれの場合も共有する相手のメールアドレスを登録する。そのアドレスからGoogleサービスにログインすると、共有ファイルを編集閲覧できるようになる仕掛けだ。さらに「共同編集者」については、「メンバーを招待する権限を与えるか否か」、メーリングリストのアドレスなどを介して、一つのアドレスから複数のメンバーを受け入れるかどうかなどのオプションが用意されている。

現実には数名のメンバーによるプロジェクトが一般的だろうが、こうしたオプションを使えば、数十名が共同参加して一つの文章をまとめることも不可能ではない。「変更内容」から書き換えの履歴も全て確認できるので、問題があればWikiのように履歴をたどって書き戻すことも可能だ。

筆者は半年間複数の授業でレポートなどの提出を試みにDocs経由で行わせてみたが、一度慣れてしまえば添付ファイルによるやりとりよりも遙かにスムーズなコミュニケーションが可能になった。Wikiのように完全にオープンなシステムでは書き込みには相当勇気を要するが、Docsでは共有関係を限定できるので、メールに近い安心感がある。

❖ スプレッドシート：関数、グラフ

次にスプレッドシートの操作画面を見よう（図4）。

こちらも計算ソフトとして、必要最低限の機能は揃っており、データ入力用の「編集」、データソートの「並べ替え」、計算式を入力する「数式」、データの変更履歴が確認できる「変更内容」、と四つのタブが用意され、タブを切り替えながら作業できる。

機能面ではExcelと比べるべくもないが、基本的な編集には支障ない。ただ、ワークシート全体を対象にした単純なソートが出来るだけで、複雑なデータソートには向かない。数式も基本的なものは揃っているが、lookupのようなデータベース関数は当然ながら含まれていないが、Google独自の関数も僅かながらある。

図4：スプレッドシート編集画面

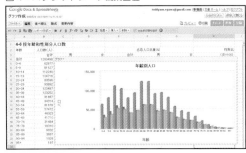

```
=GoogleLookup ("エンティティ"; "属性")
```

前者には国や地域などの対象名を、属性には人口、GDP など取得したい情報属性を入力すると、データをネット上から取得してくれるというものだ。例えば、

```
=GoogleLookup ("china"; "GDP")
```

と入力すると、

```
$10 trillion (2006 est.) (purchasing
power parity)
```

と表示され、参照したウェブページへのリンクページが示される。エンティティ、属性とも英語である必要はないようだが、日本語ではエラーが出やすくなる。これに類似した機能として GoogleFinance があり、その名の通り株価など金融データを取得する。

いずれの関数にしても絶対的な正確さは保証されない以上、Google らしいユーモアと考えた方がよいだろうが、ウェブアプリケーションの可能性を感じさせてくれる関数である。

唯一残念なのはグラフ機能である。現状のところでは Excel との互換性が無く、スプレッドシートで作成したグラフは画像 (png) で保存するしかなく、逆に Excel で作成したグラフはスプレッドシートでは表示できず、ワークシートに貼り付けた画像も表示できないので、グラフは別途画像データとして扱わなければならない。今後の改善が期待される部分である。

このような不満が残る部分もあるとはいえ、共有機能の部分は出色の出来である。共同編集者がオンラインであれば、「チャット」ウィンドウに表示されるだけでなく、相手がどんな操作をしているかがリアルタイムに分かるようになっている。カーソルが置かれているセルは薄緑色で示され、編集状態に入ると、そのセルを灰色で示し、他のメンバーは編集できなくなる。三、四人同時にアクセスして、リアルタイムで表示が変わる様はなかなかの見物だ。更にチャットウィンドウを開いて意見交換をしながら、編集することもできる。この機能は文書にはなかったが、最近になって追加された。後追いで開発された Spreadsheeets が機能的に先行した珍しい例だ。

スプレッドシート、文書ともども、毎週のように機能追加、インターフェースの変更が行われており、この記事が活字になる頃には更なる機能追加が行われているかもしれない。

❖ プレゼンテーション：コラボのメリット

今秋、満を持して登場したのが、プレゼンテーションだ。基本的メニューは文書・スプレッドシートと同様で、メンバー間で文書を共有し、チャットで意見交換しながら編集が出来る。だが、このツールの強みはオンラインでプレゼンテーションだろう。むろん Power Point でも出来るが、このツールならファイルをアップロードさえすれば、すぐに文書を共有するメンバー向けに、オンライン・プレゼンが出来る。この手軽さは Power Point に対する大きなアドバンテージだ。あとは Web カメラがあればプレゼンの打ち合わせもオンラインで片付く。実のところコラボレーションで最も利用度が高いのは研究発表で多用されるプレゼン・ツールだから、これこそがキラーアプリになる可能性は高い。

だが、登場間もないとはいえ、物足りない点もある。一つはスライドのデザインテンプレートが貧弱であること。競合する D&S に近いウェブアプリケ‐ションの thinkfree は大量のテンプレートやひな形文書を日本語で提供している（てがるライブラリ：**http://www.thinkfreedocs.com/index_jp.php**）。方向性の違いはあるとしても、両者の差は歴然だ。さらに、現状では 2 バイト言語が含まれるオブジェクト（エクセルのデータなど）が埋め込まれた Power Point のファイルを読み込ませると、オブジェクト部分が文字化けする。これを回避するにはオブジェクトを画像化しておいて別途貼り付けるしかない。オブジェクトを埋め込まないスライドは皆無だろうから、改善が強く望まれるところだ。

❖ Docs: ファイル出力

完成したファイルを Docs から直接印刷することもできるが、他にも多彩な出力方法がある。

HTML 形式（zip 圧縮）、OpenDocument 形式、PDF 形式、RTF 形式、Word 形式、テキスト形式（utf-8）

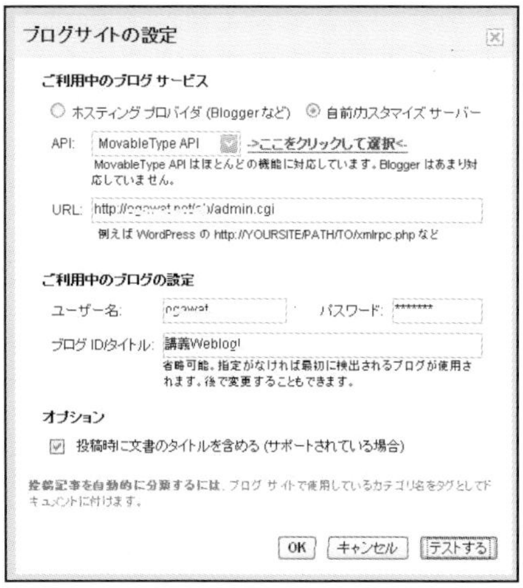

ソフトウエア・レビュー

図5：ブログ投稿設定画面

　このほかに直接 Docs 上で URL を設定して公開する方法とブログへ直接投稿する方法がある。Google の提供する Blogger ならほとんど設定知らずで投稿できるが、その他のブログに投稿する場合は、予め図5（次ページ）のような設定が必要だ。

　実際問題としてはほとんどの場合、API に MovableType を選べば利用できる。筆者が利用する Serene Bach の場合も、admin.cgi あてに送信するように設定し、ユーザー名、パスワードを設定すれば直ちに利用できた。もっとも送信されるテキストは utf-8 なので、受け取る側のブログツールが日本語 EUC にしか対応していない場合は、問題が生じるかもしれない。このシステムを利用してブログに投稿するメリットは個人用ブログではあまり見いだせないだろうが、書き手が複数いるブログのような場合、Docs 上に書き込ませたうえで、加筆訂正し、了承を取った後にブログ上で公開する手順がワン・ストップ

図6：ノートブック初期画面

で完結する。ブログツールの弱点である共有機能を補完する有効なツールになるだろう。たとえば、学会や研究会が運営するブログも増えつつある昨今、予稿を関係者内で閲覧チェックするなど、工夫次第で使い方は色々と考えられる。

　なお、現在 Google Lab には Page Creater というホームページ作成ツールも提供されている。遠からずブログとの連携だけでなく、Page Creater との連携も恐らく可能になるだろう。ただし、当面は Page Creater が α 版に近い状態なので、難しいと思われる [6]。

◈　ノートブックとの連携

　Google ツール群の中で Docs と最も密接な連携関係にあるのが Google ノートブックだ。

　ノートブックもまた標準的なリッチテキストエディタを備え、一見したところ Docs とポジションが重なる印象を受けるが、ノートブックの本領はウェブページのクリッピングにある。Internet Explorer や FireFox 向けには専用 plug-in が配布されており、それを利用すれば簡単なマウス操作でクリッピングができる。クリッピングでは HTML のままコピーされるため、もとのページレイアウトをほとんど崩さずにコピーされ、タイトル、URL も一括して記録してくれる。これまでに同様の機能をもつソフトウェアは存在したが、ブラウザと一体化したウェブアプリケーションであるアドバンテージをよく生かしており、機能性においてノートブックを上回るものは見あたらない。

　取り込まれたデータは、ノートブックのなかに標準設定された「マイノートブック」に記録されるが、ノートは複数設定できるので、目的や内容に応じて分類した方が使いやすい。また、図6のように、ノートブックの中に更に「セクション」を作り、タイトルをつけることもできる。クリップした記事には自分で文字サイズを変えたり、マーカーで強調することができるほか、コメントを書き込む機能もある。

　このようにして蓄積されたクリッピングデータは膨大なものになるので、そのデータに対する検索機能もついており、検索結果にはクリップデータへのリンクと出典の URL も提示される。これを見ていると、そもそもノートブックというのは Google 上の膨大なキャッシュデータを小分けにした極々私的なデータに過ぎないのだと気づく。詮無いことだが、それすら覚

えていられない我が身を嘆きたいような気分になるのは如何ともしがたい。

このノートブックにも当然、共有機能がついており、「コラボレータ」と呼ぶが、閲覧だけでなく編集権を持っているユーザになる。閲覧だけに限定したい場合、ノートブックでは「ウェブページに公開する」オプションしかない。そもそもクリップしたデータだけしか置かないという位置づけに由来する仕様と思われる。また、共有はノートブック単位なので、共有したいデータだけを独立させ、「コラボレータ」には限定的に見せることが可能だ。共有が設定されたノートには人型のマークがついて区別しやすくなっている。

このノートブック上で出来上がった文書のひな型はクリック一つで Docs へ出力できる。これはノートブックの所有者だけでなく、「コラボレータ」でも自分の Docs へ出力できる。いずれの場合でも変わらないが、ノートブック単位で出力され、Docs 側では一つの文書となる。すでに述べたようにノートブック側には Docs 側にはない、文書を階層化して管理する機能があり、コメント機能もあるので、工夫すればノートブックをアウトラインプロセッサ代わりに使うこともできる。

❖ Gmail との連携

ノートブックと並んで、Docs と効果的な連携関係にあるのが Gmail である。受信したメールに添付された Word ファイル、Excel ファイルを Gmail から「Google ドキュメントして開く」(図7)を選ぶと直ちに Docs からファイル編集状態になり、大変便利だ。

図7：Gmail 上での添付ファイル

だが、逆に Docs 上から Gmail へ添付することはできない。これは Docs 上から共有機能を利用し、添付ファイルは避けるべきだというポリシーに基づくものだろうが、やや不便だ。

❖ 最後に

駆け足で Docs 及び関連するツールの主要機能を紹

介してきた。ツール類の多くは、パーソナライズされた Google、iGoogle 上のガジェットとしても機能するが、その部分については、周知に属することとして割愛した。ご了解を乞いたい。

ここまで見てきたように、Google ツールの急テンポな発展を目の当たりにすると、Windows OS の終焉の始まりを実感する。それは必ずしも Windows が姿を消すことを意味しない。誰も OS が何かを問わない時代が来るということだ。そうなってこそ、ようやく正常な状態に戻るというべきなのかもしれない。

注

[1] 拙稿「お勧めユーティリティー テキスト検索、一括処理ツール」(『漢字文献情報処理研究』第 7 号 ,2006 年)

[2] 当然 100% の互換性はなく、また、現実に不可能であろう。より高い互換性を実現するソフトウェアとして期待されるのが Star office である(後述)。なお、本文では詳述できなかったが、Docs に近いウェブアプリケーションとして、thinkfree(**http://www.thinkfree.com/common/main.tfo**)がある。ワープロ、表計算、プレゼンテーションの機能を全て提供し、Docs を凌駕する機能もあり、今後の進化が期待される。

[3] Google と協賛ベンダーが提供するソフトウェア。

[4] 日本語記事では IT Pro オープンソース Linux「Google が Word、Excel、PowerPoint 互換の StarSuite を日本語版も含め無料配布」(**http://itpro.nikkeibp.co.jp/article/NEWS/20070813/279679/?L=rss**、2007 年 8 月 13 日記事)、出典は Google Operating System (**http://googlesystem.blogspot.com/2007/08/google-pack-adds-staroffice.html**)

[5] CJK 統合漢字拡張領域 A 及び B の漢字については、GB18030 Support Package 及び Simsun(Founder Extended) をインストール済みの WindowsXP で検証したもの。

[6] 現状では Page Creater には幾つかの致命的欠陥がある。ウェブページのタイトルがそのまま URL 名になってしまうこと、サブディレクトリが作れないため、画像ファイル、HTML ファイルのすべてをルートに置かねばならず、ファイル管理が困難であること等である。

ソフトウエア・レビュー

学術情報インターフェースとしての Google Earth

師　茂樹

❖ Google Earth とは

■ 主な機能

　Google Earth については本誌でもすでに山田崇仁氏によるレビュー[1]でとりあげられており、本誌の読者の多くはすでにご存知であろうとは思うが、簡単に紹介をしておきたい。

　Google によれば「Google Earth は、Google の検索技術と衛星航空写真、地図、地形や 3D モデルなどを組み合わせて、世界中の地理空間情報をお届けするソフトウェア」とのことである[2]。最初は Windows 版だけであったが、現在では Mac OS X 版、Linux 版も提供されている。無印の Google Earth は無償で公開されているが、より高機能な Google Earth プラスや Google Earth プロ、Google Earth Enterprise も提供されている。情報の閲覧など、基本的な機能については無償公開版でも問題ないが、GPS データや GIS データの取り込みなど、人文科学における利用においても必要とされる機能の中にはプラス以上の有償版でしか使えないものがあり、本格的な利用にはやはり有償版が欲しくなってくる。

　Google Earth では、疑似的な[3]3D 表示が可能な標高情報を持つ衛星画像もしくは航空写真をベースに、国境・県境などの行政界、道路や鉄道などの交通網、河川・海岸線などの情報がラインデータとして、また地名、各種施設などの情報がポイントデータとして提供されている。また、有名な観光スポットについては、Web サイトへのリンクをはじめとする各種情報や、ランドマークの写真やビデオ、3 次元モデルなども提供されている。さらに、執筆時点での最新版である Version 4.2 では天文図が表示できる「Sky」機能や、隠し機能として「フライトシミュレータ」機能も搭載されている[4]。

■ 情報共有ツールとして

　先に引用した Google による紹介文では「情報をお届けする」とあるが、一方的に受信、閲覧するだけではない。むしろ Google Earth の肝は、ユーザが蓄積した情報を共有する点にあると思われる。

　ユーザは、Google Earth 上にポイントデータ、ラインデータ、ポリゴンデータ（図 1）などを置くことができる。観光地などの写真を中心として、すでにユーザ間で大量のデータが公開、交換されている。

　これに関連して、同じく Google が無償提供[5]している Google Sketchup という三次元 CG ソフトウェアを見逃すことはできない。Google は Google Sketchup がどのようなツールなのかを説明する中で、"Communication tool" であることを筆頭にあげ、"Design tool" や "Visualization tool" という面よりも高く位置づけている[6]。ここから Google Earth のユーザが三次元モデルを作成し、公開、共有することを期待していると思われる。

　Google Sketchup は元々建築設計分野での CAD 的な利用を念頭に開発されたものであり、比較的簡単にモデリングが可能である（図 2）。もちろん、Google Sketchup 以外のツールでも三次元モデルは作成可能だが[7]、Google Earth から衛星写真や位置情報、標高などを取得することができたり、逆に作成中のモデルを Google Earth 上にすぐに表示することができた

図 1　聚楽第の範囲を示すポリゴンデータ

りするなど、強力な連携機能を備えている点は他のソフトウェアよりも有利な点であろう。加えてGoogle 3Dギャラリー（3D Warehouse）への登録機能もあり、作成したモデルを公開、共有することも容易である。

以上のような様々な環境が提供されることによって、国立情報学研究所のディジタル・シルクロード・プロジェクトによる古地図やベゼクリク石窟の三次元モデル[8]、あるいはUnited States Holocaust Memorial Museumによる「Crisis in Darfur」[9]のように、学術組織が提供するものも増えつつある[10]。

❖ 学術情報インターフェースとしてのGoogle Earth

■ 時空間情報への標準ブラウザ？

地理情報を扱うことができるという意味では、Google EarthはGIS（地理情報システム）の一種ということになるが、別稿[11]で論じたように、Google Earthには統計分析・空間解析の機能が貧弱であったり、古地図の重ね合わせのような高度な可視化の機能も備えていなかったりと、現在、GISに期待されているその手の要求には充分に応えることができない。

一方、GISには、地理情報へのインターフェースとしての側面もある。時空間情報を持つデータベースの中には、それを検索するためのインターフェースが洗練されていない場合も少なくない（一例として唐代知識ベース[12]の詳細検索をあげておく〔図3〕）が、GISを使えば地図を見るように情報にアクセスすることができる。

また、図3のようなインターフェースでも問題がないような情報でも、新しいインターフェースを使うことで既存の枠組みを相対化するという効果がある。例えば、仏典の目録は、それ自体が仏教史観を表現するものである。昔の一切経は、華厳経→阿含経→方等経典というような順番で並んでいたが、これは伝統的に信じられていた釈迦の説法の順番に則っている。一方、現在の一切経は阿含経→般若経というような順番で並んでいるが、これは近代の文献学的な成果を反映した、言わば「科学的」な順番で配列されているのである。かつてInternational Dunhuang Project[13]が公開していた地図ベースの目録である「Map Search」（執筆時点では公開停止中）は仏典に限るものではないが、

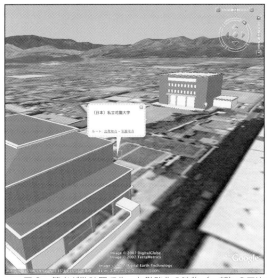

図2 筆者が数時間で作った勤務先の建物（一部）の三次元モデル

このような従来の目録を相対化し、多様化したという試みは、方法論的にも重要であると思われる。

しかしこれまでは、GISのソフトウェアの敷居が高かった（値段が高い、動作が重い、等々）こともあり、地理情報のインターフェースとしてGISが普及することはあまりなかったように思う。例えばElectronic Cultural Atlas Initiative（ECAI）などではTimeMap[14]というソフトウェアを使って時空間情報にアクセスするサービスを長く提供してきたし、GlobalbaseプロジェクトもまたGoogle Earthと同様、学術的なものも含めた地理空間情報を共有するためのシステムを提供している。またそれ以外にも様々なシステムやソフトウェアが開発、提案されているが、従来のシステムやソフトウェアはGoogle Earthほど普及しているとは言い難い。逆に、すでに多数のユーザを擁しているGoogle Earthは、Internet Explorerのようなデファクト・スタンダードになる可能性がある。

図3 唐代知識ベースの詳細検索（部分）

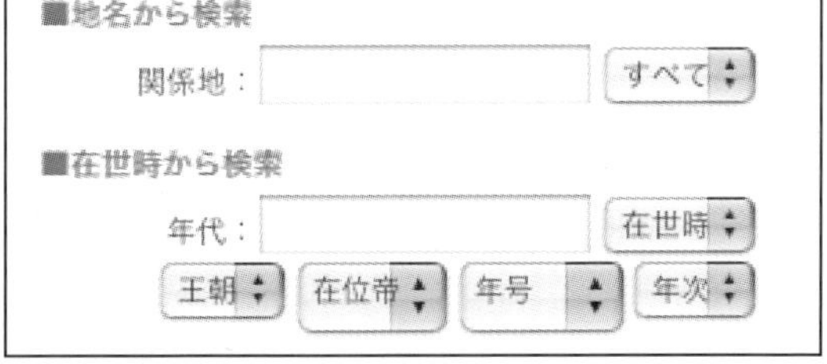

ソフトウエア・レビュー

■ 事例：論文データベースのインターフェースに使ってみる

　そこでここでは「インド学仏教学論文データベース（INBUDS）」[15] に対するインターフェースとして Google Earth を使ってみた例を紹介したい。このデータベースは、日本印度学仏教学会が開発、公開するインド学・仏教学の学術論文の書誌データベースで、基本的な書誌情報のほかに地域・時代・人物・文献・分野・術語という六項目からなるキーワードを採取してデータ化しているのが特徴である。

　今回は、各レコードの中から地域と時代のキーワードを持つもの（の一部）を目印（Placemark）として Google Earth 上に配置してみた[16]。同じ場所に関連づけられた論文情報は、図4のようにクリックすると扇状に広がって選択できるようになる。

　Google Earth のすべての情報は、XML ベースの KML ファイル（ないしそれを ZIP 圧縮した KMZ ファイル）に格納される。したがって、既存のデータベースからの変換は比較的容易である。このサンプルでは、一本の論文の情報を以下のようにマークアップしている[17]。

```
<Placemark>
<name>【論文】杲宝入滅の真相に就て</name>
<description><![CDATA[
大屋　徳城<br><bold><a href="http://inbuds.hanazono.ac.jp/~inbuds/show_tr.php?md_trid=0-00014-000015_006">杲宝入滅の真相に就て</a></bold>
]]></description>
<styleUrl>#19445</styleUrl>
<Point>
<coordinates>135.7466537,34.98098050000002,0</coordinates>
</Point>
<TimeSpan>
<begin>1336</begin>
<end>1392</end>
</TimeSpan>
</Placemark>
```

図4　東寺に関連づけられた論文情報

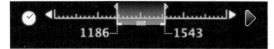

図5　時間の範囲を操作するスライダ

　上のソースのうち、<description> はクリックした際に表示される吹き出しの部分であり、詳細情報が載っている別 Web ページへとリンクをはっている。また <Point> タグは位置情報を示すもので、<coordinates> タグ中に緯度・経度・高度などを記述する。ここでは Google Earth にデフォルトで登録されていた東寺（教王護国寺）の位置情報をそのまま採用しているが、歴史的な地理情報の中には時代によって位置が変化するものもあり、その場合は現代の航空写真などとの齟齬が問題になることも考えられる。

　以上は Google Earth 上で編集可能な情報であるが、<TimeSpan> タグの部分は現行の Google Earth 上で編集できない部分で、KML ファイルを直接編集するしかない。このタグはその名の通り期間を表現するもので、<begin> タグが期間の始まりを、<end> タグで終わりを表す。<begin> や <end> の要素は XML Schema で定義されている時間のデータ型に則っており、「2007-10-01」（2007年10月1日）のように書く。上の例では、INBUDS における「南北朝時代」というキーワードを西暦 1336 ～ 1392 年に変換している。

　KML ファイル中に時間情報が記述されていると、Google Earth の画面に図5のようなスライダが出現

する。これによって、表示したい論文の時間の範囲を調節することができる。

❖ 終わりに

　以上、学術情報に対するインターフェースとしてGoogle Earthが有効かもしれない、ということを簡単ながら論じてきた。Google Earth自体にまだまだ不満な点はあるし、またInternet Explorerがそうであったように、一企業によって独占的に開発、公開がなされているソフトウェアに依存したシステムやサービスを提供することによって、様々な問題が発生する可能性も考えられる。しかしながら、大雑把な利用においては、現時点でも充分なメリットがあることから、より一層の可能性を模索すると同時に、今後の展開を見守る必要があるのではないだろうか。

謝辞

　本稿は、花園大学特別個人研究費（2007年度）による成果の一部である。

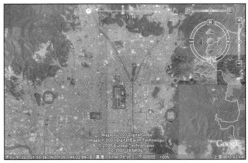

上図　スライダ機能で1116年を表示
下図　スライダ機能で1603年を表示

注

[1] 山田崇仁「ソフトウェア・レビュー　NASA World Wind & Google Earth」（『漢字文献情報処理研究』6、2005年10月）

[2] 「Google Earth」（http://earth.google.com/、2007年9月12日最終確認）

[3] 低い精度の標高データを元にした地形の3Dモデルに、衛星画像をテクスチャとして貼付けていると思われる。

[4] Windows版は［Ctrl］＋［Alt］＋［A］で、Mac OS X版は［Command］＋［Option］＋［A］で起動する。

[5] 無償版のほかに、有償版も存在する。

[6] 「Google SketchUp 6」（http://sketchup.google.com/product_suf.html、2007年9月12日最終確認）

[7] 例えばEos Systems社（http://www.photomodeler.com）による三次元写真測量・モデリングソフトであるPhotomodelerは、建築物や考古遺跡などの測量や三次元モデル化に実績があるが、最新バージョンでGoogle EarthのKML形式で出力する機能が追加されている。

[8] 「地図で探るシルクロード」（http://dsr.nii.ac.jp/geography/、2007年9月12日最終確認）

[9] 「Crisis in Darfur」（http://www.ushmm.org/googleearth/projects/darfur/、2007年9月12日最終確認）

[10] 山田崇仁「Google Earthを利用した唐代地理情報の集積」（漢字文献情報処理研究会第9回大会における口頭発表、2006年12月16日、ピアザ淡海）においては、唐代の歴史的地理情報を蓄積する試みが報告された。

[11] 師茂樹「人文科学研究におけるGoogle Earthの使い道」（『東洋学へのコンピュータ利用　第18回研究セミナー』、2007年3月）

[12] http://coe21.zinbun.kyoto-u.ac.jp/knowledge/person/

[13] http://idp.bl.uk/

[14] http://ecai.org/tech/Timemap.html

[15] http://www.inbuds.net

[16] 同じように地域や時代の情報をXML等を使って表現することを試みた例として、師茂樹「仏教データベースにおけるXMLの活用　INBUDSにおけるID検索の実現にむけて」（『漢字文献情報処理研究』1、2000年10月）をあげておく。

[17] 「KML 2.1 Reference」（http://earth.google.co.jp/kml/kml_tags_21.html、2007年9月12日最終確認）参照。

ソフトウエア・レビュー

Google マップ

山田　崇仁

はじめに

　Google Maps（以下、日本語版の表記に併せてGoogleマップとする）は、Googleの提供する地図＋ローカル（地域）検索サービスである（**http://maps.google.com/**）。

　地図は、地図・航空写真・地図＋航空写真の三種の方式を切り替えて表示する事が可能であり、加えて、Ajaxを駆使した地図の移動や拡大縮小も可能である。更に、キーワードを指定しての検索も可能である。

　先に紹介したGoogle Earthも衛星＋航空写真を駆使した3Dデジタル地球儀サービスであり、機能的に重なる部分も多い。では、Googleマップとの違いはどこにあるのか。

　まず、Google Earthがローカルな環境にインストー

上図：四川省成都市付近（Googleマップ日本語版）
下図：Googleマップ中国語版でほぼ同じ場所を表示

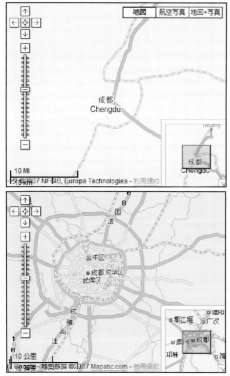

ルする必要があるのに対し、GoogleマップはWeb上で提供されるサービスであるという違いがある。

　また、機能的に最も大きな違として挙げられるのは、Googleマップが「地図を表示可能」な点にある。衛星＋航空写真自体は、Google Earthの方がより新しい画像を使う（加えて航空写真が提供される地域もより広範囲）という違いがあるが、地図を表示可能なのは、Googleマップだけである。

　中国のWebサイトでもGoogleマップと同様のデジタル地図サービスが提供されている[1]。しかし、中国で提供されている地図サービスは、中国へのアクセス帯域が十分に確保されてない等の事情で、日本からの利用は決して実用的な速度ではない。

　それに対してGoogleマップは、中国大陸の地図の解像度が中国の地図サイトに比して詳細とは言い難く、また中国の地名キーワード検索にも対応していないが、航空写真は都市部を中心として対応し、またレスポンスも良好である[2]。

　但し、これは日本語版Googleマップで中国大陸付近を閲覧する際の仕様である。実は、Googleマップには、簡体字版が存在する（**http://ditu.google.com/**）。このWebサービスは他国語版のGoogleマップとは切り離された形で公開されており、一応、中国大陸の地図自体は他国語版よりもやや詳細という利点はあるが、（中国大陸）地図情報のみしか表示されないという欠点もある（上述のように、中国以外のサーバーで提供されているGoogleマップでは、航空写真の提供もされている。）。また、他の中国提供のWeb地図サービスと同様に反応が悪いので、余り使い勝手が良くない。

　その為、以後の既述に関しては、原則として日本語版（というより日本に設置されているサーバーを利用したもの）での使用に基づいて書いたものである。

■ 学術目的にどう利用するか

　では次に、このGoogleマップを学術目的でどの様に利用するかについて考えてみよう。

　一つは収集した空間情報を地図上に記録する手段としての使用目的である。これは、一種のGIS的な利用

とも言える。

筆者のように歴史を対象とした専門分野に取り組んでいる場合には、歴史的な情報を現在の地図で何処に当たるかを記入するために利用することも可能だろう。また、収集した情報を公開したくなったとしても、マイマップとして公開すればよいので、その辺りの使い分けにも悩まないはずだ。

二つめには、Googleマップが公開されたWebサービスである事を踏まえ、記録した情報を公開するための利用が挙げられる。

これは、例えば授業で使用する地図として利用する事が想定される。Webサービスで提供されている以上、インターネットにアクセス可能な環境でありさえすれば、いつでも確認できるのは強みである。また、紙媒体の地図では不可能な表示の切り替えや地図表示の自在な切り替えも、受講者の理解を助ける手段となるかもしれない。

更には、学会発表の気の利いた小道具や、Webで提供するデータベースの地理関係情報を任せるという形での利用も考えられる。これをより大規模に、研究会や学会単位での地理情報の共有・公開までできてしまう可能性も十分に考えられるだろう。

一端公開すれば訂正が難しい紙媒体の情報と異なり、Webのような逐次的に変更可能な媒体での情報公開は、常に新しい知見の追加・訂正を反映する事が可能なため、最新の学術情報を世間に公開するという意味でも有意義な方法である。

❖ Googleマップでの情報発信

■ 実は簡単な情報発信

ここでは、実際にGoogleマップでの情報発信の方法についていくつか説明しよう。

簡単なのは、緯度経度のみを通知する方法である。

従来、Googleマップで見つけた地図情報を他者に知らせる際、「このページのリンク」をクリックすると表示される、urlを通知する方法があった。

但し、この方法ではGoogleマップの当該個所のみの情報しか知らせる事しか出来なかった。吹きだしや画像・図形・線等を組み込み、利用者のWebサイトに組み込んで検索機能を提供する等のより凝った使い方をするためには、Google Maps APIを使いこなす必要があった。

Google Maps APIは、Googleマップを外部から利用するためのアプリケーションインターフェイスであり、複数のJavaScript関数として提供される[3]。

Google Maps APIの利用は無料だが、事前にGoogleのアカウントを取得し、更に「API Key」と呼ばれる文字列を取得する必要があり、更にhtmlやJavaScript?に関する知識が必要だったため、敷居がそれなりに高かった事は否めない。

ところが2007年の8月より、Googleマップにその敷居を軽々と乗り越えるための新機能が提供されたのである。

その方法は、以下の通りである。

1. Googleマップを使って公開したい地図エリアを表示する。
2. 画面右上に表示されている「このページのリンク」をクリックする。

3. 「このページのリンク」直下にurlとhtmlコードが表示される。

4. 「このリンクをメールに貼り付けて地図を共有できます」以下のurlをWWWブラウザのurlに入力して表示させる事で、Googleマップで地図を表示させる事が出来る。これは、従来からあった方法であり、主にメールやリンク等で情報を発信・共有するために使われていた。
5. 「HTMLを貼り付けてサイトに地図を埋め込みます」には、<iframe>要素で囲まれたhtmlが表示される。これをそのまま既存のhtml文書に埋め込むと、Webページとして地図を公開する事が出来る。
6. 「埋め込み地図のカスタマイズとプレビュー」をクリックすると、先程の「HTMLを貼り付

ソフトウエア・レビュー

埋め込み地図のカスタマイズとプレビュー

けてサイトに地図を埋め込みます」のhtmlをカスタマイズするページに切り替わる。ここでは地図の大きさを変更する事が出来る。

この操作で言及可能な情報は緯度経度のみだがを、後述するマイマップ機能と組み合わせる事で、より凝った地図を作成する事も可能である。

■ マイマップで簡単作成

上述したように、Googleマップを使いこなすには、基本的にJavaScript?やAjaxの知識が必要となる。実際、Googleマップを細かいところまで使いこなすには、Google Maps APIを使い尽くすのが一番である。

しかし、たかだか「地図にポイントを入力する」という単純な操作に、プログラミング言語を覚えろというのは、一般利用者には敷居が高い話ではある。

それでも地図にポイントやちょっとした説明文を付ける事ができれば… と悩んでいた利用者に向けて、Googleは「マイマップ」機能を提供したのである。これは「簡易Googleマップエディター」とも位置づけられるサービスである。但し、この機能を使うには、Googleのアカウントが必要となる。従ってこれだけは事前に取得しておこう。

作業は非常に単純である。

1. Googleのアカウントでログインする。
2. ログイン後、Googleマップのページにアクセスする。
3. 「マイマップ」のタグが表示されているのを確認したら、「マイマップ」をクリックする。
4. 始めに「新しい地図を作成」をクリックして地図を作る（複数作成可能）。
5. 目印・線・面・吹き出し情報を適当に入れる。
6. 最後に「保存」をクリックする。

インターフェイスも直感的で、非常に使いやすい。

また、作成したマイマップは、外部に公開する事も可能である（公開されているマイマップを自分のマイマップに取り込む事も可能）。

「マイマップ」機能を使う事で、従来は難しかったGoogleマップへの情報追加と公開の敷居が一気に低くなった。これを利用する事で、研究情報や授業で使う地理情報の明示や公開（調査地や出土物の地域を図示）が簡単に行えるようになった。

また、後述するように、「マイマップ」機能では、作成した情報をKML形式で出力する事も可能である。これを利用すれば、簡易KMLエディターとして使う事も出来る。

マイマップ機能でポイントを編集中　編集した結果

❖ Google Earth との連携

上述のように、Googleマップのマイマップ機能で作成した情報は、Google Earth の KML 形式で出力することができる。

これとは逆に、Goole Earth の情報も Google マップで表示することもできる。

そのやり方は、複数ある。

- サーバーにアップロードした KML ファイルを、Google マップの url 指定で読み込ませる。
- Google Maps API の機能を利用して読み込ませる。

何れの方法とも、あらかじめ Google Earth に保存した情報をファイルに書き出す必要がある。通常、Google Earth での書き出しは KMZ 形式となるが、KML 形式のファイルは ZIP 形式で圧縮されたファイルなので、「ファイル名.kmz」の拡張子「kmz」を「zip」に書き換えることで、通常の ZIP 解凍ソフトで解凍できる。解凍後に生成されたファイルの中に「doc.kml」があるはずなので、適当な名前に変更してサーバーにアップロードする。この際、Google のアカウントを取得する必要はない。

KMZ からのファイル抽出以外の方法としては、目的の Google Earth のプレイスマークを選択後、メ

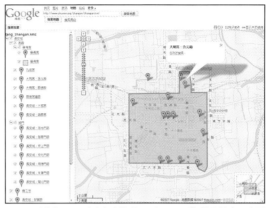

KML ファイルを直接 Google マップに読み込んで表示

ニューの編集→コピーを選択し、任意のテキストエディタ上に貼り付けて、拡張子を「kml」とした utf-8 エンコードのテキストファイルを作成するというのがある。

後は、WWW ブラウザを立ち上げて、Google マップを表示し、フォームボックスに先程アップロードした kml ファイルの url を入力して「地図を検索」ボタンを押せばよい。作成した kml ファイルのデータが地図に表示されれば成功である。

後者の方法は、Google Maps API の GGeoXml? 関数を使用する必要がある。また、当然ながら Google Maps API を利用可能な環境が必要である。

紙幅の都合もあるので具体的な体的な方法は省略し（具体的な方法は、巻末に挙げた参考書・Web サイ

Google Map API を利用して KML データを読み込み

ソフトウエア・レビュー

トの情報を参照されたし）、それぞれの方法を用いて
KML データを表示したものを図示してある。

　この方法のメリットは、既存の KML データをその
まま Google マップを利用して自己の Web サイトの
一コンテンツとして使用可能な点にある。 KML の情
報を Google Maps API で利用可能な Json 等の形式に
変換して使うことも可能だが、折角作った KML のデー
タをそのまま行かせるのはやはり便利だろう。但し、
本格的に凝った形にしようと思ったら、当然 Google
Maps API で書き直した方がよい。

◇　おわりに

　上述のように、専用のアプリケーションソフトが必
要な Google Earth と違って、Google マップは WWW
ブラウザさえあれば情報の公開と共有が可能であると
いう点である。

　中国に関しては、情報の密度が薄い（中国語版のみ
が独自で動くが、遅い）という難点があるが、気軽に
情報の記録と発信が可能なのは、やはりメリットであ
ろう。

　筆者も現在某プロジェクトにて、歴史地理書の情報
のビューとして、行政区のポイントを Google マップ
で表示させる等の試みを行っている。地理情報に関し
ては、やはり地図が附属する方がインターフェースと
しても直感的に扱えるし、行政区相互の関係やそれぞ
れの設置場所から伺える時の政権の意識構造等、地図
を媒介にしてより明確になる情報も多い。

　本文で述べたように、授業や学会発表などでの利
用や、自らの研究成果を公知のものにするために、
Google マップに限らず、地図サイトを利用した情報
公開と共有が望まれる。

◇　参考書・Web サイト

■ 書籍

　米田聡『Google マップ +Ajax で自分の地図をつくる本
　―Google Maps API 徹底活用』ソフトバンククリエイ

ティブ。2005。

Rich Gibson, Schuyler Erle 著／武舎広幸・福地太郎・
武舎るみ訳『Google Maps hacks― 地図検索サービス
徹底活用テクニック』オライリー・ジャパン。2006。

稲葉一浩『Google maps API 徹底活用ガイド』毎日コ
ミュニケーションズ。2006。

古籏一浩『Google Maps API 逆引きクイックリファ
レンス―WEB2.0 対応』毎日コミュニケーションズ。
2006。

Martin C. Brown, "Hacking Google Maps and Google
Earth", Wiley Publishing , 2006

アイティティ『Google Maps API v2 活用リファレンス』
技術評論社。2007。

■ Web サイト

Google MAPS API ヘルプ（英語）
**http://code.google.com/support/bin/topic.
py?topic=10028**

Geek なぺーじ　Google MAPS API プログラミング
**http://www.geekpage.jp/web/google-maps-
api/**

汎用 Google Maps API スクリプト KsGMap
http://www.ksgmap.jp/index.html

Google マップ　チュートリアル「Google Maps API 活
用方法」
http://www008.upp.so-net.ne.jp/getback/

注

[1]　本誌第七号の千田氏の記事を参照。

[2]　筆者の環境では、地図の詳細さとアクセスの快適さの
バランスは、Microsoft Virtual Earth が一番良いと感
ずる。但し、中国大陸の地名表記が全て英語であるた
め、閲覧に中国語が記された地図を別途用意する必要
があるのが面倒である。

[3]　既に、Google Maps API を利用する Web サービスは
日本でも見られ、また、Google Maps API の解説をす
る書籍や Web サイトも数多く存在する。従って、具
体的な API の解説はそれ等の情報に譲る。

❖アプリケーションソフト

WWW ブラウザ

上地　宏一

❖　ブラウザシェアに変化なし

今年も OneStat.com による調査データを見てほしい。昨年の記事では「シェア拡大中の Firefox」ということで、さらにシェアを伸ばし続けるかと思われたが、この 1 年については微減という結果となっている。Firefox も普通のブラウザになった、ということなのであろうか。

	06/07	06/10	07/01	07/06
IE	83.05	85.85	85.81	84.66
Firefox	12.93	11.49	11.69	12.72
Safari	1.84	1.61	1.64	1.79
Opera	1.00	0.69	0.58	0.61

❖　安全と便利のトレードオフ

これまでは一般的な認識として IE よりも Firefox の方がセキュリティ面で安心である、という風潮があったことは否めない。2004 年の当記事でも「IE ではセキュリティに不安があるという方は一度試してみてはいかがだろうか。」と書いている。

しかしながら、この一年においても IE および Firefox 双方においてセキュリティ面での修正がなくなくなることはなかった。つまり、IE と Firefox のどちらが安全であるか、という質問に対する答えは残念ながら見つけられないだろう。

Firefox はオープンソースであるから安全である、という考え方は正しくない。Firefox ではユーザ等によってバグが発見・報告されることにより、その重要度に応じて修正と公開がなされる、というプロセスとなっている。一方で IE においても、定期的にプロ

グラムの修正が行われ、Windows Update（Microsoft Update）という形でユーザに反映される。その修正ポリシーや更新頻度には差があるが、それをもってどちらが安全である、とはいえない。

それでも今年は Firefox のアドオン（アドイン）に関連する脆弱性が目立った一年でもあった。便利な追加機能として多数登録されているアドオンは、必ずしも熟練したプログラマだけが作っているものではなく、いわゆる日曜プログラマによるものも多い。プログラマが想定していない状況において意図しない動作をすることがあり、その挙動が悪用されることで結果的にセキュリティホールとなることがある。

このことを認識して、ただ闇雲にアドオンをインストールするという行為が危険を伴うことを知っておく必要があるだろう。

一方の IE においても、かつては ActiveX に伴うセキュリティ修正が数多く行われたものである。

このように、単に文字や画像を表示するだけであったブラウザが、アプリケーションや擬似 OS のようにさまざまなことができるようになった結果、その便利さと引き換えに、想定されなかったさまざまな欠陥を伴っているのであり、残念ながらこの流れは今後も止まることはないであろう。

そのためには、セキュリティ対策ソフトウェアの導入や、利用する Web サイトによってブラウザを分ける（見知らぬサイトの場合は、JavaScript の実行を行わないなどのセキュリティを強化した設定でブラウザを利用する）などの自衛が必要である。

また、2007 年 7 月に問題となった新生銀行のインターネットバンキングを対象とするフィッシングメールの発信事件 [1] のようにブラウザの欠陥以外に起因するトラブルにも巻き込まれないように注意する必要がある。

ソフトウエア・レビュー

❖ ブラウザ別概況

■ IE (Microsoft Internet Explorer)

2006 年 10 月 18 日に IE のバージョン 7 が正式に公開された。また、2007 年 1 月 30 日に一般向けに発売が開始された Windows Vista の標準ブラウザとなっている。

とはいうものの、ブラウザシェア調査でも参照している OneStat.com の 2007 年 7 月の調査では、OS 別シェアにおいて Windows XP が 87.36%、Windows 2000 が 3.99%、Windows Vista が 3.23% と、未だに Windows XP が中心であることを示していて、さらにその中における IE7 の割合はまだ小さいのではないかと推測される。

● 整いつつある IE7 対応

例えば 3 大メガバンク（三菱東京 UFJ、三井住友、みずほ）のインターネットバンキングを例にとると、三菱東京 UFJ 銀行では、IE7 の動作確認がなされたという告知が掲載されている。

三井住友銀行についても IE7 が利用推奨（対応）ブラウザとなっているが、一部画面が乱れる場合があるとのことである。

一方、みずほ銀行では、2007 年 9 月現在において「動作確認中」と記載されている。他の地銀では条件や補足情報付きながらもおおむね IE7 は対応済みとなっている。

● 延期された日本における IE7 自動配布

昨年の当記事では、Windows の自動更新による IE7 の自動配布について「IE7 正式版のリリースから 6 ヵ月後に予定されている」と記述したが、2007 年 5 月のマイクロソフトによる告知 [2] では配布予定日が延期され、「2008 年以降」という曖昧な記述がなされている。

そのいきさつは不明であるが、今後さらに IE7 への移行が遅れるのは必至ではないだろうか。

IE6 から IE7 へ の 移 行 と、Windows XP から Windows Vista への移行は、密接に影響しているといえるが、アプリケーションや周辺機器の対応、高スペックな PC を要求するなどの Vista 側の問題も含めて全面的な移行にはまだまだ時間がかかりそうである。

■ Firefox (Mozilla Firefox)

IE7 の公開から 1 週間後の 10 月 25 日に新バージョンとなる Firefox 2.0 が公開された。

メインブラウザとして利用している立場での個人的な印象では、細かいインターフェイス・機能等に工夫が見られる反面、Firefox 当初に受けた「驚くほど軽快なブラウザ」という感動はだいぶ薄れてしまった感があるが、それでも安定的に利用できるブラウザとなっていることは間違いない。

● 一般への普及とプロモーション活動

2007 年 2 月には Firefox のダウンロード件数が 3 億件を超え、9 月には 4 億件を超えたことが発表されている [3]。ダウンロードのペースは若干低下したとのことで、これはシェアの推移も含めて Firefox が安定期に入ったことが推測できる。

2007 年 9 月 15,16 日には世界 4 都市を結んだ 24 時間イベント「Mozilla24」が開催された [4]。わざわざダウンロードしないと利用できない、という配布形態にもかかわらず、Firefox は着実に認知され、普及しつつあるといえる。

■ Safari (Apple Safari)

ブラウザに関してこの 1 年で一番大きなニュースといえば、Safari の Windows 版が公開されたことなのかもしれない。

実際に公開されているのはベータ版の Safari 3 であり、フォームへの日本語入力等での不具合があるものの、Windows 上で Safari が動くことは、競合相手となるであろう Firefox への影響も含め、今後の展開が非常に興味深い。

個人的には、ヒラギノフォントとセットで公開されれば、Windows においても MacOSX とほぼ同じ条件でブラウザを利用することができることになり、非常にうれしい話であるのだが、いかがであろうか。

❖ おわりに

漢字文献情報処理におけるブラウザの評価という意味では、当記事はもはや目新しい内容はなくなってしまい、パソコン一般的な話題のみとなってしまった。

しかしながら実際には、ブラウザにおける実用的な縦書き・ルビ・漢文書き下し文のサポートや、異体字

WWW ブラウザ / JUST Suite2007

検索・入力機能などはほとんどなく、PDF による表示や CGI による Web アプリケーション側の実装に限られているのが実情である。

　OS やブラウザの機能としての、先進的な漢字文献情報処理機能のニーズを汲み取り、開発者に提起することが本誌・本研究会に求められていることだと思うのであるが、いかがであろうか。

注

[1]　［新生銀行］安全なお取引のために

http://www.shinseibank.com/direct/safe_dealings.html

[2]　Internet Explorer 7 の自動更新による配布

http://www.microsoft.com/japan/technet/updatemanagement/windowsupdate/ie7announcement.mspx

[3]　Four Hundred Million Firefox Downloads

http://www.spreadfirefox.com/node/28337

[4]　筆者もイベント企画の一般公募に応募したのであるが、書類審査で落ちてしまった。

JUST Suite 2007

山田　崇仁

◈　はじめに

　例年、一太郎と ATOK のみを採り上げてきたが、本年はもう少し間口を広げた紹介をしたいと思う。

　その理由は、JUSTSYSTEM 社が久しぶりに統合 Office ソフトウェアパッケージである JUST Suite 2007 をリリースしたのが理由である。

　はじめから後ろ向きの紹介で何だが、このパッケージは発売早々から逆風にあった。それは、インストーラーの不具合により発売日が一ヶ月延期されてしまったことである [1]。一太郎系の需要が高い官公庁や学校向けの予算執行締め切りが年度末よりやや遡る時期であることを考慮に置くと、この一ヶ月の遅れは経営的にも相応の痛みを与えるものだったと想像される。

　閑話休題。ソフトの紹介に戻ろう。

　Office 系ソフトであるから、その目標物 Microsoft Office であることは間違いない [2]。その為、パッケージに含まれるソフトもそれをかなり意識している。

　JUST Suite 2007 では、いつもの一太郎・ATOK に加え、花子・三四郎という自社ソフト [3]・更にメーラーである Shuiken・PDF 作成ソフトである Justsystem PDF Suite、更には、プレゼンテーションソフトである Agree を同梱する気合いの入れようである。まさに、これさえあれば日常の業務をこなすのに不自由ない環境を手に入れることができる。

　当然、JUST Suite 2007 は VISTA 対応である [4]。また、提供されるインストールメディアが DVD-ROM に変更されている。VISTA が DVD-ROM で提供される以上、当然の変化なのだろう。

　気がつかない変更点かもしれないし、今時のパソコンには DVD-ROM 読み込みには対応しているはずなので問題ないだろうが、一応、インストールの際には注意した方がよいかもしれない。

◈　一太郎

　数年前にレビュワーが指摘していた、一太郎の多言語（実は JIS2004 にも関係する）の取扱いの中途半端さは、入力と表示の面では既に改善された。一太郎 2007 でもそれは同様である。

　一太郎 2007 は、インターネットとの連携を強く意識したものとなっている。

　例えば、一太郎上で文字列を適当に選択し、右ボタンをクリックしてみよう。表示されたポップアップメニューの中に「Google 検索」の項目があるはずだ。そう、一太郎では「文字列を選択してコピー」→「ブラウザに切り替えてテキストボックスに貼り付けて検索ボタンを押す」の手続きが「文字列を選択して右クリックし、Google 検索を選択」に省略化されるのだ。

　また、Internet Explorer 限定だが、WWW ブラウザに表示されるテキストボックスなどへの入力を一太郎で行う「Web テキスト編集」が新機能として実装された。Internet Explorer でテキストボックスに入

ソフトウエア・レビュー

力する際、テキストボックス上で右ボタンクリックすると、「一太郎でテキストを編集」という項目が表示されるはずだ。それを選択すると、今まで狭いスペースで入力していた文字が入力済みの一太郎が起動する。そして一太郎で編集した文字列はブラウザのテキストボックスに反映される。

同様な機能は、Firefox の場合ではアドオンプログラムの「mozex」[5] で、Internet Explorer の場合には「AreaEditor?」[6] という plugin でそれぞれ実行可能だが、一太郎でそれができてしまうのは興味深い。

あれこれ用途に応じて編集ツールを使い分けず、文字編集を一太郎に集約しようと企図しているのだろうか。できれば FireFox? や safari にも対応して欲しいところだ。

❖ 花子

一花子は、太郎と共に、長年 JUSTSYSTEM 社の二大看板として知られてきた「統合グラフィックソフト」である。レビュワーは、花子は殆ど使った事がない。そのため本体の機能レビューは差し控える。

とりあえず、漢字面だけをチェックしたが、JIS 第一・第二水準までしか使用できないようだ。この辺り、統合ソフトウェアパッケージで提供しながら、統一的に多言語対応を果たしている Microsoft Office との差がはっきり出ているようだ。

❖ ATOK

多言語面で取り立てて新しい機能はないが、細かいところでの改善点が見られるのがうれしい。

例えば、単漢字辞書では、「単漢字情報」という簡易字典機能が搭載されている。表示される情報は、読み・画数・コードポイント等だが、異体字が存在する場合に表示される「異体字」の項目をクリックすると、異体字が挿入される。ATOK で優先的に表示されるのが新字体であることからすれば、旧字体のような異体字を探す場合、その手間を減らしてくれる便利な機能だといえるだろう。

また、JIS X 0213:2004 への対応を唱っている。元々 ATOK は Unicode に対応した IME なので、文字の入力や辞書への登録自体は何も問題ないのだが、コメント機能として印刷標準字体か否かの明示をするように

なったのは、ちょっとした心配りではないだろうか。

また、また、第三・第四水準漢字も手書き文字の認識ができるようになったのも進歩だろう。この調子で Unicode の全 CJK 漢字の手書き認識をできるようになるととてもうれしいのだが、果たしてその様な需要がどれほどあるかを考えると、実装は夢のまた夢だろう。

また、新しい試みとして興味深いのが、「ATOK バリューアップサービス [ベータ]」である。このサービスは、ATOK の次期バージョンに搭載予定の新機能や ATOK 用の辞書・辞典の最新コンテンツを登録ユーザーに無償で提供するものである。従来から郵便番号辞書については逐次的なアップデートが行われてきたが、これをバグフィックスではないソフトウェアの機能や他の辞書にまで広げたのは、大変おもしろい試みだといえる。現代の日常で使用される言葉は「旬」が非常に短い。一年後のバージョンアップを待っていては、単なる死語の辞典と化してしまうおそれもあるだろう。「ATOK バリューアップサービス [ベータ]」の今後を見守りたいところである。

ATOK も一太郎同様、基本的な多言語対応では既に完成の域に達したと言っても過言ではないだろう。後はその機能を活かした中国語用 ATOK など、多言語 IME としての新たな発展が見られるのを期待したい[7]。

❖ 三四郎

筆者は、実は Excel よりも三四郎の方を使い始めたのが古かった。しかし、扱えるデータの総量の問題から、Excel に乗り換え今に至る。JUST Suite 2007 を入れたのを契機に、久しぶりに三四郎に触ってみた。

「お〜拡張領域 B の漢字が普通に出る！」、花子での UnicodeBMP 外文字の扱いが上手くできなかったのに比して、三四郎では問題なく入力・表示が実行できる。これは、一太郎と共有するファイル（共通 DLL 等)が影響しているのかもしれない。何にせよ喜ばしい。

但し、LEN（文字列の個数を数える）関数では、BMP 領域外に収録される文字は何れも 2 文字でカウントされる。これは utf-16 のサロゲートペア処理が影響を与えているのだろうが、Excel でも同様の結果になるので、これは Windows の仕様なのだろう。この辺りを改善してくれる事を期待したい。

これで Excel 並のセル数（行×列）を扱えると、漢字文献を分析するツールとして更に扱いやす

くなると思ったが、それまでの「とりあえず新しい Windows のバージョンでも動くようにしてみました」というバージョンアップからはずいぶんましになり、多少の本気度は伺えると感じた次第である。

❖ Agree2007

Agree 2007 は、Justsystem 社の自社開発製品ではない。本会ではおなじみのアレアハングルの開発元である、韓国のハンソフト社[8] が開発した「Hannsoft Slide 2007」をカスタマイズしたものである。他社製品とはいえ、Justsystem の従来製品との操作性や見た目の違和感がないように、インターフェイスや操作性の統一感には気を遣っているようである。

Windows 用プレゼンテーションソフトの事実上の標準である Microsoft Power Point との高い互換性も特徴の一つとして唱われている。実際、レビュワーがかつて作成した Power Point データを Agree2007 で読み込ませると、ほぼ同様の表示イメージが出てきた。

但し、多言語関係はやや問題がある。Unicocde の BMP 領域のみの対応のようで、CJK 統合漢字や拡張領域 A の表示には問題なかったが、拡張領域 B の文字は□として表示されてしまう。

更に問題なのは、「Microsoft YaHei のように、和文フォントでありながら欧文フォント扱いされるものがある」「Open Type Font が使用できない」点である。この辺りの不具合（仕様？）は、ハンソフト・Justsystem の何れに起因する問題なのかはわからないが、何れにせよ早急に修正して欲しい部分である。

❖ 今後の方向性は？

以上、JUST Suite 2007 からいくつかのアプリケーションソフトを紹介した。

今のところ、JUST Suite 2007 はそれなりに魅力のある Office ソフトと言えよう。しかし、パソコン用 Office ソフトの圧倒的シェアを占める Microsoft Office を押しのけるまでに魅力を持っているかどうか（プリインストールのソフトを排除して使ってもらえるかどうか）？ 更には、OpenOffice?.org 等の無料 Office ソフトや、Google 等が提供する Web サービスとしての Office ソフトなど、ライバルは多い。その点からすると、JUST Suite の未来はバラ色ではない。

ここ数年の Justsystem の販売戦略は、部外者からすると迷走しているようにも見える。これは、刻一刻と変わる情勢に逐次的に応じないと生き残りが難しいという事態に対応しているためだろうが、長年使っている利用者からすれば、一抹の不安を覚えなくもない。

また、同一の製品群として提供していながら、ソフトウェア毎に utf-16 のサロゲートペア対応が異なるのは問題かもしれない。これは、Agree が他社製品をベースにしているという部分もあるのだろうが、現状、拡張領域 B 収録漢字が読み書きできない＝ JIS 漢字コードの最新規格である JIS X 0213 に対応していない事を意味するわけであり、日本語に強いはずの Justsystem の名が泣くだろう。次期バージョンでは是非この辺りも改良して欲しい。

Justsystem には、日本の老舗ソフトウェアベンダーとして、これからも活躍して欲しいところである。

注

[1] JUSTSYSTEM 社によるニュースリリース：**http://www.justsystem.co.jp/news/2007f/news/j02071.html**
尚、パッケージに含まれるアプリケーション個々の発売日は変更されなかった。

[2] 10 年くらい昔は、一太郎が Microsoft Word 日本語版の目標であったことからすれば、隔世の感である。

[3] 昨年もこれらのソフトウェアを同梱する販売形態があった。JUST Suite 2007 は、同一のインストーラーという部分に違いがある。

[4] 本レビューは VISTA Business Enterprise ボリュームライセンス版で動作確認をしている

[5] **http://mozex.mozdev.org/**
最新版は、以下で公開。
http://mozdev.tukayyid.de/mozex/

[6] **http://www.ideamans.com/areaeditor/features.php**

[7] ところで、前バージョンの ATOK2006 では、ATOK パレットの表示場所が勝手に移動する不具合に悩まされた。ATOK2007 でもその不具合は残っているが、Justsystem 社が回避方法を公開している。**http://faq.justsystem.co.jp/faq/1003/app/jsfaq.jsp?45763+0346**

[8] **http://www.haansoft.com/**

ソフトウエア・レビュー

今昔文字鏡・超漢字検索

野村　英登

❖　7万字のある日々

そろそろパソコンを新しくしようかと家電量販店に行ってみると、そこで売られているパソコンのほとんどは、（もちろん Mac を除けば）すでに Windows Vista 搭載パソコンになっている。

XP の方が安定していてまだ安心できるといっても、新規に購入するにはわざわざビジネスモデルのパソコンを探さないといけない、これが一般ユーザーの置かれている現状であろう。

そうすると、XP のときに一般ユーザーの知らないうちに周りのパソコンでは何不自由なく中国語が表示入力できていたように、今度は一般ユーザーの知らないうちに周りのパソコンでは 7 万字の漢字が普通に表示できるようになっていたりするわけである。

あなたの周りは見たこともない無数の漢字に侵略されている…。

とはいえ、これまで何度も指摘されてきたように、単に表示できることと、使いこなせることの間には大きな開きがある。Unicode の拡張漢字 B 対応のフォントが実装され、ブラウザやオフィススイートで利用できるようになって 7 万字ゲットだぜと喜んではみても、必要な漢字を見つけ出せるかという検索の問題と、見つけた漢字を自由に表示できるかという発信の問題が十分に解決されたわけではない。CHISE IDS FIND[1] のようなフリーな環境が整備されつつある今、中国語が入力できるというだけでは勝負できなくなった中国語入力ソフトのように、OS レベルで先行して整備されつつある多漢字環境に対応し、更に付加価値をつける、というのが今後の多漢字処理ソフトの課題であることは間違いないだろう。

本稿ではこうした状況を踏まえつつ、昨年 9 月に発売された今昔文字鏡の最新バージョンと、今年 6 月末に新たに発売された超漢字検索の二つのソフトについてレビューしてみたい。

❖　今昔文字鏡

多漢字検索ソフトとしては老舗の今昔文字鏡は、新製品でとうとう漢字だけで 15 万字、梵字、甲骨文字、篆書を入れると 17 万字を超える大規模文字セットを実装することとなった[2]。

文字セットが大幅に増加されていることを除いて、ソフトウエアのインターフェースや検索システム等は、前バージョンと比べて大きな変更はないといえる。ただし別売の『康熙字典 DVD-ROM』[3] との連係機能を始め、『説文解字』から 9,800 字分の本文データが追加され、更に『玉篇』から 27,900 字の読み情報などが収録されるなど、たんなる多漢字検索ソフトにとどまらず、多漢字データベースとしての風格を備えつつあると言えるだろう。

なお、システム環境として保証されているのは、Windows XP、2000Pro のみだが、Vista にインストールしても問題なく動作した。

今昔文字鏡に関して今回もっとも大きく変更されたのはソフトウエアの機能よりもフォントライセンスの方かもしれない。というのも、2006 年 6 月に今昔文字鏡プロフェッショナル版として、フォントライセンス付きのインデックスフォント[4] という製品が発売されているのである。これにより後述するよう個人用の今昔文字鏡、プロ・団体用のインデックスフォントというようなラインナップ構成になった。

今昔文字鏡単体が 29,400 円（税込）であるのに対し、インデックスフォント単体は 99,750 円（税込）となっており、その差額がいわばライセンス料ということになろう。

ちなみに、同ソフトの文字セットは今昔文字鏡から梵字と篆書が省かれたものとなっていて、その他の文字については違いがないようだ。

❖　超漢字検索

超漢字検索は、パーソナルメディア社が開発した新しい多漢字検索ソフトで、同社の専用サイト[5] から

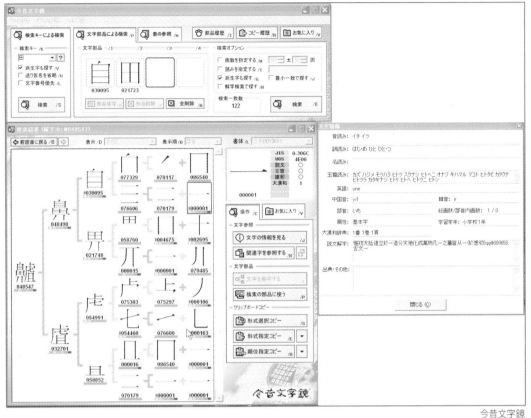

今昔文字鏡

　ダウンロード販売を行っている。価格は 6,300 円（税込）と今昔文字鏡に比べてリーズナブルなものになっている。

　社名と製品名から察しがつく通り、このソフトは同社が販売している個人向けトロン OS の超漢字から、その多漢字環境だけを Windows 環境に取り出したものといってよい。

　したがって、収録文字セットはトロンコード準拠の「18 万字」であることを謳っている。もちろん、トロンコードの場合、JIS、GB、CNS、大漢和、GT[6] など、各文字セットがそのまま収録されているため、「一」一文字をとってもいくつもあって、「18 万字」というのはあくまで述べ文字数に過ぎないわけだが、本製品のプレスリリース[7]では、重複分を除いた総文字数が「約 10 万字」であるとコメントアウトされている。10 万字だって十分多いのだから、今後はこちらを強調した方がよいのではないだろうか。

　検索方法は、漢字の部品やよみ、画数を組み合わせて検索することができ、異体字も同時に検索されるようになっている。

　インターフェースは、一つの入力欄に検索式と合わせてまとめて入力するシンプルなもので、今昔文字鏡や ATOK 文字パレットよりも CHISE IDS FIND に近い。また収録されている文字セットごとにコード検索もできる。操作の詳細はオンラインマニュアルを参照されたい[8]。なお OS は XP と制限付きながら Vista の両方に対応している[9]。

　さて超漢字検索は、GT フォントのような今昔文字鏡と同様の TTF の切り替えによる多漢字出力環境が Windows 向けにすでにあるにも関わらず、基本的には画像データでの出力を主としている。

　そのかわりに大きな売りの一つとして、T 書体の搭載により、明朝体だけでなくゴシック体、楷書体での多漢字表示が可能になっている点が挙げられよう。T 書体とは、2005 年末に発表された、GT の文字セットに『龍龕手鑑』『篇海』『碑別字』『宋元以来俗字譜』などに収録されている異体字を加えた 115,739 文字を明朝・ゴシック・楷書の三書体で無償公開する巨大

ソフトウエア・レビュー

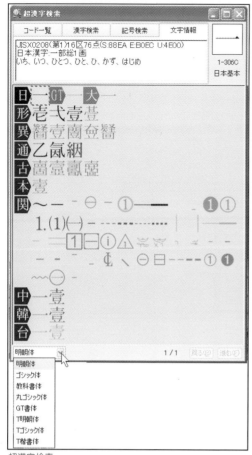

超漢字検索

文字セットである[10]。

　本来は TTF で提供されるはずだったが、何らかの事情があるらしくいまだ正式な公開がなされていない。超漢字検索への搭載もあくまで「評価検証目的」との由で、このため現時点では、GT の文字セット分だけが画像データとして提供されるにとどまっている。もし T 書体フォントが正式に公開されたあかつきには、今昔文字鏡同様に画像データ以外に TTF 情報の出力機能の追加がなされることを期待したい。

❖ Unicode への対応度

　たいへん残念なことであるが、今昔文字鏡も超漢字検索も Unicode の拡張漢字 B 非対応である。ソフトウエアとして、ではなく文字セットとしてそもそも対応していない。このため、ブラウザ上で表示できる漢字の中に今昔文字鏡や超漢字検索未収録の文字が存在

するという状況が生じている。これは、多漢字環境の提供者としておおいに改善すべき点ではなかろうか。

■ 今昔文字鏡

　まず今昔文字鏡だが、文字入力に関しては依然 Shift JIS しか受け付けない仕様となっている。このため、例えば探している漢字の部品が簡体字の一部にあったりしたときに、IME から入力しても文字化けして使えないし、またすでにデータとしてある漢字の、異体字などの文字情報を調べることも難しくなる。

　ただし実体参照でなら拡張漢字 A までの入力には対応している。同様に出力する場合は、拡張漢字 A までの文字はテキストデータとしてソフトウエアに貼り付けることができる。

■ 超漢字検索

　超漢字検索については、ソフトウエア上は Unicode2.0 に相当する漢字の入出力が可能である。しかしこちらも元となる文字セットに収録されていない拡張漢字 A、B ともに対応していない。

❖ 情報発信の自由度

　首尾よく漢字を探し出せて、データを Word などワープロソフトに貼り付けたら、それで全てが終わりということはない。多くの場合は、そのデータを含むテキストを紙媒体に印刷したり、PDF にしたり、Web ページとしてインターネットで公開したりするだろう。

　そこで問題となるのは、今昔文字鏡や超漢字検索で得た文字データの利用にかかるコストはいかほどか、ということである。

■ 今昔文字鏡

　今昔文字鏡の場合、使用許諾書には、「業務で利用する場合には別途フォント利用ライセンスの購入が必要」であり、個人利用の場合でも、PDF などにフォントファイルから文字を切り出して埋め込む場合には、フォントの再構築にあたるため、無償利用が可能ではあっても、文字鏡ユーザーであることを前提として、「事前に文字鏡研究会に企画書を添付して文書で申し出る」必要があるとされている。

　この点を、発行元の紀伊國屋書店に問い合わせたと

ころ、このフォント利用ライセンスにあたるものがインデックスフォントで、同製品付属のライセンスにはPDFへの埋め込みへの許諾も含まれているそうである。なお、大学や研究会などの研究機関による学術用途の出版においても、原則としてインデックスフォントを利用されたいとのことであった。

この点、旧バージョンの文字鏡や文字鏡研究会で公開されているフォントの利用許諾に関する規定で言及されているライセンス料をパッケージ販売により明確化したと言えそうである。しかし旧来の規定ではライセンス料の免除条項があり、それがどう運用されるかはきちんと確認できていない。

ちなみに、文字鏡研究会で公開されているフォント[11]のバージョンは最新のもので 2.14、2004 年 12 月 22 日以来更新されていないように書いてあったが、実際にダウンロードしてみると、現行製品に同梱されているフォントのバージョンと同じ 3.0 であった。

■ 超漢字検索

これに対し、超漢字検索では、利用条件について、インストール時の許諾書にもサイトにあるマニュアルにもこの点についてまったく言及がなかった。そこで、直接発行元に問い合わせたところ、検索した文字をソフトウエアに貼り付けて利用する場合、Web ページに画像データとして表示したり、PDF データへの埋め込みすることに関して、ライセンス上の制限は特になく、また個人団体商用非商用の区別もないとのことであった。ただし利用しているフォントファイル自体を抽出して別のソフトウエアで使うことは認めておらず、あくまで超漢字検索から出力したデータの利用について制限がないということである。つまり実質的に自由な利用が可能である。

もっとも T 書体については、現状はあくまで評価検証目的のリリースなので、今後この条件は変更される可能性があるだろう。できれば極力自由な条件で使えるように検討していただきたいものである。

❖ 総評

以上紹介した二つの多漢字検索ソフトにはそれぞれ一長一短があり、利用するにあたってはその特性を十分に考慮する必要があるだろう。

まず今昔文字鏡だが、検索機能もすぐれており、収録文字数が最も多いため漢字検索のためのデータベースとして利用するのには適しているといえるだろう。

しかし、探し出した文字を使って文書を作成する場合は、プロ版のインデックスフォントを購入するか、今昔文字鏡は利用しても文字鏡フォントは使用しないようにした方がよいように思われる。というのも、現行のライセンスに忠実に従えば、まったくの私的利用でないかぎり必ず文字鏡研究会に事前許諾を得なくてはならない[12]。多漢字環境の標準をもって自認するのであれば、個人による情報発信が普遍化した現在においては、クリエイティブコモンズのような利用者の善意に期待した許諾体制にした方が望ましいように思うのだが。

この点で、超漢字検索の方が画像データしか使えないとはいえ、より自由な利用ができるという点で高く評価できる。ただし、今後 T 書体が今後どのようなかたちで正式に公開されるかでこの評価も変わってくるだろう。

注

[1] http://mousai.kanji.zinbun.kyoto-u.ac.jp/ids-find
　　上地宏一「CHISE IDS FIND」、漢字文献情報処理研究第 6 号、2005 年、pp.163-165 参照。

[2] http://www.mojikyo.com/info/konjaku/index.html

[3] http://www.mojikyo.com/info/kouki/index.html

[4] http://www.mojikyo.com/info/indexfont/index.html

[5] http://www.chokanji.com/ckk/

[6] http://www.l.u-tokyo.ac.jp/GT/

[7] http://www.chokanji.com/press/ckk/070628ckkpress.html

[8] http://www.chokanji.com/ckk/manual/index.html

[9] http://www.chokanji.com/ckk/manual/vista.html

[10] http://www.t-engine.org/news/pdf/TEP051213_u18.pdf

[11] http://www.mojikyo.org/html/download/ttf/dlttf.html

[12] http://www.mojikyo.org/html/download/cmap/CMAPMAIJ.HTM#licensing

ソフトウエア・レビュー

Chinese Writer9

金子　眞也

❖　はじめに

　2007年3月9日、Chinese Writer が 8 から 9 にバージョン・アップした。前々バージョンの 7（2003年 9月24日リリース）から 8（2005年11月18日リリース）にバージョン・アップするのに 2 年余りかかっていたことを考えると、今回のバージョン・アップは前回から 1 年 4 カ月足らずのかなり早めの展開といってよい。本誌第 7 号で筆者は Chinese Writer 8 のレビューを担当したが、今回のレビューも引き続き筆者が担当させていただく。

　前回同様、取り上げる対象は教育・研究面での利用が中心となる。動作検証には、おもに Windows Vista Home Premium 搭載の市販ノート（Celeron M 440, 1.8GHz、メモリ 1G）を用い、念のため、Windows XP Professional SP2 搭載の市販ノート（Pentium M, 1.10GHz、メモリ 768MB）でも動作確認をした。

　なお、Chinese Writer 9 には 2007 年 7 月 25 日付けのアップデートをあてたものを用いた。

❖　小学館第 2 版搭載に変わった中国語デジタルマルチ大辞典

　本誌第 7 号で筆者がもっとも評価に値すると記したのは「中国語デジタルマルチ大辞典」（以下「大辞典と略す」）であった。今回のバージョン・アップでも、特筆すべきはやはりこの「大辞典」である。小学館の辞典が第 2 版に変わったからである。今回は下記 5 種類の辞書が搭載されている。

- 中日大辞典　増訂第二版（大修館）
- 中日辞典　第 2 版（小学館）
- 日中辞典　第 2 版（小学館）
- 中国語新語ビジネス用語辞典電子版　第 2 版（大修館）
- 日中パソコン用語辞典改訂版（日経 BP 社）

　例文検索機能自体は Chinese Writer 8 から搭載されている機能だが、小学館の日中・中日辞典が第 2 版になって、使い勝手が格段によくなった。

　ただし、2007 年春モデルから電子辞書に搭載されている小学館中日・日中辞典も第 2 版に変わってきている現状を考えると [1]、小学館第 2 版の搭載は、当然と言えば当然の流れであろう。

　"不愧"を例文検索した結果を図 1 に示そう。

❖　ネイティブ音声データの導入

　今回のバージョン・アップでもう一つ特筆すべきは自然音声の導入である。高電社ウェブサイトによれば、「小学館中日辞典第 2 版の見出し語約 68,000 のネイティブ音声データを収録」とのことだが [2]、実際に耳で聞いた印象では、『日中パソコン用語辞典』にも自然音声が使われているようだ。

　ここでたまたま気づいた誤りを、一つ指摘しておく。

　"不愧"（…に恥じない）という語は、後ろに "为" や "是" を伴うことが多い。この場合の "为" は第 2 声 "wéi" に読む。

　『中日大辞典』で "不愧" を引き、その例文の "这几句话说得真不愧为学究" を朗読させると合成音声は "wèi" と第 4 声に読みまちがってしまう。ところが『小学館中日辞典』の "不愧" の例文 "她不愧为一个优秀教师" の方は、同じ合成音なのに正しく "wéi" と読んでくれる。

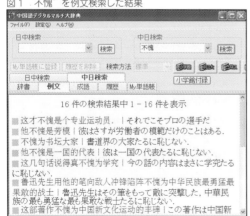

図 1　"不愧"を例文検索した結果

試しに"为人民服务"を『中日大辞典』で読ませたところ、今度は逆に第2声"wéi"に読む誤りを犯した。

分かっている者にとってはご愛敬であるが、初学者を惑わす誤りである。破読字に関する一層の構文分析が望まれるところである。

❖ 漢字ピンイン変換

声調付きピンインにもピンインのルビにも変換可能で教材作成に便利なツール「漢字ピンイン変換」はChinese Writer 9 においても健在である。

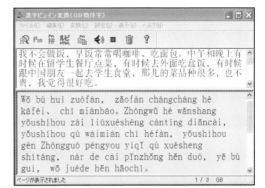

図2　漢字ピンイン変換

❖ 中文ファイルプレーヤー for iPod

Chinese Writer 9には、中国語テキストをファイル単位で読み込み朗読する「中文ファイルプレーヤー」がついているが、今回のバージョンでiPod連携機能がついた。文章の切れ目をとらえて内容を解析しているので、結構使える。筆者の同僚にこの中国語読み上げ機能（ただし前バージョン）を中国語サイト閲覧時に利用している教授がいて、朗読機能を便利だと賞賛していたのだが[3]、中国語朗読のお手本としてではなく、「中国語を分かっている者が文字を目で追うのが面倒だから耳で聞くのに使う」という観点から見直すと、確かにこの機能は便利ではある。

図3　中文ファイルプレーヤー for iPod

❖ C-TIME

Chinese Writer 9には前バージョンを踏襲して機械翻訳ツール C-TIME が付属する。全角128文字まで日本語を中国語に機械翻訳可能である。有償の機械翻訳ソフト「j・北京V6」と翻訳エンジンは基本的に同じ物を使用しているようだ。

図4　C-TIME

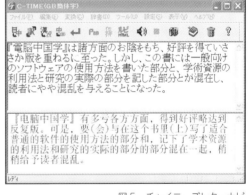

❖ チャイニーズレターナビ

Chinese Writer 9には中国語メール作成支援ツール「チャイニーズレターナビ」も付属する。複数の例文を組み合わせて文章が作れるのが便利なところだが、文章の硬さの度合いなどは自分で調整する必要がある。

図5　チャイニーズレターナビ

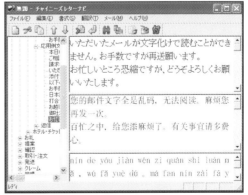

ソフトウエア・レビュー

❖ お買い得な Chinese Writer 9

　Chinese Writer 9 には小学館の日中・中日辞典の第2版が収録されていて、中日大辞典まで加えた全文例文検索が可能である。このこと一つだけでも、Chinese Writer 9 は充分お買い得といえよう。これ以外にもピンイン変換や読み上げ機能、中国語メール作成支援機能など便利なツールが付属しているのだから、かなりのお買い得である。

　筆者の周囲には Chinese Writer の 7 以前の旧バージョンを愛用している人がいまだ多い印象がある。このような方々には、この機会に Chinese Writer 9 に切り替えることを強く推奨させていただきたい。

注

[1] たとえば XD-GW7350（カシオ）SR-V4800CN（SII）などがあげられよう。

[2] http://www.kodensha.jp/soft/cw/

[3] その同僚は語学ではなく社会科学を担当している。多少の読み間違いに寛容なのは、専門の違いによるのかもしれない。

j・北京 V6

金子　眞也

❖ はじめに

　j・北京 V6 は高電社の日中・中日翻訳ソフトだ。2006 年 8 月 25 日のリリースだから、発売から 1 年以上経っている。本誌 7 号にはタイミング悪くレビューが間に合わなかったため、8 号でのレビューとなった。今回レビューしたのは専門用語辞書なしの j・北京 V6 である。2007 年 5 月 15 日付けのアップデートをあてたもの使用し、動作確認には、Windows Vista Home Premium 搭載の市販ノート（Celeron M 440, 1.8GHz, メモリ 1G）と Windows XP Professional SP2 搭載の市販ノート（Pentium M, 1.10GHz, メモリ 768MB）を併用した。

❖ 文例翻訳

　高電社のウェブサイトによると、主な新機能は「文例翻訳」だそうで、これは、用例コーパスとその正しい訳文を一対にしたデータベースを、翻訳時に参照する機能を指すもののようだ[1]。誤訳しやすい定型的表現とその訳語をあらかじめセットにして参照することで不適切な誤訳の出現を抑えるというのは、確かに画期的な仕掛けではある。

　ただしこれは j・北京 V6 だけが持つ特徴ではなさそうだ。少なくとも注 1 にあげたウェブページにあがっている「お忙しい中、お時間をいただきどうもありがとうございました」以下の例文を Chinese Writer 9 の機械翻訳ツール C-TIME で翻訳させても、翻訳結果は j・北京 V6 と全く同じである。「文例翻訳」機能は Chinese Writer 9 にも実装されているのであろう[2]。

図1　日本語から中国語への機械翻訳の結果

Chinese Writer9 / j・北京 V6

❖ 便利な中国語・日本語読み上げ機能

j・北京 V6 には「ジャパニーズボイス」「チャイニーズボイス」という読み上げツールがついている。「ジャパニーズボイス」の方は非常に自然な仕上がりで、日本人の筆者が聞いてもほとんど違和感をおぼえることがなくて、これなら目が疲れた時に文章をざっと読むのに使えそうだ。

「チャイニーズボイス」の方は聞けなくはないがだいぶ質が落ちる感じで、後から出た Chinese Writer 9 の読み上げツールと比較すると、質の違いは明らかで、Chinese Writer 9 の自然な読み上げを聞いてしまったら、「チャイニーズボイス」を使う気にはならないだろう。

❖ 日本語から中国語へ

まず日本語から中国語への機械翻訳結果をご覧ごらんにいれたい（図1）。実は機械翻訳にかけるには下処理が欠かせないのが常識なのだが、原文に下処理をかけると、著作権者への許諾の問題など面倒な問題が発生しそうなので、それを避けるために、今回は敢えて下処理しない文をそのまま機械翻訳にかけてみた。なお、翻訳用の素材には、本誌創刊号に寄せた二階堂善弘氏の「発刊にあたって」という文章を同氏の許可を得て用いている。右端の日本語は中国語機械翻訳結果をさらに日本語に機械翻訳した確認翻訳画面である。

もう1例翻訳結果を示そう（図2）。こちらは「簡素で効率的な政府を実現するための行政改革の推進に関する法律」（平成十八年六月二日法律第四十七号）である。

いずれも下処理をしてから翻訳にかけ、翻訳結果をさらに推敲するという手順を踏んだなら、それなりに使えそうとの印象を持った。

❖ 中国語から日本語へ

中国語から日本語への機械翻訳には中国語教科書の『上海びより』（筆者と石慧敏氏の共著、好文出版刊）中の文章を用いた。

元の文の一つ一つが短くて単純なためだろうか、結構使える翻訳結果が得られた。この例では右端画面

図2 「簡素で効率的な政府を実現するための行政改革の推進に関する法律」を機械翻訳したもの

図2 『上海びより』を機械翻訳したもの

は声調つきピンイン表示に利用してみた。Chinese Writer 9 の漢字ピンイン変換には及ばないものの、便利な機能である。

❖ お得な China Scan 4 付き

j・北京 V6 には中国語 OCR ソフトの China Scan 4 が搭載されている。China Scan は元々有償の別のソフトであったので、今回の搭載でお得度が高まる。

以下、動作確認には《中華人民共和国国家通用語言文字法学习読本[3]》（語文出版社, 2001年）から〈中華人民共和国国家通用語言文字法〉部分のコピーを取りスキャンしてみた。一見して充分使えるレベルに達しているのが分かる。

❖ j・北京 V6 は「買い」か？

高望みかもしれないが、j・北京 V6 の翻訳精度には、まだ不足する点が残されている。とはいうものの、OCRや日本語読み上げ機能などのオマケの部分まで

ソフトウエア・レビュー

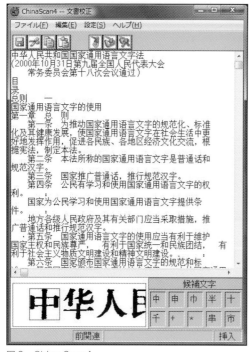

図3　China Scan4

勘案すると、j・北京V6は「買い」と言えるのではないだろうか。

筆者は、知人の中国人弁護士に、「日本の顧客に日本語であれこれ報告書を書くのに、何かいいソフトはないだろうか」と相談を受けたことがある。彼のような日本語の達人が下訳を作るのに使うには、j・北京V6は大変便利なソフトである。もちろん逆に日本人が大量の日本語を中国語訳するのに役立つことは、言うまでもない。

注

[1]　http://www.kodensha.jp/soft/jb/#bunrei 参照。
[2]　ただし、C-TIMEには中国語から日本語への翻訳機能はついていないので、j・北京V6の代替とはならない。
[3]　同書は全国人大教科文卫委員会教育室・教育部語言文字応用管理司編。pp.4-5に〈中華人民共和国国家通用語言文字法〉が掲載されている。

楽々中国語 V4

田邉　鉄

❖　中国語統合ソフトの草分け

オムロンソフトウェア「楽々中国語」シリーズ[1]は、1996年に発売された中国語入力エンジンcWnnを中心に、2000年に学習教材や辞書、多言語エディタなどを搭載し、「中国語統合ソフト」として発売されたものである。当初から単なる中国語入力ソフトではなく、「中国語学習者をサポートする機能をまとめて提供する」コンセプトを打ち出しており、高機能・多機能を追い求める競合製品と一線を画している。

2月に発売された最新バージョン「V4」でも、その路線に沿った機能強化が行われている。今回追加・強化された機能は、入力エンジン・フォントのGB18030対応、搭載されている小学館の辞典が第二版になったこと、辞書からキーワードで文例を探す「文例ナビ」の搭載、中国語学習ソフトのバンドル、などである。以下、強化された機能を中心に紹介する。

❖　導入・マニュアル

ワンタッチで全機能を使える、簡単インストールは従来どおりである。使用する機能を選ぶことはできず、中国語教材を除く全てのプログラムとデータが一括インストールされる。「パソコン初心者でも安心」というのがウリの一つなので、なるほど簡単な方がいいのかもしれない。ただ、最近はcWnn独自コードのIMEやフォントを使う機会はほとんどないと思われる。独自コードのIMEは「日本語IME」として認識されるため、不用意なキー操作で、思わぬ時に日本語が入力できなくなったりする。それこそ初心者の混乱を招くかもしれない。独自コードのIMEは、旧バージョンとの互換性を保つためだけに残されていると思われるので、インストールするかどうか選べるようにした方が親切かもしれない。

3冊のマニュアルは、導入編・基本編・応用編にわ

かれている。特に応用編では、Wordや Excelで発生する文字化けとその対処法について詳しく説明されている。オートコレクトの設定変更により、声調付ピンインを見栄えよく入力できるようにする、という記事など、初心者に対応が難しく、ちょっと知りたい、というTipsが含まれており、好感が持てる。利用するソフトを、Internet Explorer、Outlook Express、Netscape、Word、Excelに限定しており、他のソフトウェアの利用者には不親切であるが、IE + OE + Wordに限定してしまっても、パソコンがあまり得意でない中国語学習者というこのソフトの対象となるユーザには十分だろう。

図1　cWnnV8で朱熔基・朱镕基と入力

図2　辞書ブラウザで言葉調べ

強化された cWnn

Windows用中国語IMEとして定評のあるcWnnは、バージョン8となり、GB18030に対応した。競合する高電社「Chinese Writer」(以下、CW)に比べると、やや遅い対応となった。

日本語から中国語に翻訳入力できる「ワードナビ」機能も健在で、中国語の文章を書くときに、日本語を媒介にして一種の類義語辞典として使うことができ、重宝する。

IMEの変換等については、特筆すべき点はない。「愚公移山」が変換できないなど、変換辞書がもっと充実してほしいとは思うが、普通に使えるレベルである。

辞書ブラウザ

単語を入力して検索する通常の使い方の他に、Webブラウザに表示されている単語をクリックまたはドラッグで拾って、辞書引きする機能がついている。

今バージョンから、小学館の第二版が搭載された。CWのように多数の辞書は搭載されていないが、学習者向けに限定するならば、ほとんどの「学習者」は1冊の辞書でまかなうのだから、十分であるともいえる。

文例ナビ

文例ナビは、辞書の例文を検索するためのブラウザである。日本語の単語を入力すると、その語が含まれた例文を、日中・中日辞典から検索、表示する。CWに付属する辞書の例文検索と、ほぼ同じ機能であるが、中国語からの検索はできず、「日本語の表現を中国語でどう言うか」を調べる機能に特化している。そっけないウィンドウだが、結構使える。例文専用のデータベースを使っているので、辞書の例文検索に比べて軽い。And、Orによる検索にも対応している。

「単語の意味」ではなく「用例」のみを検索するという、教師から見れば複雑な気持ちだが、作文授業の予習などに重宝しそうな機能である。一方、中国語からの検索はできないので、教師が問題を作るために、例文を探す、といった用途には使えない。

2種類の中国語学習ソフト

以前のバージョンから、「陳さんのやさしい中国語」

図3　文例ナビで「うってつけ」を検索

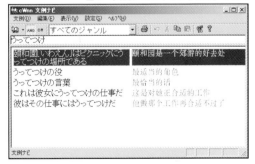

ソフトウエア・レビュー

図4　iPod対応・中国語トレーニング初級＋中級

という教材が含まれている。これは、インストールCDから実行するソフトで、ハードディスクへのインストールはできない。発音2課、文法4課の計6課という分量は一見して少ないが、文法編では、基本例文10個をとりあげ、発音・語彙・聴力などの練習ができるようになっており、入門教材としてはよくできている。

今バージョンから、新たに「iPod対応・中国語トレーニング初級＋中級」がバンドルされた。これはメディアファイブ[2]が販売していた同名のソフトを、丸々一枚CDに入れて提供しているものである。挨拶文74・初級単語730・中級単語1029のテキスト閲覧と聞き取り練習ができる。PC上ではテスト機能が使え、2択～5択や文字入力といった問題形式を選べるようになっている。テスト結果を学習履歴として参照することもできる。

iTunes等でiPodに導入すれば、iPod上でテキストを閲覧しながら、聞き取り練習することができる。

この教材は、メディアファイブの「パーフェクトマスター中国語」のサブセットで、単体の製品としても販売されていた。定価3990円の同ソフトが付属するというのは、お得感が強い。ただし、単体パッケージとしては既に販売されていない古いソフトで、中古・新古相場では安く手に入るかもしれないが。

❈　買うか、買わないか

楽々中国語のV3までのバージョンを使っているのであれば、ぜひバージョンアップすべきだろう。特にcWnnのウリの一つである「予測（連想）変換」はかなり強化されているようだ。

新しく中国語入力ソフトを導入する、という場合はどうか。競合するCWのデジタル・ガジェットや音声のような、目新しい機能満載というわけではないが、ほとんどワンタッチでセットアップが済む点や、パソコン初心者が簡単に使える配慮が随所に見られるので、不慣れな人にはいいかもしれない。価格はCWよりもいくらか安い（アカデミックで6000円、通常パッケージで12000円ほど）ので、導入しやすいともいえるかもしれない。

一方、他の製品、特にCWシリーズから乗り換えるメリットはないと思われる。

注

[1] http://www.omronsoft.co.jp/SP/win/raku2cv4/index.html

[2] http://www.media-5.co.jp/

Adobe Creative Suite 3

山田　崇仁

❈　はじめに

電子出版の業務用アプリケーションの定番ソフトを数多くリリースする、Adobe Systems社（以下、アドビ社と略）の統合パッケージがバージョンアップした。

この間、アドビ社は、一部のソフトウェアが競合関係にあった、Macromedia社を買収し、Web上の事実上標準の動画環境であるFlashやWebオーサリングツールとして高い評価を得ていたDreamweaver等の有力ソフトウェアを手に入れた[1]。従来よりアドビ社は、自社製品の弱い部分を有力他社を買収することで補ってきた事はよく知られてきたが、Macromedia社の買収により、アドビ社は印刷・Web業界双方に

Adobe Creative Suite3

わたる圧倒的な存在となった。

その流れの中で、アドビ社の統合ソフトウェアパッケージであるAdobe Creative Suiteがバージョン3にアップグレードされた。そのパッケージは、上述の旧Macromedia製品を取り込み、多様なニーズとややもすれば高すぎると言われがちであったアドビ社製品の価格のバランスを取るべく、複数のエディションが発売されている。

ここで紹介するのは、Design Standardのアカデミック版である（Windows版。動作はVISTAで確認）。内容は、通常版と変わらないとのことだが、もしかして通常版と異なっている部分があるかもしれないので、参考程度にしていただきたい（後述のように、フォントは通常版と同じだった）。

最も大きな変更点は、Windows VISTAとIntel Macに正式対応した点にあるだろう。レビュワーがVISTAへのリプレースに躊躇していた原因の一つに、VISTAに対応したCS3の登場を待っていたことがあげられる。本レビューも、VISTAをインストールしたPCにインストールしたもので行っている。

❖ Photoshop と Illustrator

■ Photoshop

Photoshopは、今更説明するまでもない位著名なビットマップ画像編集ソフトウェアである。画像関係のレビューは、他媒体でいくらでも参照する事ができるので、本誌らしく文字関係に絞って紹介しよう。

実は、Photoshopのテキスト入力では、CJK統合漢字・拡張領域A, 同Bを含むUnicodeの全ての文字が使用可能である。それは、utf-16のサロゲートペアに対応しているからに他ならない。

但し、OpenTypeFontの字形切り替えにも対応しているが、一部の字形にしか対応していないため、JIS X 0213:2004を指定した字形変換や記号類の字形変換などができないのが残念である。

■ Illustrator

Illustratorも、Photoshop同様に著名なドローソフトである。特にAdobe社の提唱するSING外字を作成するには、欠かせないソフトである[2]。

Illustratorも Photoshop同様の文字を扱える。更にIllustratorでは、「字形パレット」を持っているので、JIS X 0213:2004字形などのOpenTypeFontで実装されている複数の字形を使用可能である。但し、同じ「字形パレット」とは言っても、InDesignのそれに比べて機能的に劣る（「最近使用した字形」が無い。SING外字が表示されない等）。

また、Indegsignとは文字の管理方法が若干異なるようで、同じ文字をアプリケーション間でコピーペーストすると、異なるコードポイントの文字に変換されてしまう不具合が報告されている[3]。

❖ InDesign

アドビ社の提供するDTPソフトであるInDesignは、当初DTP業界のデファクトスタンダードであったQuarkXPressキラーとして登場したInDesignは、PotoshopやIllustratorと言ったDTP作業には欠かせないソフトウェアとの親和性が高い（同一社による製品なので当たり前だが）のを売りにして、急速に市場に地歩を占めるに至った。

その第三弾がInDesign CS3である。他のアプリケーションと同様、インターフェイスが一新された。これ

図1　Photoshopで文字を入力

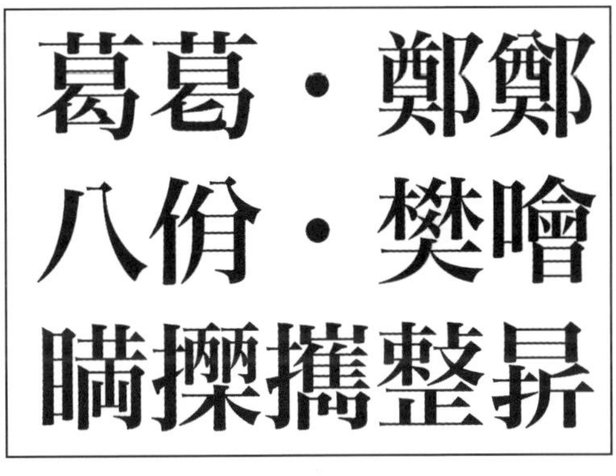

図2　Illustratorの字形パレット

ソフトウエア・レビュー

まで、作業の都合上画面をパレットやツールバーが占領しがちとなり、肝心の編集画面を置くスペースが少なくなるのが問題だったが、自動調整パネルによる効率的なパレット管理などのインターフェイス刷新により、ずいぶんと作業画面の見通しが良くなった。

■ 強化された検索と置換機能

従来も、それなりに強力だった検索と置換機能だが、CS3になって大幅に強化された。特にGREP機能を初めとして、複数のドキュメントにまたがったテキストを検索・置換する機能が強化されたのは便利だろう。

今回、本誌をCS3で編纂しているが、置換機能が強化されたおかげで、作業の定型部分に占める労力がかなり低減された。

図3 InDesignのXHTML出力のソース及びIE7で表示

```
<div class="story">
<p class="x-1-3">はじめに</p>
<p class="x-22">VISTAとOffice2007はお薦めか？</p>
<p class="x-1-4">山田 崇仁（やまだ たかひと）</p>
<ul>
<li class="x-1-1">見かけないVISTAとOffice2007</li>
</ul>
<p class="x-10">2007年1月30日、Microsoft社のWindowsオペレーティングシステム最新版たるVISTAと（以下略）</p>
（以下略）
```

■ XHTMLへの書き出し

InDesignで作成したドキュメントをXHTML形式で書き出すこと、紙媒体とWeb媒体をまたいだ情報公開が可能となる。

試しに、実際に本誌を編集しているInDesignのデータから、XHTMLに出力してみた。図3は、生成されたXHTMLファイルをVISTAにインストールされているIE7で表示したものである。CSSを一切作成・設定していないので、表示はシンプルである。

XHTMLのソースの一部を表示してみた。一般にワープロソフトなどのHTML出力機能で生成されるソースファイルの汚さからすれば、拍子抜けしてしまうほどシンプルかつ正しいHTMLである。

但し、よりこちらの意図した通りに変換して貰うためには、InDesignのスタイルとXHTMLの要素との対応に気を配る必要がある（左記ソースでは、「章見出し」として段落スタイルを設定した箇所（下線部分）が、ul要素として出力されている。実際にはレビュワーの設定が悪いのだが…）。

■ XMLデータの利用

これまでも、InDesignではXML文書からのコンバートの容易さを機能の特徴としてきたが、CS3ではスクリプトを利用することでXML文書からの変換がより効率よく行えるようになった。

こちらもXHTMLと同様、InDesgnとのスタイルとXML要素との関係を事前によく検討する必要がある。

■ より便利になった字形パレット

InDesignには、OpentypeFontの機能を便利に扱えるように、「字形パレット」が用意されている。確かに便利な機能だが、使い勝手が今ひとつ良くなかった。

ところが、CS3になって、「字形パレット」がかなり便利になったのである。

まず一つ目は、従来の字形一覧の上に「最近使用した字形」が追加された事である。これまで、よく使う字形を登録し、必要に応じて呼び出して使用するための置き場である「字形セット」は設定可能だったが、「登録するまでもないが今の作業でよく使う字形」を利用するには、一々「字形パレット」で文字を探し出して入力する必要があった。

「最近使用した字形」には、最近使用した字形を表

示されるため、字形を捜す面倒さをちょっと回避してくれる（フォント情報まで持っているので、同じ字形を複数のフォントで使い回したい場合には少々不便）。

また、従来、外部にファイルとして保存できなかった「字形セット」が保存可能になったのもうれしい機能追加である。これで、複数マシンでの同一作業環境が設定しやすくなり、また何より再インストールした際の環境復元に手間取る（字形セットを一から作り直すのは結構面倒）事が少なくなるはずだ。

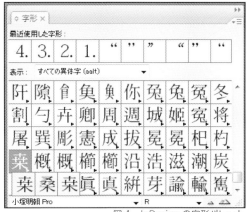

図4　InDesignの字形パレット

フォント

従来、アカデミック版では省略されていたフォントだが、CS3からは他のエディションと同様のものが収録されるようになった。その点でも今回は買いだろう。

日本語フォント関係は、いわゆる表外字体表の影響を受けて、VISTAのメイリオフォントを含め、ここ数年様々な試行錯誤が行われている。

InDesignに付属する小塚書体もその中の一つである。CS3でのバージョンアップ内容は、グリフはAdobe-Japan 1-4のままだが、上記表外字体表の印刷標準字形やJIS04字形への対応を行うべく、OpenType Featureタグが付加された点が新しい[4]。

小塚フォント以外に特筆すべきなのが、多くの中国語用OTFフォントの収録である。

下表は、収録されるCJK統合漢字・拡張領域A・拡張領域Bの収録文字数を比較したものである[5]。

日本語系のフォントに比べて、より多くの漢字のグリフが実装されている。これは、GB18030への対応に伴うものだが、特に当会のような多漢字を日常的に使う印刷物を作成する分野では、文字の収録数の多さも注目すべき要素となる。その点でも、今回のCS3

フォント名	統合漢字	拡張A	拡張B
小塚 1.4 pro	7,911	32	32
ヒラギノ pro	10,755	202	338
Adobe Fangsong Std R	20,910	6,582	8
Adobe Heiti Std R	20,910	6,582	8
Adobe Kaiti Std R	20,910	6,582	8
Adobe Ming Std L	15,327	567	1,683
Adobe Myungjo Std M	4,620	0	0
Adobe Song Std L	20,910	6,582	8

は買いだと断言してもよい。

おわりに

以上、Adobe Creative Suite 3のレビューを行った。

各アプリケーション毎に紹介をしたが、それ以外にも文字関係ではCS2から提供されているSINGグリフレットがCS3でも引き続き提供されている。

CS2が公開されてから、レビュワーも多くのSING外字を作成し、InDesignで使用しているが、CS2ではIllustratorでグリフレットの編集を行いデータを更新すると、InDesignドキュメント内のグリフレットが置き換えられてしまうという不具合があった[6]。

しかし、この不具合もCS3で解消されている（一応CS2でも回避する方法はある）ので、安心してSING外字を編集できる事になった。この不具合で過去のInDesignドキュメント上の外字が混乱してしまっている方には、是非CS3への移行をお薦めしたい。

また、XHTMLやXMLへの出力が強化されるなど、これまでは（PDFを含めた）紙媒体へという方向性が無条件の前提とされてきたInDesignの用途が、徐々に曖昧になりつつあるように感じられた。それは、Macromedia社の買収も影響を与えているのだろう。

次バージョンでは、更なる編集ソフトとしての進化を利用者の前に表すのかもしれない。

注

[1] Adobe社のプレスリリース：
http://www.adobe.com/jp/aboutadobe/pressroom/pre

ソフトウェア・レビュー

ssreleases/200504/20050419macromedia.html

[2] SING 外字を作成するには、Illustrator 意外にも武蔵ソフトウェア社の製品「SINGEDIT」を使う方法もある。
http://musashi.or.tv/singedit.htm

[3] Adobe Illustrator の字形パレットが危険な理由。
http://d.hatena.ne.jp/NAOI/20070719/1184842216

[4] 但し、小塚書体の JIS X 0213:2004 への対応には問題が指摘されている。Mac OS X の文字コード問題に関するメモ：http://d.hatena.ne.jp/NAOI/ 等を参照。

[5] 字数は、Unicode Character Map Utility ソフトウェアである BabelMap で確認した。
http://www.babelstone.co.uk/Software/BabelMap.html

[6] アドビ社のサポートデータベースの情報：
http://support.adobe.co.jp/faq/faq/qadoc.sv?226465+002+3

図5　InDesign の編集画面

漢字文献情報処理研究会　入会のご案内

　漢字文献情報処理研究会（略称：JAET）は、下記の活動目的に賛同し、大学院生以上の研究者、教育者、もしくは本会と関連する業務・活動に携わる社会人であれば入会することができます。

- 東洋学（日本・中国・韓国など）分野におけるコンピュータ利用方法の研究・紹介および関連情報の交換
- 研究・教育現場でのコンピュータ活用・普及の促進
- 関連諸分野の人材交流
- 海外における同種の学会、プロジェクトとの積極的な交流・協同活動

　会員には

- 一般会員（BBS 利用＋『漢情研』購読）：年会費 3000 円
- BBS 会員（BBS 利用のみ）：年会費 1000 円

があり、どちらか一方を選択できます。『漢字文献情報処理研究』を定期購読されるならば一般会員が便利です。

　　▶ 入会は下記 URL から手続きできます
　　http://www.jaet.gr.jp/guiding.html

2006~2007

学術リソース
レビュー

　昨年、本扉に「いやまて、中国学はそれについては心配する必要はない。そう、日本の中国学は論文のデジタル化や Web などの媒体による研究公開に対しては及び腰である…」と書いた。

　その後一年経ったが、日本の中国文史哲関連学会で Web 媒体による学会誌の公開や PodCast による学会公開などついぞ聞かない（語学では積極的な取り組みが行われているようだ。前掲 CCAI 記事参照）。他領域の場合、皆当たり前のように学会にパソコンを持ち込み（後日音声や画像で追体験可能なものまである）、原稿はメールに PDF 添付で投稿するのは常識だし、プレゼンテーションソフトを如何に使いこなし、より聞き手に印象的な報告をするべく心掛けるのが普通である。

　まあそれぞれの分野で必要とされる情報とツールが異なる以上、殊更デジタル化万歳！　とは言えないだろうが、本場中国・台湾の研究者がこれらのツールを普通に使っているのを見かけるにつれ、「これは超然ではなく、単に取り残されているだけなんじゃないだろうか？」と危惧を覚えるのも事実である。

　本コーナーで採り上げるのは、その中でも数少ない試みである。読者諸賢におかれては、自らも何か情報発信をしていただければ幸いである。

Contents

学術サイト			
	中国のネットの動向	千田　大介	156
	中国古典文学	千田　大介	160
	大規模漢字集合の異体字構造──情報処理学会 試行標準 IPSJ-TS 0008 の紹介──	上地　宏一	163
	図書館と OPAC	小島　浩之	168
	オンライン書店	千田　大介	171
	古貨幣・古札　画像データベース	小島　浩之	176
	国立国語研究所の言語コーパス整備計画「KOTONOHA」の紹介	山崎　誠	180

学術リソース・レビュー

❖学術サイト

中国のネットの動向

千田　大介

❖ 中国ブログ狂想曲

■ 中国のブログの女王

　既に1年以上前の旧聞に属するが、2006年7月7日、TBSのNews23の金曜深夜便コーナーで「中国のブログの女王」と題する小特集が放送された。ブログが中国で人気を集めている徐静蕾（シュー・ジンレイ）を取材したものである。またこの放送からまもなく、7月12日には彼女のブログのページビューが1億を突破したことが報じられている。

　徐静蕾、1974年生、映画『スパイシー・ラブスープ』などに主演し、チャン・ツィイー、ヴィッキー・チャオ、ジョウ・シュンとともに「四小名旦」に数えられる。近年は監督兼主演映画の制作に専念している。

　彼女のブログが中国で一番の人気を誇っており、「芸能界一の才媛」と呼ばれているのは確かであり、その意味では彼女は「中国のブログの女王」にふさわしい。しかし、その称号から連想される日本のブログの女王、眞鍋かをり・中川翔子らとはかなりのギャップがある。眞鍋かをり・中川翔子は、いずれもブログにあらわれた個性やセンス・趣味でブロガーとしての名声を獲得し、それを芸能人としてのキャリアアップに結びつけてきたと言えるが、徐静蕾は女優としてある程度の名声を確立した後にブログを始めている。しかも、そのブログも決して自発的に始めたものではない。

■ サイナ有名人ブログ

　徐静蕾がブログ「老徐」[1]を開設しているのは、サイナブログ[2]である。中国三大ポータルサイトの1つであるサイナは、2005年9月、鳴り物入りで「有名人ブログ」（名人博客）サービスを開始した。一般人のブログに比べて、URLに個人名を使えるなど優遇されており、同年年末までに100人以上の有名人が口説き落とされてブログを開設した。芸能関係では韋俐・范氷氷・李亜鵬・陳凱歌ら、作家では余華・余秋雨・虹影・郭敬明・韓寒・棉棉ら、また文化人の陳丹青・潘石屹・朱大可などなど、錚々たる顔ぶれである。

　しかし、それらの有名人の多くはブログの何たるかを理解していなかったし、そもそもパソコンに触れる機会が乏しい人も少なくなかったようだ。だからしばらくすると、有名人ブログの内容に対していろいろと不満の声が聞こえるようになってきた。イベントや作品の宣伝をしているだけ、写真をアップして誤魔化しているだけ、旧作をあらためて貼り付けているだけ……。「老徐」のような超人気ブログを生んだ陰には、失敗ブログがゴロゴロ横たわっているのである。

■ 炎上するブログ

　中国では、政治的その他さまざまな危険を避けるため、ネット上でネットワーカーが実名を曝すことはほとんど無い。ブログにせよ、従来は匿名での開設が大半であった。ところがサイナ有名人ブログでは、有名

徐静蕾のブログ「老徐」

人が実名でブログを開設している。これは画期的なことではあったが、副産物を生み出した。ブログ炎上である。

有名人ブログとして初の、おそらく中国国内ブログとしても初の炎上事件は、006年3月に発生した[3]。中国社会科学院教授で文学評論家・プランナーの白燁が、サイナのブログ上で「80年代世代作家の現状と将来」[4]という文書を発表し、80年代世代作家の文学性を否定する論を展開した。それに対して、80年代世代作家の代表・韓寒が、やはりサイナのブログ上で反論すると、韓寒の信奉者たちが白燁のブログに殺到、大量のコメントを付けブログは炎上状態に陥った。かくて始まった"韓白の戦い"は、最終的に白燁がブログを閉鎖して終わりを迎えた。

80年代世代作家が、全般として未熟で作品も含蓄に乏しく、大半が一発屋で終わっている上に、ブームも下火になりつつあるのは確かである。80年代世代作家の道をひらいた韓寒も、入試批判という文脈にその文学一芸ぶりがうまくマッチしたことが注目を集めるきっかけになったもので、彼自身の経験を元にしたとされる出世作『三重門』（邦題『上海ビート』）には、学問を身につけるよりも政治的振る舞いだけで切り抜けのし上がろうという指向がありありとあらわれている。近頃はレーサー活動に熱を上げているというのも、いかにもと思わせる。白燁への反論も、罵詈雑言に満ちあふれていた。

ただ、批判した側の白燁も決して褒められた人物ではない。2003年には女性作家・貝拉の『9・11生と死の婚礼』をベタ褒めしたが、同作は後日ハリウッドが百万ドルで買い付けたという宣伝文句のウソが発覚して評価は地に落ちた。2004年には日本の"村上春樹少年文学賞"を受賞したと自称する少年作家・彭揚が春天文学賞を受賞するが、その審査委員長だったのも彼である。また2005年に"少年作家・蔡小飛が大学受験失敗を苦に自殺"というニュースが流れると、白燁は彼と会ったことがあるとコメントしたが、後にそのニュースはでっち上げで蔡小飛なる人物は存在しないことが明らかになっている。

こうしてみると、韓寒も白燁もどっちもどっちなのであり、論争の中身自体はどうでもよくなってくる。しかし、有名人ブログがブログのシステムやネットの怖さなどを理解していない有名人を集め、しかも実名でブログを公開している、その無警戒ぶりが事件の温

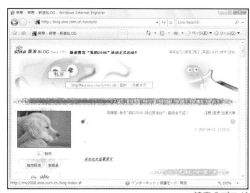

韓寒のブログ

床となったのは確かである。事件に際しても、コメント機能の停止などの対策が取られた形跡がないから、サイナのフォロー体制にも疑問符が付く。

■ 中国的ネットイナゴの発生

この事件で白燁のブログに攻撃をしかけたのは、匿名・不特定の韓寒信奉者たちであったが、その行為は日本で近頃"ネットイナゴ"と命名された、ブログを炎上させるネットワーカー群と大差ない。

CNNICの『第20回中国インターネット発展状況レポート』によると、中国のネットユーザーは7割が30歳以下と、若年層に非常に偏っている。そしてその世代は、腐敗や利権でがんじがらめになった社会の現実を前に、1990年代にはあった希望をもはや失っており、学生の就職率が起業を含めて6割程度という時代にあって、社会への不満をたぎらせている。

従来彼らは、拡散性を特色とする中国のインターネット上にあって、さまざまなサイトに分散していた。だから、1つのネタが同時並行的に複数のBBSで盛り上がることはあっても、一つのサイトに集中することは稀だった。実名ブログの登場は、各地に分散していた"怒れる青年"的ネットワーカーを結集しネットイナゴ化させる触媒として機能した面もあるのだ。

今年、2007年6月には、上海大学中文学科教授で作家・評論家でもある葛紅兵のブログが炎上した。「中国は仇敵宣伝方式の反日プロパガンダを止めるべきだ」とのタイトルで、抗日戦争勝利60周年記念イベントは民族の怨みを深めるようなものではなく平和の祭典であるべきだなどと日本との融和を主張したところ、ネット上の怒れる青年たちの猛反発を買い、ネットイナゴに襲われたのである。日本でもメディアで報

学術リソース・レビュー

道されたので、ご記憶の方も多いことだろう。聞くところによると、葛紅兵氏は危険が身に迫ったため、転居まで余儀なくされたそうである。しかし以上の流れを見ると、この事件は起こるべくして起こっていることが理解されよう。

■ ブログの中国的特色

中国のブログ時代は、2002 年 8 月、ブログチャイナ [5] の登場と共に幕を開けた。ブログの訳語に「博客」をあてたのは、同サイトを設立した方興東である。

中国でブログがブレイクしたのは 2003 年、木子美がブログチャイナに開設したブログで、男性との交友を赤裸々に書いたセックス日記を発表したことによる。このため、中国ではブログ＝日記という理解が定着している。

ブログは本来、他のサイトの記事やニュースを引用することなく、自分のサイトにコメントを付けることができる点に特色のあるシステムである。だからこそ、欧米ではニュース批評のあらたなスタイルとして注目されたのである。しかし、中国の言論統制情況では、ブログにおいそれと好き勝手なことを書くことはできない。だから、ニュース批評としての利用は、今のところあまり発達していない。

また、ブログをブログたらしめている機能は、トラックバックであるとも言えよう。しかし中国のブログでは、トラックバック機能はほとんど使われない。徐静蕾のブログも、それぞれの記事に数百のコメントがよせられるものの、トラックバックは軒並みゼロである。

中国の著作権対策は、ネットにまでは手が回らないのが現状で、ブログやニュース、BBS の書き込みなどの全文転載がごく一般的に行われている。だから、ト

ラックバックなどという回りくどいシステムを使う必然性が無いものと思われる。

こういった中国ブログの情況は、日本から見れば特異であるかもしれないが、それは中国のインターネットや情報流通、社会などのあり方に規定された、ある意味、必然的な姿なのである。

今年 7 月にも、開設後わずか 3 ヶ月にして 1 日あたりのアクセス数で徐静蕾ブログを抜いた、株価予測ブログ "帯頭大哥 777" の主催者・王暁が詐欺罪で逮捕されるという事件が起きている。ブログ狂想曲は、浮ついた世相を背景に、まだまだ終わりそうもない。

❖ サーチエンジン

■ 百度の日本進出

既にご存じのことと思うが、中国語検索最大手の百度は、2006 年 12 月 4 日、日本への進出を発表、2007 年 3 月には日本語サーチのベータ版を公開した [6]。ところがこの日本進出は、大きなトラブルをともなっていた。

2006 年 7 月ごろから、日本の Web サイトに百度の Web ページ収集ロボット、Baiduspider が訪れるようになった。この Baiduspider は、非常に短い間隔で大量のリクエストを発するなどマナーが悪く、サーバに多大な負荷をかける。しかも、ロボットのアクセスは一般に robots.txt をサーバに置くことでリクエストできるのだが、Baiduspider では robots.txt の読み込み間隔が数日おきであるため、効果がすぐには出ない。このため、.htaccess などで Baiduspider のアクセスを制限する対策が取られた。

百度の CEO・李彦宏は 2006 年 12 月に日本進出を発表した際、「百度は日本語市場に参入するために、既に半年以上の実質的な準備、日本語 Web ページの収集などを進めている」と発言しているが、Baiduspider の活動開始時期は、まさしくこの発言と符合する。

CNET の報道によると、百度日本がこの問題への対策を表明したのはようやく 2007 年 2 月になってからであり [7]、半年以上の間、問題が野放しになっていたことになる。しかし、この間に失われた信用は少なくないと思われる。ちなみに現在、Baiduspider は更新され、エージェント名なども変更されたよう

百度日本語版

で、.htaccess でアクセスをカットしている筆者の Web サイトも、最新の状態でキャッシュされている。

さて、肝心の百度日本語検索については、ベータ版公開当初こそ、「民主」・「法輪功」などの中国国内で NG ワード指定された語句が検索できることを伝える PC 雑誌の記事が見られたが、その後は、中国国内から百度日本の画像サーチにポルノ画像目当てでアクセスが殺到し、中国当局がアクセス制限をかけたという話題が伝えられた程度で、さしたる話題にもなっていない。

ただ、当初は例えば「サーバー」と「サーバ」を全く別の語として扱うなど、日本語表記の揺れへの対応が不十分であったが、現在では両者の検索結果上位の大半が共通しており、サーチエンジンのブラッシュアップは着実に進められているようだ。

百度のやり方は、とりあえずルールやマナーなどは余り考慮せずに突っ走ってみて、トラブルになったらそのときに対策するという、典型的な中国的行動様式であると言えよう。しかし、その結果としてブランドに傷が付いたことも確かである。ブランド力の向上と、Google に無い特色の確立とが、さしあたっての課題となろう。

■ 百度バッシング

日本進出の傍ら、中国国内で百度は一転、苦境に立たされている。2006 年半ば頃から、さまざまなトラブルが表面化、バッシングの嵐に見舞われているのだ。

最大のトラブルは、百度の主要な収入源である検索ランク販売をめぐるものである。百度の広告販売は、契約を結んだ企業等のページが検索結果の上位になるようにする方式で、また、百度の検索結果から当該ページへのアクセス数に比例して、企業から受け取る広告料が増加するシステムになっているという。このため百度には、アルバイトを雇って検索結果からのリンクを連続クリックさせるなどといった手口で、広告料を不正に水増ししているのではないかという疑惑が取りざたされているのである。

この疑惑に関連して、2006 年 8 月には北京中北衛科癌症研究院が北京中関村の百度本部の入居するビルの前で横断幕を掲げて抗議行動を行い、10 月には裁判所に訴状が受理されている。同研究院の声明によると、アクセス数の増加に見合った効果が得られないことから第三者機関に調査を依頼した結果、アクセスの

70% が cpro.baidu.com からのものであることが判明、このドメインは百度がクライアントを騙すために儲けた隠れ蓑であるとしている。

同 9 月にも中国医薬招商網の Zhou Rengen 氏がやはり 70% のアクセスが、同サイトにリンクしていない "百度知道" からのもので、クリック詐欺であるとして訴訟を起こしている。

雑誌の報道では、百度の広告ランク購入を断ったところ、当該サイトが検索結果から全て外されたという証言も報道されている。もしも事実であるとするならば、Google 八分ならぬ百度八分を振りかざして利益を貪る、悪質な行為であると言えよう。

このほか、百度の IE 拡張検索バー、百度超級捜覇も、スパイウエアである、アンインストールできない、ポップアップ抑制が不十分であるなどとして非難を浴びている。昨年来、百度に対する風向きは明らかに変わってきている。

そんな中にあって、レコード会社各社が百度 MP3 検索訴訟を訴えていた事件の二審で、百度の勝訴が確定している。百度は以前、収集した MP3 のデータをキャッシュからダウンロードできるようにしていたが、訴訟後ただちにキャッシュ機能を削除した。おそらくそれが奏功したのではなかろうか。その後、原告の一人であった EMI との間で、業務提携を結んでいる。今後の正規版音楽配信サービスに期待したい。

■ Google 中国の動向

百度がさまざまな問題に見舞われている一方、Google 中国（穀歌）は着実に地歩を固めつつある。

2007 年 6 月、Google とサイナ [8] は北京で共同記者会見を開催し、戦略パートナー契約の締結を発表した。この結果、サイナと Google は検索・情報・広告などで包括的に協力することとなり、サイナのサーチエンジンは愛問から Google に変更された。この他にも Google は 2007 年だけで天涯・迅雷など数社と、資本参加・業務提携さらには買収するなど、盛んに動いている。この成果か、Google の中国国内シェアは上昇傾向にあるようだ。

とはいえ、2007 年第二四半期の統計では [9]、サーチエンジンの市場シェアは、百度の 58.1% に対して Google は 22.8% と、三大ポータルの一角に食い込んだとはいえ、まだまだ大きな差があるのが実情である。

ところで、近頃、Google で検索すると、検索結果

学術リソース・レビュー

Google 中国版

に「このサイトはコンピュータに損害を与える可能性があります。」(「该网站可能含有恶意软件，有可能会危害您的电脑。」)という警告が出るようになっている。これは、リンク先サイトにウイルス・マルウエアなどのセキュリティ上のリスクがあることを示している。以前には、サーチエンジンのキャッシュからウイルスに感染した例もあることを考えれば、この機能は好ましいことである。

Googleで中国のサイトを検索すると、日本などと比べてこの警告が表示される率が遥かに高く、その中にはいくつかの定番サイトも含まれている。日本国内でも当初いくつかの定番サイトで同様の問題が発生したが、多くは広告表示用のJavaScriptが危険なスクリプトと認識されたことが原因だったようだ。中国のWebページは、JavaScriptによる広告を多用する傾向があるので、それが原因になっている可能性は高い。

しかし、Googleが警告を出すようになって数ヶ月たつにも関わらず問題が改善されないのは、サーバ管理上、問題があるのは確かであり、アクセスがためらわれる。Googleの警告表示が、些かでもセキュリティ向上に結びつくことを期待したい。

注

[1] http://blog.sina.com.cn/xujinglei/
[2] http://blog.sina.com.cn/
[3] 2003年に木子美ブログがアクセス集中によりダウンしたことがあるが、いわゆる炎上とは状況が異なる。
[4] 《80后的现状与未来》
[5] 博客中国（現在は博客網に改称），http://www.bokee.com/
[6] http://www.baidu.jp/
[7] http://blog.japan.cnet.com/takawata/a/2007/02/_baiduspider.html
[8] http://www.sina.com.cn/
[9] http://www.donews.com/Content/200707/c3ff2df4bfce4668b2bf80c33ddd7801.shtm

中国古典文学

千田　大介

❖ はじめに

中国古典文学関係の主要なオンラインテキストアーカイブ（電子図書館サイト）やオンラインデータベースについては、本誌前号の特集『極める！デジタルテキスト』の「オンラインテキストアーカイブ概説」の中で解説した。ここでは、そこで取りあげていないサイト、およびその後の情況の変化を中心に概説したい。

❖ オンラインテキストアーカイブの動向

オンラインテキストアーカイブの構築は、1990年代、北米および台湾が先行していたが、現在はすっかり大陸系の天下である。2000年以降、複数のサイトが競い合うように入力を進めたこともあって、古典文学、とりわけアクセス数の増加に結びつく通俗読み物である明清白話小説は、ほとんどの作品が電子化されてしまった。

一方、古典詩文のデータに関しては、台湾中央研究院漢籍電子文献のコピー系データのほか、『全唐詩』・『全唐文』・『太平広記』・『太平御覧』などが国学（http://www.guoxue.com/）などのサイトで公開されている。しかし、その他の総集や別集となると、『四庫全書』・『四部叢刊』・『基本古籍庫』などのテキストデータベース製品に収録されてはいるものの、概してネット上のフ

リーテキストデータは乏しいままである。

● 古典小説之家

http://wave99.bbs.xilu.com/

大手BBSサイトの一つ、西陸社区（http://www.xilu.com/）内のフォーラム。文史哲を問わず、非常に大量の古典文献テキストデータがアップされている。

大半は他のサイト、あるいは『四庫全書』などの市販テキストデータベースからの転載だと思われるが、一部に独自入力とおぼしきデータも見られる。簡体字のデータが多いが、『四庫』等からの転載と思われるデータには、繁体字・標点なしのものもある。

テキストデータは、いずれもBBSの書き込みとして公開されている。基本的には、トップに置かれている電子テキスト目録の書き込みをクリックして必要な文献を探すことになる。主題の検索機能で探すこともできる。また、リンク先をダウンロードすると本文以外の部分まで保存されてしまうので、ワープロ・エディタなどにコピー＆ペーストして保存しなくてはならない。本来がBBSであるために、使い勝手はお世辞にも良いとは言えない。

コンテンツには、『台湾文献叢刊』・『遼海叢書』・『国朝典故』・『紀録彙編』・『宮箴書集成』・『石蓮盦彙刻九金人集』などの叢書の全文の他、史学関係では別史類や筆記類が充実しており、趙翼の『陔余叢考』・『廿二史札記』などもある。通俗文学関係では熊大木の『唐書志伝』、さらには長編弾詞である『繡像紅灯記』なども見られる。そのラインナップはどう見ても一般向けではなく、大学院生もしくは若手の研究者が運営しているものと思われる。

いずれにせよ、他のサイトに見られない学術的価値のある文献が大量にアップされているのは、同サイトの大きな魅力である。データのクオリティがどれほどであるか、検証していないので何とも言えないし、またテキスト素性についても少々疑問は残るものの、非常に有用なサイトであると言えよう。

● 新世紀青少年読書網

http:// www.cnread.net/

中国の古典および近現代小説のアーカイブとしては最大級。独自に入力した作品も多い。ただし、Googleで検索するとセキュリティ警告が出る。おそらくはjavaによるポップアップが引っかかっているのだとは思うが、マルウエアの可能性もあるので、セキュリティの知識と対策に自信が無い人は避けた方がよかろう。

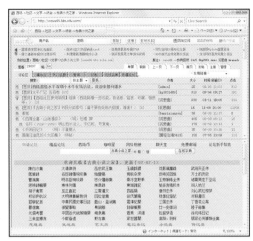

古典小説之家

● 亦凡公益図書館

http://www.shuku.net/

1990年代から続く、オンライン中国語テキストアーカイブの草分け。2000年前後に雨後の竹の子の如く生まれたテキストアーカイブの多くが更新を停止したり消滅したりする中にあって、変わらず更新し続けており、安定感がある。新世紀青少年読書網を避けるのであれば、ここを使うことになろう。

古典小説などには独自に入力したデータも多く見られ、他サイトからのデータ収集も比較的周到になされている。

北京大学『全唐詩』検索をめぐって

本誌前号の特集『極める！デジタルテキスト』の「オンラインテキストアーカイブ概説」で北京大学の『全

亦凡公益図書館

学術リソース・レビュー

全唐詩分析系統

唐詩』検索システムを紹介したが、執筆からわずか1ヶ月たらず、刊行とほぼ同時期に同システムは北京大学中文系サイト上から忽焉と姿を消してしまった。

後に残されたのは、以下の2種類の分析システムの「試用版」である。

● 全唐詩分析系統 （試用）
　　http://chinese.pku.edu.cn/tangPoem
● 全宋詩分析系統 （試用）
　　http://chinese.pku.edu.cn/songPoem

前者は『全唐詩』収録全詩歌を、後者は『全宋詩』の一部の詩歌を収録している。『全唐詩』では、詩歌の注釈も表示される[1]。両者ともに、字句検索のほか、平仄の分析や詩歌の格律を指定した検索・統計などに対応している。ただし、平仄を表示させると破音字は「○」になっているので、それが検索結果にどのように反映されているのか、実際に研究データとして使用する場合には充分に吟味した方が良かろう。

単なる字句検索から一歩進んだ分析システムの構築へと向かう方向性そのものは、悪いことではない。ただ、今回のシステム変更にともない、従来『全唐詩』データベースを通じて提供されてきた『全秦漢三国六朝詩』および『詩話総編』の検索ができなくなってしまった。『全宋詩』についても、以前には全宋詩全文検索システムが無償公開されていたのだから、相当に後退したことになる。

北京大学からは、まもなく『全唐詩』・『全宋詩』分析システムが発売されるという[2]。ならば、昨年のデータベースの改変は、要するに、フリーリソースを取り下げ、ソフトウエア製品販促のための試用版に特化する、極めて商業主義的な動きであったとも解釈できる。

それにしても、従来無償で公開していた研究リソースを突然消去した北京大学中文系のやり方は問題である。もしかすると、データベースを作成した資金などの関係で公開が難しくなったのかも知れないが、ネットを通じて広く世界の研究者にインフラを提供してきた責任を考えれば、最低限、事前・事後のアナウンスくらいはあって然るべきだ。それすらもなく、突然データベースの公開を停止したことからは、学術を軽視した官僚主義的かつ権威主義的な体質が透けて見える。

筆者はパッケージソフトの販売などの大学ビジネスを否定するものではない。しかし真に学術の発展のためのデジタル化であれば、パッケージソフトを販売するほかに、誰もが検索・分析の素材として利用可能なフリーテキストデータをも公開すべきである。それでこそ、北大の分析システムの妥当性を追試することが可能になるのであり、ひいてはその優秀性も証明されるのではないか。現状のままで同分析システムが発売されたところで、分析データを生成するアルゴリズムの妥当性の確認が不可能である以上、分析結果は一つの参考データにしかなり得ないのであり、それに依拠して書かれた論文も科学的なものになりえない。

ともあれ、『全唐詩』検索システムを巡る一連の動きは、北京大学中文系の情報化に対する意識の低さを白日のもとにさらしたと言えよう。関係者の猛省を期待したい。

❖ 古典戯曲

詩文や小説に比して、雑劇・伝奇など古典戯曲のデジタル化は遅れた情況にある。前述のオンラインテキストアーカイブを見ても、1990年代に北米で入力された『西廂記』などが見えるばかりで、『元曲選』・『六十種曲』などの基本文献すらも見えない。国学からはCD-ROMが出ているが、簡体字である上に曲辞と台詞とを分けて検索できないなど、問題点も多い。

少々手前味噌であるが、古典戯曲資料の電子化については、筆者が管理人をつとめる中国都市芸能研究会サイトが現在最も充実している。

中国古典文学 / 大規模漢字集合の異体字構造

● 中国都市芸能研究会

http://wagang.econ.hc.keio.ac.jp/~chengyan/

サイトは PukiWiki によって構築されており、『録鬼簿』・『綴白裘』・『清代燕都梨園史料』・王国維戯曲論著・『顧曲麈談』・『晩清文學叢鈔』などのデータを公開している。また、別立ての焦循『劇説』Wiki では、『劇説』校注の完成分と『曲海総目提要』を公開している。ただし、いずれも企業に委託入力した状態のもので、校正は未了である。

同研究会では同人が幾つかのプロジェクトを通じて古典戯曲アンソロジー・『元曲選』・『孤本元明雑劇』・『六十種曲』などをデジタル化している。それらは、整理作業が完了次第、同サイト上に公開する予定である。ちなみに、筆者が代表者をつとめるプロジェクトで入力した『六十種曲』については、筆者の Web サイトで PDF 版を先行公開しているので [3]、ご活用いただきたい。

中国都市芸能研究会

[2] 内山書店・中国図書ブログ http://ubook.blog55.fc2.com/blog-category-24.html

[3] http://wagang.econ.hc.keio.ac.jp/index.php?%E9%9B%BB%E5%AD%90%E3%83%86%E3%82%AD%E3%82%B9%E3%83%88

注

[1] この注釈が何に依拠するものであるのか、唐詩を専門とされる方にご教示賜れれば幸いである。

大規模漢字集合の異体字構造
─情報処理学会 試行標準 IPSJ-TS 0008 の紹介─

上地　宏一

❖ 大規模漢字集合は異体字の宝庫である

国際符号化文字集合 ISO/IEC 10646 において 7 万種類の漢字に対してコードポイントが与えられていることは、本誌ではいわば常識とも言えるが、それでは統合漢字拡張領域である Ext-B の 42,711 字の中身についてみなさんはご存知だろうか。1 つの目安としては、中国（大陸）提案の 30,517 字 [1] のうち康熙字典・漢語大字典に由来するものが 28,978 字 [2] あり、Ext-B の 3 分の 2 に相当する。この事実を勘案すると、Ext-B の漢字のほとんどは「大型字典の見出し字＝何かしらの異体字」であることが推測できるだろう。

■ 実務において不便極まりない 7 万字

1990 年代後半に沸き起こった文字コード論争とは、閉じた文字集合を規定する必要のある文字コードの枠組みで、際限のない異体字をどうやって扱うのか、という難しい問題が大きなテーマであり、「青天井問題」と呼ばれていた [3]。ISO/IEC 10646 では一つの解として、収録要求のある文字については、ユニフィケーション等のルールを適用した上で順次追加するという方針を採り、その結果 7 万字という大規模漢字集合が生まれたわけである。

しかしながらこの「7 万字」が漢字データを扱う実務者を幸せにしてくれた [4] とは言えず、現実にはさらに多くの問題を生じさせてしまった。そのいくつか

学術リソース・レビュー

をまとめると次のようになる。

- 今使いたい文字（字形）が、文字コードに収録されているのかどうか
- フォントが用意されているのかどうか
- もしくは別の字形としてユニフィケーションされているのか
- 別の国・地域のフォントで表示すれば目的の字形が得られるのか
- 文字コードに収録されていない場合、近い字形や異体字が収録されているのか
- これらをどうやって調べればいいのか
- 使えるとしてどのようにして文字を入力するのか

つまり、異体字を含めた7万字について、それぞれの文字のメタ情報が必要であり、特に1字1字だけでなくお互いの文字同士の関係についての情報も重要である。たとえばUnicodeコンソーシアムはそれぞれのコードポイントについての情報を集録したUnihan Database[5]を公開しているが、このようなデータベースの拡充が求められている。

◈ 既存の異体字データの問題点

これまでも文字コードの収録文字に関する異体字データがなかったわけではなく、旧字体マクロなどの旧かな混じり文への変換支援ツールが存在した。JIS X 0208, 0212, 0213の規格票にも参考扱いとして「参照区点」という異体字相当の情報が記載されている。しかし、これらの異体字データにおいて、具体的な関係情報が記載されたものは少なく、単に関係のある別コードポイントの文字が列挙されているにとどまっているため、正字と異体字、新字と旧字といった情報を得ることは難しかった。もしくは、対象がJIS X 0208の漢字集合に閉じているため、大規模文字コードには利用できない問題点がある。このほかに、京大安岡氏の漢字袋[6]が古くから有名であり、日本、中国（大陸）、台湾の文字コードを網羅した異体字情報が公開されているが、個々の文字同士の関係についての説明はない。今昔文字鏡[7]に収録される文字情報も非常に豊富であることが知られており、また総務省の住民基本台帳の整備に関連した文字情報集積の試み

[8]なども参考になるが、標準的な符号化文字集合の枠組みから外れるのでここでは対象としない。

異体字処理実務者の視点では、「異体字」という概念は非常に広く、単にAとBが異体字の関係であるとされても、その情報をそのまま異体字処理に利用していいものかどうか不明であり、利用者が個々の異体字情報を取捨選択できる余地がこれまでのデータには無かったとも言える。

比較的新しい試みとしては、本誌でも紹介しているCHISEプロジェクト[9]のCHISE文字データベースや、関連研究である諸橋『大漢和辞典』の異体字記述データ化[10]の完成が期待されるところである。

◈ "大規模漢字集合の異体字構造" の提案

情報処理学会試行標準WG5小委員会では、学会試行標準[11]IPSJ-TS 0005として、BUCSと呼ばれる"符号化文字基本集合"を公表した。これは、ISO/IEC 10646のURO領域（U+4E00〜U+9FA5の20,902字）を対象に、アジアの各国地域で標準的に使用される文字を選定した文字集合で、いわゆる康熙字典体に相当するコードポイントに対して、各国地域で利用される文字が例示されたものである。この試行標準では、各国で利用されている文字と、伝統的正字体に相当する康熙字典体との関係が表現されたことになるが、小委員会ではこの考え方を応用し、さらにISO/IEC 10646に追加されたExt-A, Bを含んだ大規模漢字集合に対する異体字データの整備が急務であるとして、大規模漢字集合に対する異体字データの作成を検討した。また、異体字データとは単純に異体字を列挙するものではなく、それぞれの異体字関係が明確にわかるような「異体字構造」を表現するデータ（構造表）の作成を目標とした。

■ 検討と公表

異体字構造データの作成は、WG5小委員会および、国際大学GLOCOMに設置した大規模異体字集合構造表現検討委員会において議論され、2年余の検討期間を費やした。その結果、2007年3月に試行標準IPSJ-TS 0008として公表するに至った。

❖ "大規模漢字集合の異体字構造" の詳細

■ 異体字関係と収録したデータ

　異体字構造の元となる異体字の関係について、たとえば「正字と俗字」の関係1つをとっても実際には多義であることが知られており、時代や典拠とする辞書の違いによって、これらの異体字関係（名称の違いを含む）は一定しない。この種の異体字関係を1字1字において検討することは時間的に不可能であるため、今回の検討対象としなかった。最終的な異体字関係の定義としては、収録した異体字データの種別情報そのものを異体字関係とすることとした。たとえば「常用漢字表に掲げられている通用自体といわゆる康熙字典体」や、「簡化字総表による簡体字と繁体字」、「ISO/IEC 10646 Annex S に記載されているソースコードセパレーションの対象となったコードポイント」などの一定の典拠を持つ異体字データを収集した（表1）。データによって異体字分類の粒度に差があることが現状での問題点となっている。

　以上14種類のデータを収集し、6グループに分類した。このグループ分類は後述する構造表Aで活用している。全データを分析した結果、対象とするISO/IEC 10646 の 71,096 コードポイント[12] の52.6％が、他のコードポイントと最低1種類の異体字関係を持つことが判明した。

■ 2つの構造表の提示

　構造表は、見出し字となるコードポイントの漢字に対する異体字を、その関係情報を伴った形で列挙している。AとBが異体字関係、BとCが異体字関係であった場合に、Aが見出し字の項目には、BだけでなくC

日本異体字：4種	
JIS X 0208 規格 1983 年改正に伴う新旧字	26
JIS 国内規格 参照異体字	2,323
常用漢字 新旧字	357
人名用漢字 同一字種	19
中国異体字：2種	
第一批異体字整理表	1,019
中国簡体字と繁体字	2,501
日中字形差：1種	
日本と中国の常用字における異なり字形	569
文字コード由来：3種	
ISO/IEC 10646-1 原規格分離漢字	265
CJK 互換漢字 韓国 KS 互換	7
CJK 互換漢字 IBM 拡張文字及びマイクロソフト Windows CP932 互換	20
同音異義字：2種	
同音書き換え	189
漢語大字典 通仮字表	3,259
その他：2種	
漢数字と大字	20
漢語大字典 異体字表	26,708

表1　収録したデータ。数字は異体字ペア数

も列挙している。このような異体字関係の連鎖については、同音異義字グループおよびその他グループを除き[13]、連鎖する全ての異体字を列挙している。構造表は、異体字関係の概要把握に適した表Aと、機械処理に適した表Bの2種類を用意した（図1,2）。これらの表および試行標準の本文は、情報処理学会試行標準のWebサイトでPDF版およびHTML版にて公

図1　表A：グループ別に表現

見出し	日本	日中	中国	音通用	文字コード	その他
芸 82B8	藝芸秇	芸艺	芸薹 艺藝	芸雲 耘芸		祜 芸 蕡 埶 靵 蓻 樼 蕘 埶

学術リソース・レビュー

図2　表B：1列にまとめ、関係を全て列挙

見出し字	コード	関係
芸	82B8	規異 芸 / 規異 秇 / 常新 芸 / 漢異 埶 / 漢異 㙹 / 漢異 蓺 / 漢異 秇 / 漢異 槸 / 漢異 蓺 / 通本 槀 / 通本 蕅 / 簡体 艺
藝	85DD	規異 芸 / 規異 秇 / 漢正 埶 / 漢正 埶
秇	79C7	規正 藝 / 規異 芸 / 漢正 埶 / 漢正 埶
祐	2561F	漢正 芸
蕓	26C5A	漢正 芸
蕢	84B7	漢異 芸 / 簡体 蕓
薹	8553	繁体 藝 / 中日 芸
艺	827A	漢異 勢 / 漢異 㙹 / 漢異 埶 / 通本 枲
埶	57F6	漢正 藝 / 漢異 㙹 / 漢異 㙹 / 通本 枲
㙹	21390	漢正 藝
蓺	366F	漢正 藝
槸	25869	漢正 藝
蓺	84FA	漢正 藝
執	57F7	漢異 俵 / 漢異 執 / 漢異 鞛 / 漢異 㙹 / 漢正 秇 / 漢異 秇 / 漢異 瓶 / 漢異 埶 / 漢正 埶 / 通本 埶 / 通本 埶 / 簡体 执 / 日中 执
耘	8018	漢異 耘 / 漢異 糦 / 漢異 賴 / 通本 均 / 通仮 芸
雲	96F2	漢異 云 / 通本 云 / 簡体 云 / 日中 云

開されている。

■ ユニフィケーションの明示

　与（U+4E0E）や侇（U+4FAE）のように、日本の通用字形と中国の通用字形がユニフィケーションされているコードポイントでは、見出し字の下に別字形を列挙している。このことにより、利用者が探している異体字形が、別コードポイントとして区別されているのか、見出し字と統合されているのかを判別することが可能となる。

■ 実際の活用例：外注入力テキストの校正

　この異体字構造データは、検索時の異体字同定処理等に活用することを想定しているが、実際の活用例として、業者に入力を外注した古典籍テキストの中で、印刷字形に忠実に入力された異体字（會→會、切→功、勢→勢、涅→涅）を通常のコードポイントに直す作業にも有用であることが判明している。このほかにもさまざまな活用の可能性を秘めているものと思われる。広く一般の方々の利用を乞うものである。

◈ 今後の予定

　収録する異体字データの拡充が引き続き必要であり、特に Ext-B の台湾提出ソースに関係するデータが少ないことが判明している。また、本来ユニフィケーションの対象と思われる文字が重複して登録されている集合の収集など、異体字処理に必要と思われる各種データの追加を予定している。

　このほかに、現在公開されている PDF 版および HTML 版は、20,902 の見出し字を 82 ファイルに分割しているため、使い勝手に難がある。そこで、目的の文字を検索するとその見出し字部分が表示されるように改良した CGI 版の公開 [14] を準備中である。CGI 版では、表 A, B 以外に、異体字関係を視覚的なグラフで表示する機能もテスト公開している（図 3）。ぜひ利用されたい。

注

[1] ISO/IEC 10646 に付属する CJKU_SR.txt を元に算出した。

[2] 同上。

[3] 情報処理学会 情報規格調査会 文字コード標準体系専門委員会報告書 5 ページ参照。

[4] 厳密には、文字コード論争において「文字が足りない、文化の破壊だ」と叫んでいたのは、多くは情報処理の実務から少し離れた場所にいる人たちであり、データベースの実務者は既存のデータベースの変換作業が発生するので文字の追加も含めた文字コードの変更に反対であるという意見のほうが多かった。

[5] http://www.unicode.org/charts/unihan.html

[6] http://kanji.zinbun.kyoto-u.ac.jp/~yasuoka/kanjibukuro/

[7] http://www.mojikyo.org/

[8] 横山ほか, 漢字ユビキタスを支える文字情報集積体の開発, 情報処理学会研究報告 2004-CH-64, pp47-54.

[9] 守岡ほか, CHISE Project, 特集 2 漢字処理技術の最新

動向, 漢字文献情報処理研究 第 4 号, pp58-69, 2003.
[10] 秋山ほか, 階層的素性名を用いた異体字記述の試み, 情報処理学会研究報告, 2005-CH-67, pp55-61.
[11] http://www.itscj.ipsj.or.jp/ipsj-ts/
[12] URO 20,902 ＋ Ext-A 6,582 ＋ Ext-B 42,711 ＋日本に関係する CJK 互換領域 901 コードポイント
[13] ここで全グループについて、全ての連鎖をたどっていくと大変なことになる。詳しくは「漢字の小宇宙」 http://fonts.jp/cosmo/ を参照。
[14] http://fonts.jp/ts0008/

図3　視覚グラフ

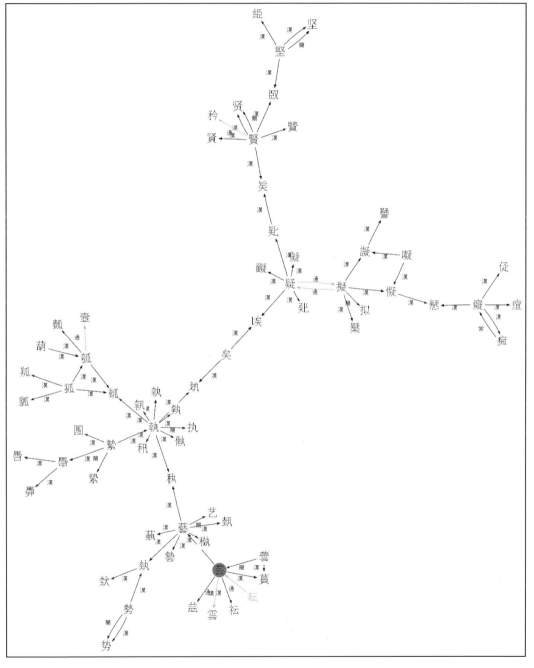

学術リソース・レビュー

図書館とOPAC

小島　浩之

❖ はじめに

ここ数年、図書館なかでも大学図書館は、各機関で生産される研究成果の公開を一手に担う役割を期待されつつある。そこで本レビューでは、まず大学図書館における学術機関リポジトリ（以下、機関リポジトリ）について採り上げ、順次最近の図書館の動向を見てみよう。

❖ 機関リポジトリ

■ 機関リポジトリとは何か

機関リポジトリとは「大学・研究機関で生産された電子的な知的生産物を捕捉し、保存し、原則的に無償で機関内外に発信するためのインターネット上の保存書庫」[1] だと定義されている。

そもそもこの聞き慣れないリポジトリ（repository）という言葉はどのような意味だろうか。辞書には倉庫、貯蔵庫、納骨堂などの訳語が当てられている。学術機関リポジトリ、機関リポジトリなどと呼ばれるものは、Institutional repository の訳語だが、逐語訳すれば「機関・組織の貯蔵庫」といったニュアンスになる。Institutional を学術機関と訳したまでは良かったが、repository を倉庫、貯蔵庫ましてや納骨堂などと訳すわけにはいかず、外来語のままになっているのであろう。最近 Yahoo! JAPAN には、"各種資料と情報源"というカテゴリーの下に "学術機関リポジトリ"のサブカテゴリーができた。しかしリポジトリという語がこなれた日本語だとは言い難く、図書館関係者以外には非常に解りにくい。認知度を上げるためには解りやすい日本語に言い換える必要があるだろう。

機関リポジトリ登場の背景には、シリアルズクライシスと呼ばれる経済的な問題が介在する。これは外国雑誌や電子ジャーナルなど商業出版誌購入費用の高騰のことである。これらへの対抗策にオープンアクセス（無料公開）運動が絡んで生まれたのが、機関リポジトリなのであった。

研究者は機関リポジトリに論文や著作、プレプリント、講義資料など知的生産物を登録することができる。そして登録されたコンテンツは機関が責任をもって永年保存し公開するのである。ただし雑誌掲載論文の場合は、出版社や発行元が掲載論文そのままの電子データの登録を認めない場合が多い。従って、紀要など当該機関で発行している雑誌以外は著者の手元にある最終原稿が登録されることになる。つまり機関リポジトリは商業出版誌や電子ジャーナルとは似て非なるものなのである。

ほとんどの機関が国立情報学研究所のメタデータ・データベース共同構築事業に参加しており、メタデータ交換のためのプロトコル OAI-PMH（Open Archives Initiative Protocol for Metadata Harvesting）を使用している。このため登録コンテンツのメタデータ（書誌情報）は、OAI-PMH によるハーベスティング（データの自動収集）により、他機関も共有可能である。つまり機関リポジトリに登録することで、当該機関だけでなく多くの機関のシステムで検索が可能となる。

このように無料公開、永年保存、相互に交換可能なメタデータ付与が機関リポジトリの特徴だと言える。こういった公開方法は研究者にとって何か利点があるのだろうか。一般的に、無料公開は文献の被引用数を増大させると言われ、各機関のリポジトリのトップページもその効用を大きく謳っている。ただしこの結論には慎重な意見もあり、さらなる実証的な評価が求められている [2]。

■ 日本における学術機関リポジトリの現在

2007 年 9 月 1 日現在、管見の限りで日本では 65 機関が機関リポジトリを公開している（うち 19 機関は試験公開）。また 2 機関が公開準備中であることを公にしている。公開機関の内訳は、国立大学法人が 50 機関、私立大学が 13 機関、その他が 4 機関である。その他には奈良文化財研究所のような研究機関や、広島県大学図書館共同リポジトリのような複数機関が共同で構築するものがある。

内容は機関ごとに特色があり、純粋に論文、プレプリント、書籍などだけに特化したものから、貴重資料

などの古籍や歴史史料を含むものもある。貴重資料等を機関リポジトリのコンテンツとするか否かは議論の分かれるところであろう。しかし貴重資料や歴史史料の公開は、整理や分析といった研究行為による成果であって、当然機関として保存すべき研究成果だと考えるべきではないか。特に文系ではこのことを重視しても良い気がする。この点、トップページに、

> 東京外国語大学の研究・教育成果及び史資料を保存するとともに，広くインターネットで公開・発信し、開かれた大学を実現するための学術成果の発信拠点です。

と、史資料を保存することを明言している東京外大の機関リポジトリは興味深い。

しかし、一方では既存の電子図書館コンテンツを単に統合しただけのような理念の無い機関リポジトリもある。また筑波大学のリポジトリにおいて、図書館情報学系からのコンテンツが11しかないのは寂しい限りである。日本を代表する図書館情報学の雄がこの有様では、他分野の研究者に説明がつかないような気がするが、いかがであろうか。

リポジトリ用のシステムはフリーソフトが複数存在する。なかでもマサチューセッツ工科大学が中心に開発したDSpace[3]の使用が多い。ただし現行の利用者インターフェイスは、正直に言って使いづらい。まずコンテンツがメタデータのどこにリンクされているのか解りにくい。またコミュニティ、アイテム、ブラウズといった、利用者に解りにくい言葉が平然と並び、初心者は戸惑いを隠せない。リポジトリという言葉じたいが解りにくいのに、これでは登録者も利用者も敬遠するのではないだろうか。理念や内容が重要であることは当然だが、表面に現れる言葉は第一印象を決めるため、もっと慎重になって欲しい。

また、掲載論文が著者の最終稿であって雑誌誌面とは異なる場合があることは周知が必要だろう。にもかかわらず、この事実をトップページに掲げているのは、北海道大学、旭川医科大学、室蘭工業大学、帯広畜産大学、信州大学、新潟大学だけであった。これを明示しないと機関リポジトリに余計な誤解を生じさせることになるし、トラブルの原因にもなりかねない。関係各位の慎重な対応をお願いしたい。

最後に登録する側の問題を指摘して本節を締めくく

図1 東京外国語大学機関リポジトリ

ろう。機関リポジトリの運営側は最終稿の提出と簡単に言うけれど、人文系の研究者の側からすればこれは非常に難しいことである。論文や研究ノートなどの原稿がデータ入稿であっても、校正はほとんどの場合、紙媒体で行う。したがって最終的な原稿は執筆者がデータで持っていないことが多い。リポジトリのために入稿データに数回に及ぶ校正結果を反映させるのは至難である。では入稿時の原稿をということになるかもしれないが、未校正の原稿を公にすることは下着で街をうろつくに等しい。こういったコンテンツを登録する側の事情も汲んだ上で、機関リポジトリの重要性を研究者に訴えていくことが大切ではないだろうか。

中国の機関リポジトリとオープンアクセス誌

次に中国の機関リポジトリの現況を見てみよう。中国語で機関リポジトリは"机构知识库"や"机构仓储"、"机构典藏库"などと呼ばれている[4]。恐らくまだ定訳が無いのだろう。管見の限り、現在公開されている機関リポジトリには次のものがある。

● 香港科技大学科研成果全文仓储
   http://repository.ust.hk/dspace/
● 厦門大学学術典藏庫（机构仓储）
   http://dspace.xmu.edu.cn/dspace/

いずれも、URLから解るようにDSpaceを利用したシステムであり、使い勝手は日本のものと大差ない。

なかでも厦門大学の機関リポジトリは人文系のコンテンツが261（2007年9月1日現在）もあり、そのうち既発表論文が221編も登録されている。

また機関リポジトリではないが、中国ではインター

学術リソース・レビュー

図2 厦門大学学術典蔵庫（机构仓储）

ネット上で無料で閲覧できる論文誌（オープンアクセス誌）の公開も盛んになってきている。以下に代表的な二つのサイトを紹介する。

● 奇迹文庫：开放的知识库

http://www.qiji.cn/

中国におけるプレプリント（預印本）を総合的に検索できるサイト。正式の論文として発表されていない、会議報告や学会発表の原稿などが対象。

● 中国科技论文在线

http://www.paper.edu.cn/

中国教育部科技発展中心によるオンライン論文集。

おそらく、中国でもこういったオープンアクセスの学術サイトが徐々に増加していくのであろう。

国内図書館のOPACと電子図書館

● 国立国会図書館近代デジタルライブラリー

http://kindai.ndl.go.jp/index.html

国立国会図書館の近代デジタルライブラリーは、2007年7月3日に、大正時代の資料約7,200タイトル（約15,700冊）の公開を開始した。

これまでに公開された明治期資料と併せて、近代デジタルライブラリーでの公開総数は約97,000タイトル（約143,000冊）となった。本誌4号でレビューした際に「約4万7千冊」[5]と記載しているから、4年間で3倍以上になった計算になる。当初の公開画像はGIFと高圧縮のLindraの二種類が用意されていたが、2006年春にJPEG、JPEG2000に改められた。

書誌情報には著作権情報が添えられ、保護期間満了、文化長長官裁定など処理の根拠が示されている。この点、立法府に属する図書館の面目躍如といったところか。

また岐阜県立図書館では「国立国会図書館「近代デジタルライブラリー」で見る岐阜県関係資料」（http://www.library.pref.gifu.jp/gifuken/kd/kindai_digital.html）を公開した。これは岐阜県に関わる資料を一覧にして、近代デジタルライブラリーの画像へとリンクさせたものである。今後、こういった二次利用も多くなされるようになるだろう。

● 東京大学総合図書館旧蔵「朝鮮王朝実録」画像データベース

http://rarebook.dl.itc.u-tokyo.ac.jp/jitsuroku/

このデータベースは東京大学が昨年まで所蔵していた朝鮮王朝実録をカラー画像で公開したものである。朝鮮王朝実録は韓国国宝およびユネスコ世界遺産の指定を受けている。東京大学には47冊が貴重書として保管されてきたが、2006年7月に国立ソウル大学校に移管された。東京大学旧蔵分は五台山本と呼ばれるもので、朱入りの校正本が含まれている点が貴重。

● 東京大学東洋文化研究所「アジア古籍電子図書館」

http://imglib.ioc.u-tokyo.ac.jp/

東洋文化研究所は2006年4月に、それまで公開していたアジア古籍全文データベースの窓口サイトを設け、「アジア古籍全文データベース」と名付けた。2007年3月には新たに「雙紅堂文庫全文影像資料庫」が加わった。雙紅堂文庫は書誌学の泰斗たる長澤規矩也氏の旧蔵書。中国明清時代の戯曲小説類約550部（3,150冊）からなる。今回はこのうち小説類について電子画像が公開されている。

● 東洋文化研究所所蔵中国近現代経済史研究史料目録

http://avatoli.ioc.u-tokyo.ac.jp/~library/cf91/cf91.html

図3「朝鮮王朝実録」画像データベース

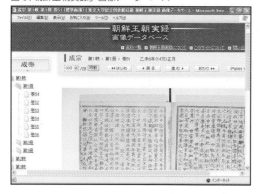

図書館と OPAC / オンライン書店

東洋文化研究所元所長の濱下武志氏が蒐集した史料447点の目録。20世紀の香港における華人商家や企業の帳簿史料が中心となっている。

●東洋文庫中国語図書検索
　http://61.197.194.13/open/ChinaQueryInput.html

東洋文庫所蔵の［現代］中国書用のOPAC。ただし資料の原綴りに関係なく、全て簡体字で入力されている。検索も簡体字入力（書名および著者検索のみピンインも可）で使いにくい。既に大学図書館や国立国会図書館のOPACが、資料の原綴りに従ってデータを作成し、いずれの字体でも検索できるインデックスを備えているのに比べると、目録学的にもデータベースの仕様的にも時代遅れの感が否めない。

❖　二つの総合目録の電子版

●日本古典籍総合目録
　http://base1.nijl.ac.jp/~tkoten/about.html
●デジタルアーカイブズ　近現代アジアの中の日本
　http://opac.ide.go.jp/asia_archive/

前者は『国書総目録』補訂版全9冊（岩波書店，1989-1991）およびその続編たる『古典籍総合目録』3冊（岩波書店，1990）をデータベース化したもので、2007年7月末現在で456,836件もの著作を収録している。これまでも国書基本データベース（著作編）、古典籍総合目録データベースとして公開されていたが、これらを統合し新たなデータを加えたもの。

後者は『旧植民地関係機関刊行物総合目録』全5冊（アジア経済研究所，1973-1981）をデータ化し、NACSIS-CATの植民地関係図書のデータを抽出して加えたもの。さらに希少な資料については全文を電子化し、画像で公開している。

いずれの総合目録もレファレンスツールとしてよく使われるため、このように便利な形で公開されたことは大変に喜ばしい。

❖　その他

●明治・大正・昭和前期　雑誌記事索引データベース
　http://www.annex-net.jp/ks1/

このデータベースは皓星社という出版社の作成したもので、図書館・研究機関作成のものではない。ところが国立国会図書館の雑誌記事索引の及んでいない範囲を網羅しており、大変有用である。現在はテスト公開とのことだが、778,036件ものデータを収録している。残念ながら収録雑誌の範囲等は明らかにされていない。営利企業のデータベースなのでいつまで無料で公開され続けるのか悩ましいところである。

注

[1] 国立大学図書館協議会 図書館高度情報化特別委員会ワーキンググループ「電子図書館の新たな潮流 」（2003.5、p.5 **http://wwwsoc.nii.ac.jp/anul/j/publications/reports/74.pdf**）

[2] 宮入暢子「オープンアクセスのインパクト分析」（『カレントアウェアネス』No.284, 2005.6 **http://www.dap.ndl.go.jp/ca/modules/ca/item.php?itemid=991**）

[3] **http://www.dspace.org/**

[4] 陈韬「机构知识库对图书馆的作用」（上海图书馆学会 **http://www.libnet.sh.cn/tsgxh/hyzq/list.asp?id=1452**）

[5] 拙稿「図書館とOPAC」（『漢字文献情報処理研究』4, 2003.10）

オンライン書店

千田　大介

❖　はじめに

インターネットの発達は、さまざまな情報へのアクセスを容易にした。中央研究院漢籍電子文献をはじめとするオンラインテキストデータベースの利用は、情報化時代が人文学にもたらした一大革命である。

一方、本というモノの入手を容易にしたことも、インターネットが人文学にもたらした恩恵であると言えよう。むしろ多くの研究者にとって、このことの方が

学術リソース・レビュー

より大きな意味を持つのではなかろうか。

こと中国は、図書の流通網の整備がまだまだ遅れており、地方の書店で手に入る本の数は非常に限られたものになってしまう。特に、学術書の場合は、人民文学出版社・中華書局・商務印書館・三聯書店などの中国出版グループメンバー各社の本こそ大抵の都市で入手できるが、地方の大学出版社の書籍ともなると、北京であってもなかなか入手しにくいのが現状である。

オンライン書店は、そのような中国書籍流通の問題点を上手く補完する存在であり、そのメリットは中国国外に身を置くものであっても享受することができる。

本稿の執筆にあたり、本誌バックナンバーを見返してみたが、レビューでオンライン書店を取りあげたことは無かったようである。そこで『電脳中国学Ⅱ』以降の状況の変化をふまえて、定番サイトを紹介したい。

◈ 台湾・香港

台湾・香港には、カード決済で海外通販可能なオンライン書店が数多いのだが、定番となると以下の二つに絞られよう。

● 三民網路書店

　　http://www.sanmin.com.tw/

台湾三民書局のインターネット書店。台湾の書籍をネット通販する際の定番サイトである。学術書の品揃えが良い一方、DVDやマンガなども取り扱っている。海外にはDHLもしくは航空便で送ってくれる。料金は購入する量にもよるが、書籍代の6～8割といったところか。

● CP1897.COM

　　http://www.cp1897.com.hk/

香港商務印書館のオンライン書店。香港のみならず、大陸の図書も取り扱っており、大陸の書店で見つからない本がここで見つかることもある。郵送方法はDHLのみで、日本には一冊あたりHK$75。

三民網路書店

◈ 大陸

大陸のオンライン書店は、クレジットカード決済への対応が、香港・台湾に比べて遅れていた。しかしここ数年で情況は一気に改善されてきている。

● 当当

　　http://www.dangdang.cn/

中国のオンライン書店の草分け。3・4年前にPayPalによるクレジットカード決済に対応し、日本からも問題なく購入することができる。

書籍以外にも、PCソフト・AVソフト・パソコン周辺器機・ゲーム・雑貨など、さまざまな商品を通販することができる。もっとも、AVソフトに関しては、日本語でサービスを提供するYesAsia.com（**http://us.yesasia.com/jp/**）という定番サイトがあり、商品も充実しているので、積極的に当当を使う必然性は乏しいと言えよう。

商品の検索から購入に至る流れは、基本的には日本のアマゾンなどと同様である。初回利用時には、ユーザー登録のほか、PayPalのサインアップが必要になる。

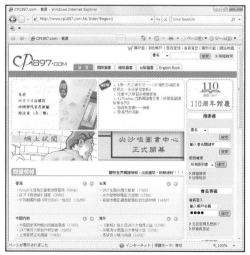

CP1897.com

●卓越（アマゾン中国）

http://www.amazon.com.cn/

もともとは WPS で知られるキングソフト（金山公司）の子会社で、当当に次ぐ中国第二位のオンライン書店として知られていたが、2004 年にアマゾンに買収された。その後もしばらくは独自のシステムが使われており、昨年試した時には、支払いに際してメールでクレジットカードのコピーを FAX するように求められ、その意味不明さに不安を感じて購入を中止したものだ。

現在では、アマゾン風のシステムに変わってきており、トップページにはこちらの購入・閲覧履歴を反映したお勧め商品が表示されるし、VISA で決済したところ認証サービスに対応していて日本のカード会社サイトの認証ページにジャンプした。

卓越も商品のラインナップは多岐にわたっているが、書籍以外の商品の大多数は海外通販不可に指定されている。書籍専門店であると割り切って使おう[1]。書籍の探し方は、日本のアマゾンと大差ない。

ただ、ネックになるのが郵送料である。日本の場合、船便は一冊あたり 60 元、航空便では 1 オーダーあたりの基本価格が 100 元、それに一冊あたり 20 元が加算される。ちなみに当当の場合は、船便のみで商品の原価の 50％、50 元未満であれば一律 50 元、ということになっている。

金額が 120 元に満たない書籍やソフトウエア類などであれば当当を利用し、航空便サービスを使う、あるいは数百元の高額な図書を購入するのであれば卓越、というように使い分けるのが妥当であろう。

なお、当当・卓越ともに、ユーザー登録するとかなりの頻度で広告メールが送られてくる。ほとんどスパムメールである。このため、ユーザー登録の際には、フリーのメールサービスで取得した専用のアドレスを使うことをお勧めする。

古書の通販

中国の古書の入手は新品にも増して困難であり、中国を訪問した折に北京なら中国書店、それ以外では古旧書店などを訪ねるしか方法がなかった。効率も悪いし、また店舗の規模も限られるので、興味を引かれる本に出会える確率はかなり低かった。しかし、以下のサイトの登場で、情況は大きく変化している。

当当

卓越（アマゾン中国）

●孔夫子旧書網

http://www.kongfz.com/

キャッチコピーは「世界最大の中国古書・セカンドハンド書籍取引プラットホーム」。中国各地の古書店や個人に古書を売買する場を提供するもので、日本のスーパー源氏（http://sgenji.jp/）に似たサービスである。オープンから既に数年がたつので、利用したことのある人もいらっしゃることだろう。

孔夫子旧書網の登録古書数は合計 900 万点にも登るといい、あらゆるジャンルを網羅している。例えば、中華人民共和国成立以後の学術書は言うに及ばず、線装古籍も多数出品されており、こまめにチェックしていると思わぬ出物にぶつかることもある。もっとも線装古籍に関しては、良い品は中国書店のオークションに集中するので、あまり期待しない方がいい。

また、民国時期以降の古新聞・雑誌、政府・研究機

学術リソース・レビュー

孔夫子旧書網

関の内部発行の書籍・報告書・試行本などなど、日本国内では入手困難な資料も数多く出品されており、それらの中には従来の研究で全く言及されていない資料も見受けられる。それをオンラインで探し購入することができるのだから、研究上の有用性ははかりしれない。

● 孔夫子旧書網の利用方法

　孔夫子旧書網の利用にあたっては、ユーザー登録が必要になる。トップページ上部の「註冊」をクリック

『三国演義』の線装古旧書を検索

して必要事項を記入する。書店側が参照しやすいように、本名や書籍郵送先住所も記入しておいた方がよい。登録が完了し確認メールが届いたら、トップページ上部のボックスにユーザー名とパスワードを記入してログインする。

　書籍の探し方は、一般の書籍通販サイトと同様、キーワード検索とジャンル指定をくみあわせて行う。欲しい書籍が見つかったら、書店名をクリックして各書店のページを表示し、★の数（最大5個）で表示される書店の評価を確認しておこう。

　購入を決定したら、右の「訂購」アイコンをクリックする。確認画面が新規ウインドウで開くので、確認後、継続購入する場合はウインドウを閉じる。発注を確定する場合は、「提交訂単」ボタンをクリックし、即時決済か累積決済かを選択、必要事項を記入する。

　あとは書店側のオーダー確認を待つ。サービスのいい書店は、ただちに孔夫子旧書網のメッセンジャー機能を使って返事をくれるが、1～2日しても音沙汰がない場合は、こちらからメッセージを送ることになる。送付先住所・本名とともに、日本に郵送してほしい旨を相手に知らせて、郵送料を問い合わせる。振り込み先口座番号は、孔夫子旧書網の当該書店ページに明記してあるが、支店・営業所名が書かれていないケースが多い。他行から振り込む場合には必要になることがあるので、その場合はあわせて問い合わせておく。

　送金が完了したら、メッセンジャーでその旨を連絡する。本が到着したら、当該書店にメッセージを送ろう。書店の評価をするのも忘れずに。

■ 送金問題の解決

　孔夫子旧書網を利用する上で問題になるのが送金である。クレジットカード決済ができないので、基本的に銀行振り込みで送金することになる。

　ところが日本の銀行から中国の銀行に送金する場合、一件当たり5,000円前後の手数料がかかってしまう。高額を送金するのならばまだしも、数十元程度しか購入しない場合にこれだけの手数料を支払うは流石に気が引ける。このため、中国に渡航するタイミングをはかってオーダーし現地で振り込み手続するか、あるいは中国在住の知人などの手を煩わせることになる。

　実は、こういった送金の問題を解決する方法が一つある。中国では、定住者でなくても身分証明書さえあれば銀行口座を開設できる。しかも、大半の銀行がオ

ンラインバンキングサービスを提供している。だから、旅行等で中国を訪問した際にオンラインバンキングに対応した銀行口座を開設しておけば、日本に居ながらにして書店に書籍の購入代金を振り込むことができるようになる。

孔夫子旧書網のほとんどの書店は中国工商銀行（工行）に口座を開設しているので、手近な支店を見つけて開設するのがベストだろう。ただし、工行の窓口サービスの悪さは有名なので、半日がかりで並ぶことを覚悟しておいた方がいいかもしれない。時間が無い、並ぶのはイヤだ、という場合は、工行以外の四大国営銀行（建設銀行・農業銀行・交通銀行）を選ぶのも手だ。

中国の銀行口座には、当座・普通だけでなく、いくつかの種類がある。口座を開設する際には、窓口の係員かフロアの相談員に、オンラインバンキングサービスによる振り込みができるのはどれかを確認した方が良い。銀行によっては、オンライン振り込み用の USB キーを購入しなくてはならなかったり、中国国内の携帯電話番号を求められたりすることがある。

また、中国の Web サイトには IE6 決め打ちでシステムが作られているものが多々見受けられる。このため、オンラインバンキングを利用する際にも、IE6 環境が必要になるかもしれない。

◈ おわりに

以上の図書通販サイトのほか、ネットオークションを利用する方法もある。

● 陶宝

　　http://www.taobao.com/

中国最大の B2B サイトとして有名なアリババ系のオークション＋オンラインモール。クレジットカードの決済にも対応しているので日本からも利用できるようだ。書籍の数はさほどではないが、雑誌のバックナンバーが意外と揃っている。またオンラインモールでは中国国内でもなかなか手に入らない商品を通販する特色あるショップが多い。

日本国内でもネット通販詐欺がたびたび報道されているが、新聞記事などを見る限りでは、中国の情況は

「我的訂単」画面。書籍の処理状況がわかる。

中国建設銀行オンラインバンクの振り込み画面

更に深刻なようである。これは、孔夫子旧書網など他のサイトを利用する場合も同様だが、オンライン通販の危険性を理解した上で、相手の信頼性を見極めて、あくまでも自己責任で利用していただきたい。

注

[1] 当当では特に海外通販の可否については記載されていないが、電子レンジまで本当に通販できるのかは甚だ疑問である。

学術リソース・レビュー

古貨幣・古札　画像データベース

小島　浩之

❖ はじめに

東京大学大学院経済学研究科では、平成18年度科学研究費補助金（研究成果公開促進費）の交付を受け、東京大学経済学図書館が中心となり「古貨幣・古札画像データベース」試行版（以下、古貨幣DBと略）として公開した。

http://www.lib.e.u-tokyo.ac.jp/shiryo/kahei.html

2007年9月1日現在で、貨幣11,317点、紙幣4,210点に目録情報を付しカラー画像で公開している。貨・紙幣の表裏の画像はもちろんのこと、紙幣の透かしについても出来る限り画像で表現できるよう試みた。画像の例を図2に示す。図2の向かって左から、オモテ、ウラ、透かしの順に排列してある。下部の整理番号の末尾は、Aがオモテ面、Bはウラ面、Sは透かしを示している。

筆者はこのデータベース作成に直接携わることができたため、この場を借りて作成者の立場から若干の紹介を試みたい。

❖ 1.所蔵コレクションの概要と現状

本研究科所蔵の古貨幣・古札は、来歴を異にする複数のコレクションから成り立っている。地域別の内訳を見ると貨幣では中国が約6,400点、日本が約2,700点、朝鮮半島が約2,100点、ベトナムが約800点で、中国貨幣の割合が非常に大きい。逆に紙幣は大半を日本の藩札、私札が占めている。このように本研究科所蔵の貨・紙幣は日本・中国などのアジア諸国を中心とした構成になっている。

■ 藤井コレクションと安田コレクション

次に貨・紙幣のうち最大のコレクションである藤井栄三郎旧蔵古貨幣（藤井コレクション）、安田善次郎旧蔵古札（安田コレクション）について紹介しよう。

藤井コレクションは、藤井栄三郎（深藪庵）【1865?－1949】旧蔵の貨幣で、総数は12,000点に及ぶ。藤井は化学工場経営の傍ら明治末年頃より古貨幣の蒐集を志し、大正7年には東洋貨幣協会専務理事、同9年には副会長となった。当時、貨幣そのものの分析に関わるのは研究者ではなく古銭蒐集家だとの認識が強かった。藤井はこの傾向を嫌い研究重視の姿勢を鮮明にしたため学究肌として知られていたという。藤井コレクション中の中国先秦貨幣の布銭[1]は、現在でもあまり注意が払われていない裏面文字の相違まで考慮の上で蒐集されている。これなどは藤井の研究重視の姿勢が窺える好例であろう。

安田コレクションは二代目安田善次郎（松廼舎）【1879－1936】旧蔵の古札で、約25,000点にのぼる。安田は安田財閥の創始者たる初代安田善次郎の長

図1 トップページの画面

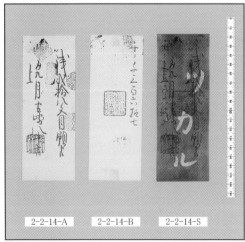

図2 弘前藩銭札

古貨幣・古札　画像データベース

男に当たる。このコレクションは元々前田惇の旧蔵品である。前田は大正から昭和初期にかけての蒐集家で、藩札狂と称される畸人であった。彼の蒐集した藩札コレクションは「地域に偏らない全国各地をひとわたり網羅した格好の収集」[2]だと高い評価を受けている。前田惇旧蔵品は本研究科の外、日本銀行貨幣博物館や黒川古文化研究所といった名だたる機関に多く収蔵されているという[3]。これらから安田コレクションが、質・量ともに第一級の藩札コレクションであることが解るだろう。

このように藤井・安田の両コレクションは、全く異なる来歴で本研究科にもたらされたが、企業家のコレクションであり、かつ高い学術的価値を有している点で共通しているのである。

◈　2.古貨幣DB公開までの歴史的経緯

藤井・安田コレクションの寄贈からほぼ半世紀たった昭和51年9月4日㈯付、毎日新聞朝刊は「大判、小判、ミイラなど…『宝のもちぐされ』東大」と題して、本研究科の古貨幣・古札をはじめ東京大学の所蔵する複数のコレクションが未公開である現状を批判した。同紙「近事片々」では「東大に大判、小判の山。カネではない資料だ、というが、握ったら放さぬは、同じ。」と痛烈に皮肉っている。しかし、本研究科では藤井、

安田の両コレクションをどのように保存し公開するか常に模索し続けていたのであった。以下、本節ではデータベース公開に至るまでの東京大学における古貨幣・古札の保存、公開への対応について跡付けることにする。

■ 寄贈時の状況

藤井は寄贈の際に体系的な整理を行い[4]二種類の原拓本本を編んでいる。一つはコレクションの全ての拓本を網羅した『宝貨録』十八巻、もう一つは稀少な貨幣の拓本のみを選択して編集した『藤氏銭存』不分巻である。藤井はコレクションの寄贈に当たって、東京大学に①安全な保管、②散逸の防止の2点を強く求めたという[5]。ここから判断するに『宝貨録』の編纂は学術的見地からだけでなく、散逸防止、永久保存のために記録の必要を感じたためでもあったと考えられる。一方『藤氏銭存』は、同好の士に配布したものらしく、大学外でも広く自らのコレクションが活用されることを願ったものだと言える。このように藤井は拓本という複製手法を用いて、大学における資料の保存と公開の両面に配慮したことが解るのである。

一方、安田は書誌学に造詣が深く、善本、稀覯本を多く蒐集して松廼舎文庫（関東大震災で焼失）、安田文庫（戦災で焼失）の両文庫を開設したことで知られ、研究者への援助も惜しまなかった。東大への寄贈

年月	整理内容等	
	古貨幣	古札
大正11年		東大に寄贈の内諾
大正12年9月1日	関東大震災	
大正12年12月1日		書類上の寄贈日
大正末〜昭和初年	東大へ寄贈のための整理	
昭和2年陽春	『宝貨録』の完成	
昭和2年秋	『藤氏銭存』の完成	
昭和2年9月	収蔵設備新設工事の完了	
昭和2年10月10日	藤井コレクション東大へ搬入	
昭和4年2月		安田コレクション東大へ搬入
昭和12年9月〜12月		天皇行幸に伴い天覧に供するための整理
昭和29年2月4日	経済学部古貨幣コレクションに関する座談会開催	
昭和29年〜30年代	展示を考慮した小型ケースの作成と腐食貨幣の交換	
昭和43年	大学紛争を避けて某銀行へ寄託	
昭和51年9月4日	毎日新聞の報道	
昭和54年〜55年	経済学振興財団の援助および大学本部経費（特定研究費）の支給による再整理	
昭和56年〜57年	科学研究費補助金一般研究B「日本・中国等の古貨幣に関する基礎的研究」の取得による再整理	
平成8年〜10年	図録および冊子目録の作成、収蔵設備の更新	
平成18年	科学研究費補助金（研究成果公開促進費）の取得によるデータベース化	
平成18年	腐食貨幣の保存処置	

学術リソース・レビュー

も「経済学攻究資料」という理由であり研究への援助なのだった。ただし寄贈時の安田コレクションは体系的な整理がなされてはいなかった。

■ 整理小史

藤井、安田両コレクションの寄贈後、本研究科では数度にわたって整理作業を行い、学術利用の促進と公開にむけて模索を続けてきた。既に述べた事項をも含めてこれを年表にまとめたのが前ページの表である。

この年表中で特筆すべきは、昭和29年に開催された座談会であろう。この座談会の目的はコレクションの保存および利用方法の改善をはかるため、来歴や重要性をはっきりさせることにあった。なかでも、田中啓文、郡司勇夫[6]といった寄贈当時の実情を知り得る人物が出席者に名を連ね、さらに内容が活字として残されている[7]点は非常に興味深い。ただ公開や利用ということになると、問題点の指摘はあっても結論は出ていない。座談会終了後に、古貨幣の保存ケースの更新が行われているが、これは座談会の成果を踏まえ、将来の公開を見据えた措置だったのだろう。

年表から解るように本研究科のコレクションは昭和30年代までに基礎整理を終えていた。しかし利用促進や公開に至らぬうちに大学紛争が起き、全てが振り出しに戻ってしまったのである。大学紛争時には、某銀行に寄託してコレクションを死守したが、紛争終了後に戻ってきたコレクションは保管状況が悪く無惨な姿になってしまっていたという。

このような状況の後に先の毎日新聞による報道がなされた。その後昭和54年から57年にかけて各種の経費を得て全点の再整理を実施している。この際には郡司勇夫を招聘し、4万点に及ぶ古貨幣・古札について詳細な目録カードの作成と写真撮影が行われた。これによって研究者が閲覧するための基礎的な情報が整備されたのである。これらの情報の多くは平成10年までの間に図録および冊子目録として公刊されている。

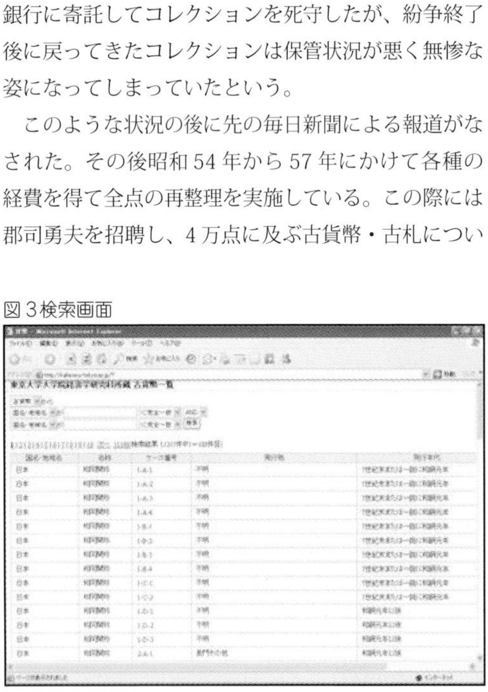

平成10年前後には収蔵設備も大規模な改修が行われた。しかし、展示設備が完備された訳でもなく公開が促進された訳ではなかった。このため近年は再び「知る人ぞ知るコレクション」となりつつあった。そこで学術的な利用を促すためデータベース化して画像公開することになったのである。実物そのものを一般公開する難しさは、現在でも変わらない。これに対してインターネットによるバーチャルな公開は、座談会開催時（昭和30年代）にはあり得なかった。つまりこのデータベースは、前世紀にはなし得なかったコレクションの利用・公開が、今世紀に入り新たな活路を見出した好例だと位置づけることができる。

また情報の保存や流布が時代とともに、拓本→印刷→デジタルデータの順に変化してきていることは興味深い。印刷の起源が拓本に求められ、拓本→版本→活字という流れで示される印刷史と比べるとそこに類似性を見出すことができるであろう。鋳造や印刷で文字情報が保持されている点からすれば、貨・紙幣は文献資料と同じ性質を有しているのである。博物資料だからといって文献資料とは縁遠いものだと考える必然性は無いのである。

■ 古貨幣DBの作成と公開

今回のデータベース化では、昭和50年代に作成したカード情報のデータ化と、藤井・安田コレクションのデジタル化を行い、対応するカードデータと画像データをリンクした。検索機能だけでなくブラウジング機能も備えており、研究者が比較検討作業をする際の便宜を図っている。ただし次の2つの理由から全点公開には至っていないので試行版とした。

一つは予算上の制約であり、これは今後何らかの形で予算を獲得すべく努力せねばならない。もう一つは、元カードの情報が古く、現状では公開不適当と判断した部分があるからである。具体的には中国の先秦貨幣がこの範疇に入る。今後も最新の研究成果との照合作業を進め、試行版の表示が無くなるよう努力する所存である。

画像データは一旦カラーマイクロフィルムとして撮影した後、デジタル化することとした。中間媒体とし

図3 検索画面

てマイクロフィルムを作成することは、直接のデジタル化に比べ手間も費用も掛かる。しかし敢えてこの方法を選んだのは次の理由による。一つは平面ではなく立体物である貨幣を高画質で撮影するためにはデジタルカメラでは限界があるということ。もう一つは、データの保存は出来る限り複数の異なる媒体で保有することが重要だと考えるからである。撮影は 2006 年 7 月 3 日から開始し、9 月 26 日まで 3 ヶ月間を要した。1 日当たりの撮影駒数は 400 ～ 800 駒、カメラマン以外に撮影補助者や貨・紙幣の出納・確認などで常時 3 人程度の人員が必要となった。これらは専任スタッフに加え、アルバイトにより人員を確保した。作業の流れは、基本的に書籍のマイクロ撮影やデジタル化と同じだが、若干異なる部分があるので参考までに以下に記録しておくことにする。

■ 1 駒当たりの撮影枚数について

撮影はフィルム 1 駒に複数枚の貨・紙幣を撮影し、デジタル化の際に分割処理することとした。例えば貨幣を 3 枚ずつ撮影するならば、1 駒目に最初の 3 枚のオモテを撮影、2 駒目はそのウラ、3 駒目は次の 3 枚のオモテという順序で撮影した。撮影は駒単価なので、資金節約のためには撮影駒数を圧縮する必要があったのである。

■ 貨幣の厚みと紙幣の透かし

貨幣の厚みと、紙幣の透かしは、撮影に少なからず影響を与えた。貨幣数枚を 1 駒で撮影する際、厚さの不揃いな前近代の貨幣はピント調整を難しくした。しかも厚みにより影が生じるため、光源の強さや位置にも相当注意を払った。また紙幣は全点について 1 点ずつ透かしの有無を調査する必要があった。調査方法は紙幣にライトを当てて透かしを目視で確認することとした。確認漏れを防ぐため、3 回の検査を行ったことで予想以上に時間を費やした。撮影についても、バックライトを当てた逆光状態で行うことになるため困難を極めた。残念ながらそれでも巧く表現できなかった透かしがあり、これらを美しくデジタル化するのは今後の課題である。

なお日本紙幣の透かし一覧で完全なものは無いようである。したがって今回の調査で得た知見を何かの機会に公表できればと考えている。

❖ おわりに

以上、作成者の立場からデータベース作成の意義と、作成の総括を述べてきた。世界的にも貨幣のデータベースは少なく [8]、恐らくこれだけの規模のものは初めて試みではないだろうか。試行版ということでまだ利用しにくい部分も多々あるが、今後内容を充実させてより良いものに育てていきたい。読者諸氏のご批正を乞うばかりである。

注

[1] 布銭とは秦の始皇帝の統一（紀元前 221 年）以前の戦国時代に、中国各地で使用された銭のうち、スキやクワなどの農機具を象った青銅銭の総称。その形態によって空首布、方足布、尖足布などに分類される。

[2] 郡司勇夫「前田コレクション私見」（『月刊ボザンナ』8-9, 1972）

[3] 郡司勇夫「古紙幣私考(4)」（『月刊収集』10-4, 1985 年）

[4] この整理は田中啓文、三上香哉が中心となって行っている（藤井栄三郎「一朱銀と一分銀の型」（『貨幣』78, 1925））。田中は古銭会の重鎮で銭幣館という貨幣・紙幣の私設博物館を設立している。そのコレクションは戦後、日本銀行に寄贈され現在の貨幣博物館の基礎となった。三上香哉は雄山閣の考古学講座『貨幣』（1929-1930）を執筆した人物。この書物は貨幣を考古学の見地から初めて学術的に取り扱おうとした点で重要なものである。

[5] 山崎覚次郎「藤井栄三郎氏の寄贈された東洋銭貨のコレクションについて」（『経友』10, 1928 年）

[6] 田中啓文については前掲注 4 を参照のこと。郡司勇夫は昭和から平成にかけての貨幣研究家。田中啓文の門下であり、日本銀行貨幣博物館に永らく勤務し古銭界に大きな影響を与えた。

[7] 「経済学部所蔵古貨幣コレクションに関する座談会記録」（『経済学論集』23-2, 1955 年）

[8] 海外では下記の 2 つのデータベースが知られている。
The American Numismatic Society
http://www.numismatics.org/search/
The Fitzwilliam Museum
http://www.fitzmuseum.cam.ac.uk/opac/search/searchcm.html

学術リソース・レビュー

国立国語研究所の言語コーパス整備計画「KOTONOHA」の紹介

山崎　誠

❖ 概要

本稿では、国立国語研究所が平成18年度からスタートさせた大規模日本語データベース（コーパス）の構築プロジェクト「KOTONOHA」[1]を紹介する。このプロジェクトは、文部科学省科学研究費特定領域研究「代表性を有する大規模日本語書き言葉コーパスの構築：21世紀の日本語研究の基盤整備」（領域代表者：前川喜久雄、平成18〜22年、略称「日本語コーパス」）と緊密な連携のもとに行っているものである。

❖ KOTONOHAとは

「KOTONOHA」とは、国立国語研究所が第2期の中期計画（2006〜2010年度）の策定に当たって、中心的な事業のひとつであるコーパス整備計画、及び、その事業の対象を包含する明治期から現在にいたる期間の言語データベース（コーパス）全体を指す名称として名付けたものである（図1参照）。

図1には既に公開したコーパスが二つ図示されている。一つは、図右下の2004年に公開した『日本語話し言葉コーパス』（Corpus of Spontaneous Japanese：略称CSJ）である。これは、現代日本語の話し言葉（自発音声）を研究用の付加情報とともに収録したコーパスで、約750万語、660時間のデータが収録されている。対象としたのは、モノローグ（独話）で、学会等の講演及び模擬講演が中心である[2]。

もう一つは、図左上の明治から昭和初期にかけて広く読まれた総合雑誌『太陽』（博文館刊）から5年分60冊を選んでデータベース化した『太陽コーパス』で、2005年に公開された。字数にして約1450万字、語数は推計700万語である[3]。

これらの公開された二つのコーパスのあとを受けて、第2期の中期計画では、現代の書き言葉のコーパスを構築するという計画を立てた。それが、図右上にある『現代日本語書き言葉均衡コーパス』(Balanced Corpus of Contemporary Written Japanese、以下BCCWJと略す)である。以下、このBCCWJの構築計画について紹介する。

❖ BCCWJの構築計画

■ BCCWJの設計方針

人文系の言語研究に適した均衡コーパス(balanced corpus)の整備が不十分である現状を改善すべく、国立国語研究所では、次のような四つの設計方針によりBCCWJを構築することにした。

(1)現代日本語の縮図となるコーパス

従来、国立国語研究所が行ってきた語彙調査の手法を生かし、コーパスがその母集団の統計的な縮図になるようにランダムサンプリングによる標本抽出を行い、母集団における言語的諸特性の分布を高い精度で推測できるようにする。

(2)汎用的な目的に供するコーパス

言語研究（語彙・文法・文字・表記）以外にも、応用面として、辞書編集・日本語教育・国語教育・国語政策・自然言語処理への利用を考慮し、多様な日本語の姿がとらえられるようにする。

(3)公開可能なコーパス

収録する著作物の著作権処理を行い、公開する。インターネット上からの簡易検索のほか、共起条件を指定できる検索ツール等もあわせて提供する。

図1　国立国語研究所のコーパス整備計画「KOTONOHA」

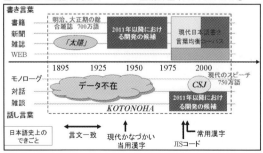

● (4) 既存のコーパスとの調和

言語単位の仕様は、『日本語話し言葉コーパス』に合わせて、短単位、長単位の2種類を用いる。

■ 研究体制

「KOTONOHA」プロジェクトは、国立国語研究所の研究開発部門言語資源グループが主担当になって推進している事業であるが、それを補強・発展させるため、外部資金（科研費特定領域研究）を獲得した。二つのプロジェクト全体では、研究者、作業者あわせて90名以上が参加している。

特定領域研究の組織は、総括班、コーパスを構築する三つの研究班、コーパスを評価する五つの研究班及び四つの公募班より構成される[4]。

■ BCCWJ の構成

BCCWJ は、次の三つのサブコーパスから構成される（図2参照）。

- ●生産実態（出版）サブコーパス
- ●流通実態（図書館）サブコーパス
- ●非母集団（特定目的）サブコーパス

三つのサブコーパス全体で合計1億語を超す規模の言語量を目指す。以下、それぞれのサブコーパスの特徴について述べる。

⑴ 生産実態（出版）サブコーパス（PSC と略す）

PSC は、書き言葉が生産される局面に着目して母集団を考えるものである。対象は、2001年〜2005年に出版・発行された書籍、雑誌、新聞である。

図2　BCCWJ の構成

生産実態(出版)SC	流通実態(図書館)SC
書籍、雑誌、新聞 2001年〜2005年 約3500万語 固定長＋可変長	書籍 1986年〜2005年 約3000万語 固定長＋可変長
非母集団(特定目的)SC	
白書、法律、国会会議録、ベストセラー、検定教科書、Webの掲示板など 期間はまちまち（最長1976年〜2005年） 約3500万語 可変長（一部、固定長＋可変長）	

SC:Subcorpus

PSC を構成する各媒体の割合は、それぞれの母集団の言語量の比に一致させた。言語量は文字数で推計した（詳しくは、丸山・秋元（2007）参照）。その結果、表1のような構成比となった。この構成比に応じた必要サンプル数を格納することになる。

表1 PSC の母集団における各媒体の構成比

媒体	推計総文字数	構成比
書籍	485.40 億字	74.14%
雑誌	105.16 億字	16.06%
新聞	64.16 億字	9.80%

PSC は、幅広いジャンルから様々な内容・文体のテキストを集めることができるが、ほとんど売れない書籍も100万部以上売れたミリオンセラーも等確率で収録される。書き言葉の受容という面を考慮すると、別の観点からの母集団も必要である。そこで次の流通実態（図書館）サブコーパスを設計した。

⑵ 流通実態（図書館）サブコーパス（LSC と略す）

LSC は、東京都内の52自治体の公共図書館に所蔵する書籍から以下の条件で絞り込んだものを母集団とした[5]。

- ●1986年〜2005年に刊行されたもの
- ●13自治体以上で共通して所蔵しているもの
- ●コーパスに収録するには適さない書籍[6]を除く

以上の条件で得られた335,721冊が母集団となる。13自治体以上とした理由は、PSC の書籍部分の母集団と言語量を一致させるためである。

⑶ 非母集団（特定目的）サブコーパス

PSC、LSC では十分な量が集まりにくい資料やジャンルがある。例えば、政府の白書は PSC にも LSC にも存在するはずであるが、分析に必要なだけの量が得られない。同様にベストセラーだけを分析するということもできない。これらの要請にこたえるために、特定の資料やジャンルを集中的に格納する部分が非母集団サブコーパスである。特に、国立国語研究所の研究活動に必要な公的な性格の資料などをここに収める。必ずしも母集団からのランダムサンプリングによらないため非母集団サブコーパスと呼ぶ。

現時点では、政府が発行する白書（500万語）、インターネット上の Q&A 掲示板「Yahoo! 知恵袋」のデー

学術リソース・レビュー

タ（500万語）が収録されている。今後、国会会議録（500万語）、ベストセラー（200万語）、検定教科書（200万語）などを収録する予定である。

■ サンプルの種類

収録する1サンプルの長さをどのように決めるかはコーパスの設計にとって、コストにも影響する重要な問題である。BCCWJ では、汎用の観点から収録するサンプルの長さを2種類設計した。PSC、LSC においては、両方のタイプのサンプルを取得する。

⑴固定長サンプル

一つのサンプルの長さを1,000字とするもの。この場合の1,000字には、句読点などの記号類は含めない。母集団からの抽出比率が統計的な意味を持ち、語彙表や漢字表などの作成に適している。

⑵可変長サンプル

一つのサンプルの長さを固定せず、節、章などの文章のまとまり（仮に「記事」と呼ぶ）を一つのサンプルと考えるもの。ただし、記事の上限を1万字とする。テキストの論理構造の把握やテキスト内での役割を持った要素の分析などに適している。

固定長サンプルと可変長サンプルは、ランダムに決められたサンプル抽出基準点に基づいて同時に取得する。多くの場合、固定長サンプルは、可変長サンプルに含まれることになるが、新聞のように一つの記事が短い場合はその関係が逆転するものもある。

■ 電子化形式

収録テキストの電子化に際しては、JISX0213:2004 規格（いわゆる JIS 第4水準までの文字）に準拠した文字集合を用いる。文字符号化方式（文字コード）は、Unicode（UTF16LE：Byte Order Mark 付き）を用いる。

JISX0213 は、国内規格としては最も符号化文字数が多く、国内の印刷事情を考慮した異体字についての明確な包摂規準を持つという利点がある。

研究用情報として、以下の4種類の情報を XML で記述する。タグの具体的な仕様については、山口他（2007）を参照。

⑴書誌情報

出典に関する情報（書名、著者名、出版社、出版年、媒体（新聞、雑誌、書籍などの別）、ジャンル）。著者情報は、言語分析に有用な生年、性別、出身地の情報を含める。

⑵文書構造情報

文書の階層性や文書内の要素（見出し、引用など）の持つ論理構造を表現できるようにする。文書構造タグの設計に当たっては、次の点を重視した。

- 見出しや要約などの持つ文書中の役割を明確に記述できること。
- 言語的特徴・差異が想定される要素を的確に選択できること。

⑶文字情報

文字の読みに関するルビ、誤植等の校正注、文字集合に含まない文字や記号（外字）などの情報。

⑷サンプリング情報

固定長サンプルにおけるサンプル範囲の情報。

■ 形態論情報

BCCWJ では、柔軟な検索・分析に対応するため、短単位、長単位という2種類の言語単位を用いる。短単位は、コーパスからの用例収集に適した単位であり、長単位は、BCCWJ に格納したサンプルの言語的特徴の解明に適した単位である。

短単位、長単位は、国立国語研究所の語彙調査で使用されてきた調査単位であるが、BCCWJ 用に適宜改訂を加えている。前者は、最小単位（形態素）の1次結合までを最大とする言語単位、後者は、ほぼ文節に近い長さの言語単位である。

解析された言語単位には、検索の便のため、代表形、代表表記、品詞、語種などの形態論情報を付与する。

また、短単位をもとにした形態素解析用電子化辞書 UniDic の整備拡充を進めている。UniDic は、「茶筌」などの形態素解析ソフトの辞書として利用するものであるが、従来の形態解析用の辞書と比べて、表記や語形の変異にかかわらず同一の見出し語を与えることができるという特徴を持つ。現在公開している Version1.3.0 は、見出し語数 106,000 である。

❖ 公開しているデータ

本事業での重要な業務の一つに著作権処理がある。収録されるテキストの著作権者に対して、どのような利用のされ方をするのかを具体的に示すため、2007 年5月、検索デモンストレーションのサイトを立ち

上げた（図3）。

現時点（2007年9月）で検索できるデータは、政府の白書（1,500サンプル、500万語）と「Yahoo!知恵袋」（45,725サンプル、500万語）である[7]。

また、2007年4月には、形態素解析用辞書unidic及び関連ツールの公開を始めた。以下のURLを参照。

http://www.tokuteicorpus.jp/dist/

❖ 今後の予定

プロジェクト終了の平成22年度を待たずに、著作権処理が済んだデータは一定のまとまりごとに上記のような公開を行っていく。学会発表やプレスリリースについても、積極的に行う。完成したコーパスの提供方法は、上記のような無償オンライン公開、検索機能を強化した有償オンライン公開、データの配布による有償公開の3種類を予定している。

特定領域研究では、毎年3月に開催している公開の研究成果報告会や、各研究班からの研究成果報告書を通じて、研究成果を広く還元していく予定である。

謝辞

本プロジェクトには、国立国会図書館、東京都立図書館、立川市中央図書館、一橋大学付属図書館、㈳日本図書館協会、㈳教科書協会、有限責任中間法人教学図書協会、㈱読売新聞社、㈱毎日新聞社、㈱産業経済新聞社、㈱朝日新聞社、㈳共同通信社、ヤフー㈱、㈳日本文藝家協会、㈳日本推理作家協会、㈳日本児童文学者協会、㈳日本児童文芸家協会、㈳日本ペンクラブの各位よりデータ提供等の御協力をいただいています。

参考文献

- 小椋秀樹 (2007)『『現代日本語書き言葉均衡コーパス』短単位規程集 Version1.2』国立国語研究所内部報告書 (LR-CCG-06-01).
- 丸山岳彦・秋元祐哉 (2007)『『現代日本語書き言葉均衡コーパス』におけるサンプル構成比の算出法——現代日本語書き言葉の文字数調査——』国立国語研究所内部報告書 (LR-CCG-06-02).
- 山口昌也・高田智和・北村雅則・間淵洋子・西部みち

図3　検索デモンストレーション（「日本語」で検索した例）
http://www.kotonoha.gr.jp/demo/

る (2007)『『現代日本語書き言葉均衡コーパス』における電子化フォーマットの概要』特定領域研究「日本語コーパス」平成18年度公開ワークショップ（研究成果報告会）予稿集 JC-G-06-01、pp.93-100.

注

[1] 正式な名称は、「大規模汎用日本語データベースの構築とその活用に関する調査研究」である。

[2] 『日本語話し言葉コーパス』については、以下のURLを参照。
http://www.kokken.go.jp/katsudo/seika/corpus/

[3] 『太陽コーパス』については、以下のULRを参照。
http://www.kokken.go.jp/lrc/

[4] 特定領域「日本語コーパス」については、以下のURLを参照。
http://www.tokuteicorpus.jp/

[5] LSCでは母集団を絞り込むためのデータとして、東京都立図書館より提供されたISBN総合目録及び国立国会図書館の書籍データJ-BISCを使用している。そのため、ISBNの付されていない書籍や、ISBNがあってもJ-BISCに記載の無い書籍は、対象としなかった。

[6] BCCWJは、文字が主体でない書籍（漫画、写真集、楽譜、地図帳など）、文章が主体でない書籍（目録、索引、名簿など）、日本語で書かれていない書籍、初出が明治より前に刊行された書籍は収録しない。

[7] 前後の文脈は15文字ずつ、1回の検索での出力結果は500件までという制限がある。

特集：インターネットと言語研究 『月刊言語』2007年7月号

大修館書店　2007年7月　ISSN0287-1696　980円＋税

山崎　直樹

❖　はじめに

　本文章は、『月刊言語』（大修館書店）2007年7月号（Vol.36, No.7）に掲載された特集の紹介である。この特集は、下記の6篇の論文と3篇のコラムからなる（この文章では、コラムについては触れない）。

論文：

1. 「コーパスとしてのWWW検索の活用」（荻野綱男）
2. 「巨大データの必要性──言語の周辺的・慣習的側面を探るために」（滝沢直宏）
3. インターネットを利用した日本語の類義分析（杉村　泰）
4. 英語研究とネット活用（赤野一郎）
5. インターネット時代の用例収集──検索エンジンの応用から日本語話し言葉コーパスまで（近藤泰弘）
6. ネット上の言語景観──東京圏のデパート・自治体・観光サイトから（田中ゆかり・秋山智美・上倉牧子）

コラム：

- 検索エンジンことはじめ（神﨑洋治）
- 連想の情報学──思考と響きあう情報空間（高野明彦）
- ウィキペディアのやわらかい未来（岡田登貴）

　この特集に寄せられた論文の多くは、「インターネット（WWW）上の大量の文書資源は、その特質と限界をよく理解し、適切な扱い（適切な方法による検索と得られた結果の適切な処理）を行うなら、ある分野の言語研究に役立つ」ということを主張している。そして、それらはみな説得力がある。それは、ここで紹介されている研究が、「Xという語を検索したら、××件ヒットした。Yは××件である。よって、Xのほうが一般的な日本語である」というような単純なものではないからである。

　以下、それぞれの論文について、順に紹介していく。

■　1. 「コーパスとしてのWWW検索の活用」（荻野綱男）

　まず、WWWを利用した研究をいくつか紹介し、文法研究にはWWWが使えることを示している。この部分の文献リストは、これからこの分野を学ぶ人にとって、よい案内になるだろう。

　また、「WWWは、地域差・社会的属性差の調査には不向き」という主張に対し、著者・荻野は、WWWを用いた方言分布の研究・言葉の性差の研究・文体差の研究などが存在することを挙げて、反論している。欲を言えば、この部分──例示された個々の研究の採った手法と調査対象など──を、もう少し詳しく紹介してほしい。この種の研究自体は古典的な分野であるが、WWWを利用する手法については、ぜひ情報の欲しいところである。

　この文章では、筆者・荻野が従事しているWWWを使ったコロケーション研究を、かなり詳しく紹介している。WWWから得られたデータをもとに、『日本語表現活用事典』の用例を、「現実の用例を整理したというよりも、人間が頭で考えて記述したという面が強いのではなかろうか」と批判している。これも説得力がある。

　このコロケーションの研究で荻野が採る方法は（この分野では常識なのかもしれないが）、調査の過程で踏むべき手順として参考になる。以下に要約して示す。

　　「回を重ねる」と「マウスを重ねる」を検索すると、前者のヒット数が圧倒的に多い。しかし、これは、「回」という語自体が膨大な使用

数をもつためである可能性がある。この影響を排除するためには、「回」という語の出現頻度の中での「回を重ねる」の比率を見ないといけない。「マウス」と「マウスを重ねる」についても同様である。しかし、「マウス」には同音異義語がある。「マウス」を検索すると約2720万件ヒットするが、そのうち100件を取りだして、その意味を見ると、60件（60%）が、PC周辺機器の意味であった（他は、「ネズミ」や「口」の意味）。そこで、2720万件×0.6＝1632万件が、PC周辺機器の意味での用例と推定する……

言うまでもなく、「そのうち100件を取り出して……」は、手動による作業である。信頼性のある調査のためには、このようなステップが必要なのだと、あらためて考えさせられた（この推定法には異論があるかもしれないが）。

■ 2.「巨大データの必要性──言語の周辺的・慣習的側面を探るために」（滝沢直宏）

筆者・滝沢は、まず、The British National Corpus（約一億語）や The Bank of English（5億2千万語）の規模をもつコーパスを利用しても、周辺的・慣習的言語現象を捉えようとするとき不足を感じることがあると述べ、文字どおり桁がちがう規模のデータをもつWWW上の資源に着目する。

その後、WWWから取りだしたデータをどう処理するかについて、形態素解析ソフト、品詞タグ付与ソフト、grep、正規表現の紹介をしている。また、Googleで検索ドメインの限定をする方法の紹介もある。このあたりは、本誌の読者には、すでにおなじみの情報であろう。

■ 3. インターネットを利用した日本語の類義分析（杉村　泰）

この文章は、日本語の類義表現の分析の具体例を紹介している。『新潮文庫の100冊』ていどのデータ規模では信頼できる結果が得られないことを述べ、WWW上のデータから得られた結果と対照させている。

また、「（　）に入れるのにふさわしい表現を次の選択肢の中から選べ」という選択式アンケートによる選択傾向とWWW上でのヒット数が対応する、という結果についても報告している。これは非常に興味深い。WWW上のデータを利用する研究には，このような裏付けも必要であろう。

筆者は最後に、「インターネットは日本語の使用の傾向を知り、文法規則を導き出すのに有効な手段である。確かに不自然な表現も出現するが、逆にそこから不自然さを引き起こす要因や規則を探ることもできるのである」と述べている。これと、[2]の文章の「言語の周辺的・慣習的側面を捉えるためにはWWW上の巨大データは有効」という主張と併せて考えると、WWWを利用した言語研究の新しい方向が見えてきそうである。

■ 4. 英語研究とネット活用（赤野一郎）

WWW上の言語資源を言語研究用に設計されたコーパスと対比させるとき、常に問題となるのは、その「データのバランス」である。社会言語学でいうところのレジスターの偏りを排除すべく設計されたコーパスと、偶発的にデータが集積したWWWは、この点において異なる。

この文章は、まず、WWWを用いて英語の研究をするばあい、レジスターの偏りをできる限り排除するためにはどうしたらよいかを、具体的に紹介している。その他、コンコーダンサーの紹介、Googleの検索オプションの紹介などもある。

■ 5. インターネット時代の用例収集──検索エンジンの応用から日本語話し言葉コーパスまで（近藤泰弘）

検索エンジンからの出力結果をウェブページ上で眺めるだけでは、研究の手段として効率が悪い。この文章では、Perlのスクリプトを用いて、各検索サービスが提供するAPIを利用する方法、XMLのフォーマットで構築されたデータベースを利用する方法が紹介されている。

また、国立国語研の各種コーパスなどは、XMLで記述されているが、「これらのXML文書は、データ構造が複雑で、人間では解読できず、利用するにはコンピュータプログラムによるしかない」という主張は（さりげなく書かれているが）今後の常識となる見解であろう。

筆者・近藤の制作によるPerlのスクリプト（上述

の作業に使える）の所在へのポインタもある。

■ **6. ネット上の言語景観——東京圏のデパート・自治体・観光サイトから（田中ゆかり・秋山智美・上倉牧子）**

この論文は、他とは毛色が異なる。「自動」でも「大規模」でもない手作業による研究である。

最近、都市の言語景観の研究が盛んである。これは、街頭での広告・看板・各種掲示における言語使用状況を調査する研究である。この文章は、同種の調査（具体的にいうと、日本語版以外の言語を提供するサービスをどれだけ行っているかという調査）を特定の性格をもつサイト（百貨店、観光案内、自治体）に対して行った報告である。

人手でデータを集め、人目で内容を確認しているだけに、結果の数値に対しては異論の挟みようがない。

❖ 全体について

この特集の [1] 〜 [5] の文章では、かなり同じ内容が繰り返されている。例えば以下のことがらである。

- WWW 上の言語資源は有益である
- WWW 上の言語資源の特質と限界を理解しよう
- WWW 上の言語資源を利用するときは、こんなことに気をつけよう

その他、検索エンジンの検索オプションに関する tips の記述も重複している。

これらについては、代表的な見解をどこか一ヵ所にまとめてもらえないものかと思う。繰り返し、お題目のように読まされるのは苦痛である。月刊誌で、個人に依頼する形式の特集では、このあたりが限界なのかもしれないが。

『リズムで学ぶ三文字中国語』　　清原　文代　著

アルク　2007 年 8 月　ISBN:978-4-7574-1219-4　1,800 円＋税　金子　眞也

❖ はじめに——清原氏について——

本書の著者清原文代氏は Mac と iPod の利用に関しては造詣が深く、2006 年 1 月から個人で「3 字で学ぶ中国語《汉语动词三字经》」という Podcast の配信を始めた。本書の基になったのはこの Podcast である。清原氏の勤務校大阪府立大学（総合教育研究機構）では初修外国語担当教員による Podcast 配信が行われているが[1]、その牽引車となって活躍しているのも清原氏である。外部に対して中国語教材を個人で Podcast により発信している点について言えば、清原氏の取り組みは他に類を見ない意欲的なもので、氏はこの方面のトップランナーの一人といってよい。

❖ 本書の構成

本書は本文と付属 CD からなる。本文は全 50 項目、「単語」・「フレーズ」・「例文」・「ポイント」から成り立っており、一部の項目にはこれに「豆知識」が加わる。附属 CD には普通の音楽 CD 用の音声データ以外に iTunes や iPod で再生可能な mp3 音声や m4v アニメ動画も収録されている。

❖ 商品化にあたっての改良点

本書の前身は前述の Podcast《汉语动词三字经》であるが、商業出版にあたって増補・改良が加えられている。改良のポイントは大きく分けて四つ。

- 第一は取り上げる対象を動詞に限定するのをやめたことである。これによって、"多少钱？""太贵了"などの常用句を載せることが可能になった。
- 第二は吹き込み者の変更である。Podcastの方は日本語も中国語も清原氏本人の肉声だったが、商品化にあたって、ラップはサントリー烏龍茶CMにも登場の歌手のen-Ray（媛麗）さん、例文の朗読にはNHKの講座や各種中国語教科書の吹き込み者として有名な呉志剛氏を起用という、ちょっと豪華な顔ぶれとなった。日本語部分もプロが担当している。
- 第三は、「例文」「ポイント」「豆知識」の増補である。文法書ではないので量的には少ないものの、入門段階を学び終えた初級レベルの学習者にとって読んで面白く、ためになる記述が加わった。呉志剛氏による美しい例文朗読をリスニング練習に使ったら、初級を学び終えた学習者にとってもメリットがありそうだ。
- 第四はアニメがついていることで、iTunes上で簡体字やピンインがラップに合わせて躍る。評者のような中高年層にとっては目が疲れる面もあるが、普通の学習者にはしっかりと記憶に残るはずである。

なお、本書は出発点がPodcastなので、もちろん、iPodに転送して楽しむことが可能である。iPodでアニメ、ラップ、朗読を楽しむことができる。また、iPodで音を聞いている最中に中国語テキストを確認することもでき、大変便利である。

iPodの新機種ではiPodで音を聞いている最中にテキストを確認する時の操作方法がほんの少しだけ異なると評者は仄聞している。iPodの仕様変更は今後もありうることであるから、版元のアルクにはサポートのページを設けるなど何らかの対応を要望したい。

❖ ラップの構成

本書付属CDのラップ部分について例をあげて説明しよう。たとえば"发短信"の項目なら"发，发，发，

发短信。发，发送する。发短信。ケータイメールを送る"となる。これを3回繰り返す。アニメでは1回目が簡体字、2回目がピンイン、3回目は簡体字とピンインがラップにあわせて画面上で躍る。

ラップのリズムに乗せる関係で、音になめらかさが欠け、ブツブツ切れている印象を与えるが、初学者に声調の区別をマスターさせるには、この方がかえってプラスになりそうだし、選ばれたことばも特定の声調に偏ることなくちゃんとバランスがとれている。なめらかで美しい中国語の方は、呉志剛の例文朗読で補えるから、これはこれでいいだろう。

❖ まとめ

本書はとても楽しく良くできた中国語教材だが、このリズムが鼻につくと感じられる方も中にはいるかもしれない。

版元アルクの了承済みのサンプル動画がYouTube上に置いてあり[2]、清原氏のサイトには本書の出発点となったPodcastがアーカイブして置かれているので[3]、購入前に試聴してみるのがいいだろう。

そして、この「ノリ」を面白いと感じた読者にとって、本書は楽しくてためになる有益な中国語学習書たりうると評者は考える。

注

[1] 2006年3月開設のpodcast「憶えておきたい１００の表現」のURLは、http://www.las.osakafu-u.ac.jp/podcast-lang/index.html、2007年4月配信開始の旅行会話教材PodcastのURLはhttp://www.las.osakafu-u.ac.jp/podcast-lang/travel/index.htmlである。
いずれも、中国語だけにとどまらず、ドイツ語、フランス語、韓国語、そして旅行会話については英語版まであるという多言語なところが画期的である。

[2] http://jp.youtube.com/watch?v=sljwrCfrYHY

[3] 清原氏のサイトは、http://www.las.osakafu-u.ac.jp/~kiyohara/index.html、第1回から第100回までのアーカイブ版のURLは、http://homepage.mac.com/qingyuan/3zijing/、最新10回分のURLは、http://web.mac.com/qingyuan/である。

漢字文献情報処理研究会彙報

2006.10〜2007.9

2006 年 10 月 1 日
　　会誌『漢字文献情報処理研究』第 7 号出版。
2006 年 12 月 16 日
　　第 9 回大会、2006 年度総会開催。
2007 年 7 月 30 日
　　夏期公開講座「"版面権" とは何か」開催。

第 9 回大会・2006 年度総会

日時：2006 年 12 月 16 日 ㈯
会場：ピアザ淡海（滋賀県大津市）・305 会議室

■ 第 9 回大会（13:30 〜 17:30）

1. 事例報告（13:30 〜 15:30）：
   - Google Earth を利用した唐代地理情報の集積
     山田崇仁（京都大学人文科学研究所）
   - 古貨幣・古札の画像データベースについて
     小島浩之（東京大学）
   - 文字・表記研究とコーパス
     高田智和・山口昌也（国立国語研究所）
2. ディスカッション（15:50 〜 17:30）
   - 小特集「大規模漢字集合と異体字問題」
     - Unicode 5.0 と CJK Extension C
       師茂樹（花園大学）
     - 大規模文字集合の異体字構造表現
       上地宏一（慶応義塾大学）

■ 総会（17:30 〜 18:00）

- 2006 年度事業報告、会計報告（会計監査：近藤泰弘・清水哲郎）
- 執行部改選
    代表：師茂樹
    副代表（兼会誌編集局長）：山田崇仁
    副代表（兼サーバ管理担当）：上地宏一
    幹事（会計担当）：小島浩之
    幹事（名簿担当）：佐藤仁史
    幹事：田邉鉄
    幹事：千田大介
    幹事：二階堂善弘
- 新会計監査選任（守岡知彦・山下一夫）
- 会員の登録情報の更新について
- メールマガジン発行日の変更について
- 2007 年度事業計画、予算案承認
- 新入会員勧誘・会誌販売促進のお願い

2006〜2007 年公開講座

■ 夏期公開講座

題目："版面権" とは何か
日時：2007 年 7 月 30 日（月）14:00 〜 17:00
会場：花園大学（京都）教堂
講師：石岡克俊（慶應義塾大学産業研究所准教授）

著者紹介

秋山　陽一郎（あきやま　よういちろう）

1975 年生まれ。立命館大学文学部、同・大学院文学研究科で中国古代文献学を研究後、京都大学人文科学研究所の 21 世紀 COE プログラムで、技術補佐員（2004 年）・特別研究員（2005 年）として唐代ナレッジベースプロジェクトに従事。2006 年、花園大学非常勤講師。博士（文学）。

石岡　克俊（いしおか　かつとし）

1970 年生まれ。慶應義塾大学産業研究所准教授。専攻は、経済法、知的財産権法、消費者法。著書に『著作物流通と独占禁止法』（慶應義塾大学出版会）、『白書出版産業——データとチャートで読む日本の出版』（共著・文化通信社）、『著作権の法と経済学』（共著・勁草書房）がある。著作物に関する再販売価格維持制度の研究を皮切りに、人間の知的・精神的活動の成果（著作物）と競争秩序との関係や、広く文化政策と市場のあり方、また政府の関わり方などについて関心を持っている。

小川　利康（おがわ　としやす）

1963 年東京生まれ。早稲田大学商学部教授。専攻は現代中国文学。単著「映画『緑茶』を読む（下）」（『中国文学研究』31 号、早大中文学会）、「『わたし』という迷宮へ―映画「緑茶」の味わい方」（『アジア遊学』97 号、勉誠出版）、「周作人・松枝茂夫往来書簡　戦前篇(1)(2)」（『文化論集』30,31 号、早稲田商学同攻会）。周作人の書簡を整理してみて、異体字処理の難しさを実感。分かっちゃいるけれど、実際の文献を目の前にすると、そんなに簡単に異体字を統合できないもんだな…
http://www.f.waseda.jp/ogawat/

小口　雅史（おぐち　まさし）

1956 年生まれ。法政大学文学部教授・法政大学国際日本学研究所兼担所員。専門は日本古代中世史、北方史、敦煌吐魯番学、電子史料学など。史料電子化関連の論著としては「自治体史の電子化をめぐって」『人文学と情報処理』22（1999 年）、『青森県史叢書　青森県史資料編古代 1・同補遺全文データ CD-ROM』（共著、青森県、2003 年）、「日本史史料とパソコン」『中世総合資料学の可能性』（新人物往来社、2004 年）他。

金子　眞也（かねこ　しんや）

1955 年東京生まれ。龍谷大学法学部教授。専攻は中国古典文学。仏教の中国文化への関わり方について強い関心を持っている。

上地　宏一（かみち　こういち）

1976 年大阪府生まれ。2007 年慶應義塾大学大学院政策・メディア研究科博士課程単位取得退学。慶應義塾大学・東京工科大学・東京学芸大学非常勤講師。二松学舎大学 21 世紀 COE プログラム研究員。4 文字大学をこよなく愛する（？）今日この頃。
http://fonts.jp/

小島　浩之（こじま　ひろゆき）

1971 年岐阜県生まれ。東京大学大学院経済学研究科助手・経済学部資料室長代理。専門は東洋史学だが、本務としては図書館情報学。さらに最近は資料保存に関する講演・執筆や古貨幣データベースの構築などが加わり、履くべき草鞋が多く困惑中。

後藤　真（ごとう　まこと）

1976 年福岡県生まれ。大阪市立大学後期博士課程を修了。博士（文学）。2007 年度現在、日本学術振興会特別研究員（PD）兼大阪市立大学都市プラザ特別研究員・同都市文化研究センター博士研究員・花園大学非常勤講師・大谷大学非常勤講師。専門は情報歴史学・日本（特に古代）史料学。正倉院文書を XML と画像データによって「復原」できる、正倉院文書データベース（SOMODA）を作成した。その発展とありようについて研究中。正倉院文書の「あらゆる」研究情報をデジタル化する方法論を模索している。また、最近はデジタル化の課題を含めた文化遺産の諸問題についても興味を持つ。

齊藤　正高（さいとう　まさたか）

1970 年愛知県生まれ。地元の工業高校電気科卒業後、機械メンテナンス会社勤務をへて、愛知大学哲学科卒業、同大学院中国研究科博士課程単位取得満期退学。専門は中国哲学、目下の興味は方以智の自然学と思想。岐阜大学・愛知大学など非常勤講師。論文、「光肥影痩論に就いて」（『東方学』104）、「『東西均』の反因説と水循環論」（『日本中国学会報』59）など。文字処理との出会いは 20 数年前の「ポケコン」（メモリー約 500byte）からで、プログラムはノートに手書きして保存していた。

http://www.saitoma.net

佐藤　信弥（さとう　しんや）

1976 年兵庫県生まれ。関西学院大学大学院文学研究科博士課程後期課程単位取得退学。現在は同大学院研究員。専攻は中国殷周史。論文に「饗礼関係字説」（『人文論究』53-4）、「蒐歴新探」（『古代文化』57-9）、「会同型儀礼から冊命儀礼へ」（『中国古代史論叢　四集』）などがある。

http://www.sun-inet.or.jp/~satoshin/

清水　哲郎（しみず　てつろう）

1957 年生まれ。株式会社アスキーにてパソコン用およびゲーム機器用周辺機器の開発、中高校生向け携帯学習機の開発などを担当。その後、独立して、IT 分野のライターに。オフィス系ソフトや文字コードなどをフィールドとして、PC 雑誌・Web ページ・メールマガジン向けの記事、ソフトウェアのマニュアル、書籍などを執筆。2006 年より國學院大学にて情報リテラシーの講師を務める。

田口　昌弘（たぐち　まさひろ）

1972 年生まれ。早稲田大学大学院文学研究科東洋哲学専攻修士課程修了。巣鴨高等学校国語科非常勤講師。全国漢文教育学会幹事としてウェブサイト構築および維持を担当 (2000 年〜 2005 年)。

田邉　鉄（たなべ　てつ）

1963 年京都府京都市生まれ。北海道大学情報基盤センター准教授。北海道に来てからは「中国現代小説文体論」はやらなくていい、と言われ、CALL 教材開発とマルチメディア論研究に勤しむ日々。今年度から某短大音楽科の授業（自動演奏とアニメーション）も担当することになり、ますます「ドサ度」があがりつつある。

千田　大介（ちだ　だいすけ）

1968 年東京都下生まれ。慶應義塾大学経済学部准教授。専門は通俗歴史物語で古典研究者だったはずだが、このところ現代中国文化がらみの仕事が多くなっている。最近、監訳・DTP した『Chinese Culture Review』4 を好文出版より出版、オリンピック景気を当て込んで、ほかにも幾つか画策中。

http://wagang.econ.hc.keio.ac.jp/

當山　日出夫（とうやま　ひでお）

1955 年生。慶應義塾大学文学部・大学院修士課程修了。専攻は、日本語学（訓点語学・文字論）。『神田本白氏文集』漢字索引・訓読文索引を作成の後、『和漢朗詠集漢字索引』をパソコンのみによって作成し、この種の分野におけるパソコン利用の嚆矢となる。古典籍のコンピュータ処理を基盤に、JIS 漢字にかんする論文執筆、研究発表などを行う。「JIS X 0213:2000」の制定に関与。花園大学・立命館大学・帝塚山学院大学、非常勤講師。

中西　千香（なかにし　ちか）

1973 年、石川県生まれ。愛知大学大学院中国研究科博士後期課程単位取得満期退学。現在は愛知大学、愛知県立大学、名古屋外国語大学、豊橋市立豊橋高等学校、各非常勤講師。愛知大学東亜同文書院大学オープンリサーチセンター RA、高等学校中国語教育研究会東海地区理事。専攻は、中国語学（とくに現代中国語における前置詞の意味・機能）、中国語教育。

二階堂　善弘（にかいどう　よしひろ）

1962 年東京の下町生まれ。東洋大学文学部卒業、早稲田大学大学院文学研究科博士課程単位取得退学、博士（文学）。但し、その間は大学院と会社を行き来し、貿易事務やシステムエンジニアなども経験。東北大学大学院助手・茨城大学人文学部助教授を経て、現在、関西大学文学部教授。専門は中国の民間信仰研究で、著書に『封神演義の世界』（大修館書店）

や『中国の神さま』（平凡社新書）などがある。実はベース弾きで、ギャルゲーおたくである。

サイトは「電気漢文箱」

http://www2.ipcku.kansai-u.ac.jp/~nikaido/

野村　英登（のむら　ひでと）

1973 年山口県生まれ。東洋大学大学院文学研究科博士後期課程中国哲学専攻修了。博士（文学）。東洋大学共生思想研究センター研究助手。専門は中国哲学、道教。最近はフィールドワークとして中国武術に取り組んでいる。

氷野　善寛（ひの　よしひろ）

1980 年大阪生まれ、大阪育ち。関西大学博士課程在学。同大学アジア文化交流研究センター所属。中国語研究をベースに、中国語コーパスの構築やデジタルアーカイブの構築に携わる。この数年は並行してメディアを用いた中国語教育などに興味を持ち、様々な媒体を用いた教材の研究及び開発を行っている。

師　茂樹（もろ　しげき）

1972 年生まれ。花園大学専任講師。最近、プロレス研究者になれないものだろうかと真剣に考えている。

http://moromoro.jp/

山崎　直樹（やまざき　なおき）

1962 年生。関西大学外国語教育研究機構所属。専攻は中国語学および中国語教育。言語学的知識をどう構造化して言語学習者に伝えるかが、最近の興味の中心である。目下、文構造の視覚化の方法や、学習者向け中国語辞書の記述方法を研究中。

山崎　誠（やまざき　まこと）

1957 年生まれ。国立国語研究所研究開発部門言語資源グループ副グループ長。

埼玉大学教養学部卒、筑波大学大学院文藝言語研究科単位取得退学。語彙の計量調査、シソーラス（分類語彙表増補改訂版）の編纂に従事。専門は計量言語学、語彙研究。

山田　崇仁（やまだ　たかひと）

1970 年、愛知県生まれ。立命館大学院文学研究科修了。博士（文学）。現職は京都大学人文科学研究所 21 世紀 COE 研究員、立命館大学非常勤講師。現在は先秦諸子百家文献の成書時期や地域を弁別する研究が主テーマのはずだが、なぜか唐代の歴史(行政)地理関連情報を調査している時間の方が長い。

http://www.shuiren.org/

編集後記

『漢字文献情報処理研究』第8号をお届けする。

この後記は入稿数日前に書いている。今年は例年に増して編集作業は滞ってしまった。

入稿が遅れるのはいつもの事だが、今年は編集時期周辺に仕事や私事でバタバタする事が重なってしまい、あちこちに迷惑を掛けながらの作業となっていしまった。本紙に誤植やレイアウト上の不具合があれば、全て編集子の責任である。

更に、これに輪をかけたのが、折角「校了です」のお返事をいただいたのにもかかわらず、「急遽新機能が公開されたので、記事の追加・訂正をお願いします」という事態があちこちで生じた事である。

これは、機能の逐次かつ持続的な提供と改変を常とするWeb2.0的なWebサービスの増加に伴うものであり、また来年も同じ事態に見舞われる事が容易に予想される。何が出てくるか楽しみではある反面、編集子としては頭が痛い所でもある。

本誌の刊行は、好文出版の尾方社長を始め、日本中国語CAI研究会、さらには漢情研会員各位や原稿執筆陣からの有形無形の援助のたまものである。

末筆ではあるが、篤く御礼申し上げたい。（♬）

漢字文献情報處理研究　第8号

発行日	2007年10月1日
定価	本体2,000円＋税
編集	ⓒ漢字文献情報処理研究会 http://www.jaet.gr.jp/
編集委員	○山田　崇仁　　小川　利康（CAI） 　金子　眞也（CAI）　上地　宏一 　小島　浩之　　佐藤　仁史 　田邊　鉄（CAI）　千田　大介 　　　　　　　二階堂善弘　師　茂樹 　山崎　直樹（CAI）
デザインDTP	睡人亭：http://www.shuiren.org/
発行人	尾方敏裕
発行所	株式会社好文出版 〒162-0041 東京都新宿区早稲田鶴巻町540 林ビル3F TEL:03-5273-2739 FAX:03-5273-2740 URL:http://www.kohbun.co.jp/

◉本誌に関する訂正・補足情報は、漢字文献情報処理研究会サイト（**http://www.jaet.gr.jp/**）に掲載します。

◉本誌の定期購読をご希望の方は、以下の項目につき明記の上、好文出版まで、書面・FAXもしくは電話にてお申し込みください（住所・FAX・電話は上記奥付参照）。

●送付先住所　●氏名　●年齢　●職業
●勤務先　●必要部数

◉漢字文献情報処理研究会への入会をご希望の方は、**http://www.jaet.gr.jp/guiding.html** の趣意書および規約をよくお読みの上、同ページにリンクが掲載されている入会フォームよりお申し込みください。書面での申し込みは受け付けておりません。

ISBN978-4-87220-117-8

C3004 ¥2000E